गंगा गाथा

गंगा गाथा

गंगा तीरे तीर्थाटन

स्वामी कैलाशानंद गिरि

B L O O M S B U R Y

NEW DELHI • LONDON • OXFORD • NEW YORK • SYDNEY

BLOOMSBURY INDIA
Bloomsbury Publishing India Pvt. Ltd
Second Floor, LSC Building No. 4, DDA Complex,
Pocket C – 6 & 7, Vasant Kunj,
New Delhi 110070

BLOOMSBURY, BLOOMSBURY INDIA and the Diana logo are
trademarks of Bloomsbury Publishing Plc

First published in India 2023
This edition published 2023

ISBN: 978-93-56401-12-9
2 4 6 8 10 9 7 5 3 1

Typeset by Fortune Graphics, Naraina, New Delhi
Printed and bound in India Gopsons Papers Pvt. Ltd.

To find out more about our authors and books, visit
www.bloomsbury.com and sign up for our newsletters

अनुक्रमणिका

एक अपील

मई 2014 में, गंगा तट पर स्थित वाराणसी से सांसद चुने जाने पर, भारत के प्रधानमंत्री श्री नरेंद्र मोदी ने कहा था कि 'माँ गंगा की सेवा करना मेरा सौभाग्य है।'

2014 में न्यूयॉर्क में मैडिसन स्क्वॉयर गार्डन में भारतीय समुदाय को संबोधित करते हुए, प्रधानमंत्री ने कहा था, 'यदि हम गंगा को स्वच्छ कर पाते हैं, तो यह देश की 40% आबादी के लिए बहुत बड़ी मदद होगी, इसलिए, गंगा की सफाई करना एक आर्थिक एजेंडा भी है।'

इसी विचार को आकार देने के लिए सरकार ने गंगा के प्रदूषण को रोकने और नदी को पुनर्जीवित करने के लिए 'नमामि गंगे' नामक एक एकीकृत गंगा संरक्षण मिशन शुरू किया। इस कार्यक्रम को जून 2014 में जल शक्ति मंत्रालय, जल संसाधन, नदी विकास और गंगा संरक्षण विभाग, भारत सरकार द्वारा एक प्रमुख कार्यक्रम के रूप में अनुमोदित किया गया है, ताकि प्रदूषण के प्रभावी उन्मूलन तथा गंगा के संरक्षण और कायाकल्प के दोहरे उद्देश्यों को पूरा किया जा सके।

उत्तर प्रदेश के मुख्यमंत्री योगी आदित्यनाथ और उत्तराखंड के मुख्यमंत्री पुष्कर सिंह धामी ने इससे प्रेरणा लेते हुए, अपने-अपने राज्यों में गंगा जलग्रहण क्षेत्र को कीटनाशकों और रसायनों से मुक्त करने और जैविक खेती को प्रोत्साहन देने के लिए कदम उठाए हैं।

आइए, हम इस महत्वाकांक्षी कार्यक्रम में अपना योगदान दें।

नमामि गंगे!

1

प्रस्तावना

चन्द्रमा के पूर्णतया आकाश में विलीन होने की रात्रि है अमावस्या, जो प्रति माह घटित होती है। लेकिन माघी या मौनी अमावस्या का विशेष महत्त्व है। यह महाशिवरात्रि तक चलने वाले उस कालखंड की शुरुआत है जिसका जल-निकायों और जल-भंवरों पर विशेष प्रभाव रहता है।

पूर्व में किये हुए पापों से मुक्ति पाने के लिए, श्रद्धालु नित्य माँ गंगा के निर्मल जल में डुबकी लगाते हैं। मौनी अमावस्या के दिन, पूरे दिन का व्रत रखना फलदायी माना जाता है। कुछ लोग इस दिन मौन व्रत भी रखते हैं। मैं नित्य माँ गंगा के जल में स्नान करता हूँ। मुझे जन्म देने वाली मेरी माँ के अतिरिक्त, माँ गंगा मेरी दूसरी माँ है। मौनी अमावस्या को जब मैं माँ गंगा की गोद उतरा, तो माँ की यात्रा का स्मरण कर, मैं विस्मित-सा उसी के ध्यान में लीन हो गया। कैसे वह सभी का उद्धार करने के लिए स्वर्ग से उतरीं? उनका मार्ग, प्रवाह, नदियाँ, असंख्य तीर्थ और सभी पवित्र स्थान जो उनके 2500 कि.मी. से भी अधिक विस्तृत तटों पर स्थित हैं, सचमुच अद्‌भुत है। गंगा से संबंध होने का क्या अर्थ है? वह हमें कैसे आकार देती है और कैसे वह हमें बताती है कि हम कौन हैं? माँ गंगा ने मुझ पर कृपा करके अपनी अद्‌भुत यात्रा का वृतांत मुझे सुनाया।

यह पहला अवसर नहीं था जब माँ गंगा ने मुझे आशीर्वाद दिया था। कुछ वर्ष पहले, मैं बिहार के हाजीपुर जिले में, गंगा तट पर बसे एक गाँव में प्रवचन दे रहा था। ग्रामीणों ने माँ गंगा के द्वारा बाढ़ के रूप में दंडित किये जाने का भयावह अनुभव मुझे सुनाया। अगले दिन,

जब मैं समाधि में था, तब माँ मुझसे मिलने आईं। मैंने उन्हें गरीब ग्रामीणों की व्यथा सुनाई। अगले दिन, बिहार के तत्कालीन मुख्यमंत्री लालू प्रसाद यादव ने क्षेत्र का दौरा किया और ग्रामीणों को दोनों नदियों के प्रकोप से बचाने के लिए गंगा-गंडक पर एक तटबंध के निर्माण की घोषणा की। माँ ने ग्रामीणों को उनके कष्टों से छुटकारा दिलाया। गंगा और गंडक का संगम, इसके प्रवाह और अवसादों के परिवर्तन से प्रभावित है। तटबंध का अर्थ है मिट्टी या पत्थरों की दीवारें जो नदियों को आस-पास की भूमि में बहने से रोकती हैं।

माँ गंगा भारतीय सभ्यता और संस्कृति की पवित्रता की वाहक है। वह नदियों में सबसे पवित्र है। पृथ्वी पर अनंत काल से माँ गंगा के प्रति श्रद्धा की परंपरा चली आ रही है, जो कि सर्वविदित है। वह धार्मिक, आध्यात्मिक और सांस्कृतिक मूल्यों की वाहक है। भारतीय संस्कृति में, माँ गंगा का विचार मानव जीवन के कण-कण में व्याप्त है और राष्ट्र, धर्म और राष्ट्रीयता में अंतर्निहित है।

गंगा भारत की पहचान है। एक राष्ट्रीय नदी से कहीं अधिक वह एक विचार है। गंगा की जड़ें भारत की भूमि में बहुत गहरी हैं, जिसने इस देश की विविध संस्कृति को एकजुट किया, उसका संवर्धन किया और उसे जोड़ा। गंगा के देश में आए विदेशी आक्रमणकारियों, तीर्थयात्रियों, पर्यटकों, ज्ञान साधकों ने भी यहाँ की संस्कृति को जानकर भारतीयता का प्रचार किया। यह विचारधारा ही हमारी पहचान थी और इसके संपर्क में आने वाले लोग मंत्रमुग्ध हो इसे अपनाते चले गए। गंगा का अविरल प्रवाह देश की अंतरात्मा को सदा ही जागृत करता रहा।

गंगा को त्रिपथा और भागीरथी भी कहा जाता है। एक नदी जो अपनी पवित्र धारा से तीन रास्तों (तीन लोकों) को शुद्ध कर देती है, त्रिपथा के रूप में जानी जाती है, लेकिन गंगा के असंख्य नाम हैं। हर जगह, हर प्रसंग, हर घटना के साथ गंगा का नाम बदल जाता है, लेकिन इसका उद्देश्य और लक्ष्य एक ही रहता है। इसलिए वह युगों से पापों का हरण कर पुण्य देती आ रही है। प्राणियों के उद्धार के लिए स्वर्ग के आनंदमय जीवन का त्याग कर, माँ गंगा पृथ्वी पर अवतरित हुई

हैं। विश्व में गंगा ही ऐसी नदी है जिसका अवतरण हुआ है। गंगोत्री से अलग-अलग क्षेत्रों में बहती हुई गंगा, गंगासागर में चली जाती है और समुद्र की अथाह संपदा में विलीन हो जाती है। गंगा के पवित्र जल के संपर्क में आने वाला हर तत्व पवित्र हो जाता है, और गंगा बन जाता है। इस दृष्टि से संपूर्ण समुद्र का सार भी गंगा से ही है।

भारतीय संदर्भ में गंगा केवल एक नदी ही नहीं है, यह भारत में युगों से बहने वाले धर्म, दर्शन, संस्कृति, सभ्यता, आध्यात्मिकता और मोक्ष की जीवनदायिनी है, जिसके शुद्ध प्रवाह ने भारत की भूमि के हर पहलू को आत्मसात कर लिया है। गंगा सनातन संस्कृति और भारतीय परंपरा की एक अनवरत धारा है और इसके तट, एक समृद्ध सभ्यता का प्रमाण है। हर कण और पदार्थ में विकसित भगवान शिव के अविनाशी अस्तित्व को स्वीकार करने वाली भारतीयता, उसमें समाहित गंगा से जुड़ी है। हिमालय में भगवान शिव की जटा के आकार की बर्फीली चोटियों से निकलने वाली असंख्य दिव्य धाराएँ, दिव्य आनंद के रूप में अमृत है, जो गंगा प्रदान करती है। गंगा उस प्रेरणा का स्रोत है, जो अनादि काल से लोक कल्याण की भावना को जागृत कर रही है। भारतीय संस्कृति गंगा के प्रति कृतज्ञ है, जो संसार को विविधता में एकता की दृष्टि प्रदान करती है। यह बिना किसी भेदभाव के सभी को अपना अमूल्य जल उपलब्ध कराती है। इस नदी की गायत्री, गीता और गौरव, सनातन तत्त्वों का बोध कराते हैं। वह माँ स्वरूप हैं, जिसने अपने तटीय क्षेत्रों को मातृ-भाव से पोषित किया, उन्हें तीर्थ रूप दिया, जहाँ देश-विदेश से श्रद्धालु अपनी मनोकामनाओं की पूर्ति हेतु प्रार्थना करने के लिए कतार में खड़े होते हैं।

दुनिया में किसी नदी को इतनी श्रद्धा प्राप्त नहीं हुई, जितनी भारत में गंगा को हुई है। भारत की इस पवित्र नदी का उल्लेख धार्मिक ग्रंथों में व्यापक रूप से मिलता है। माँ गंगा की महिमा प्राचीन और वैदिक युग के प्रमुख ऋषियों ने भी बताई है। सभ्यता और संस्कृति के विकास के साथ-साथ, गंगा का महत्व लगातार बढ़ता जा रहा है। गंगाजल के बिना कोई भी धार्मिक संस्कार, अनुष्ठान पूर्ण नहीं होता।

गंगाजल की मात्र कुछ बूँदें ही किसी स्थान को शुद्ध और कीटाणुरहित करने के लिए पर्याप्त मानी जाती हैं। गंगाजल हर धार्मिक गतिविधि का एक अभिन्न अंग है। गंगा का पवित्र जल लगभग सभी हिंदू घरों में रखा जाता है और इसका उपयोग शुभ कार्यों में किया जाता है। पूजन आदि से पहले शुद्धि हेतु व्यक्तियों और पूजन स्थल पर गंगाजल का छिड़काव किया जाता है।

गंगाजल को उसकी शुद्धता और परिमार्जन के गुणों के कारण गाय के दूध के समान माना जाता है। भगवदगीता में कहा गया है कि जिसने भगवदगीता का थोड़ा भी अध्ययन किया है, जिसने गंगाजल की कम से कम एक बूँद पी है, जिसने कम से कम एक बार भगवान मुरारी (श्री कृष्ण) की पूजा की है, उसे यम का कोई भय नहीं है।

समृद्धि हेतु, गंगाजल का उपयोग सभी प्रकार के यज्ञ/होम आदि में किया जाता है, जैसे–गंगापूजन, लघुरुद्र, महारुद्र, अतिरुद्र, दुर्गापूजा, लक्षचंडी यज्ञ, नवचंडी यज्ञ, गायत्री यज्ञ, भूमि पूजन, शिलान्यास, मूर्ति प्रतिष्ठा, वास्तु शांति, गृह शांति, नक्षत्र शांति, कालसर्प शांति, श्राद्ध कर्म, नारायणबली, शिवलिंग का अभिषेक, विवाह संस्कार आदि।

यह पवित्र जल, वस्तुतः हिंदू समाज के लिए जीवन रेखा है, जिसका उपयोग जीवन के अंत तक सभी तरह से किया जाता है– मरणासन्न व्यक्ति के मुँह में गंगाजल की कुछ बूँदें डाल देने से वह मोक्ष को प्राप्त करता है। गंगा जल के जैविक और रासायनिक गुणों की बात करें तो गंगा में प्रचुर मात्रा में जीवाणुभोजी (बैक्टीरियोफेज) पाए जाते हैं जो कि वास्तव में विषाणु (वाइरस) होते हैं, जो जीवाणुओं (बैक्टीरिया) को नष्ट कर देते हैं और उन्हें पनपने नहीं देते हैं। इसी कारण से गंगा का जल वर्षों तक रखे रहने पर भी खराब नहीं होता। गंगाजल संसार की किसी भी अन्य नदी के जल की तुलना में अधिक औषधीय और उपचारात्मक है। इसके अलौकिक प्रभावों के कारण इसका उपयोग आयुर्वेदिक और प्राकृतिक चिकित्सा में कई बीमारियों के इलाज के लिए किया जाता है। आध्यात्मिक महत्व और औषधीय गुणों के इस शक्तिशाली संयोजन को देखते हुए, ऋषिकेश और

हरिद्वार के पवित्र घाटों से लगभग सभी तीर्थयात्री, गंगाजल को एक स्थायी संस्कार के रूप में एकत्र करते हैं और इसे अपने घरों में ले जाते हैं। कई छोटे प्रतिष्ठान और लघु उद्योग, सीलबंद धातु के पात्रों या प्लास्टिक की बोतलों में, इस पवित्र जल का विक्रय करते हैं।

पुणे स्थित एक एनजीओ, ग्रेट मिशन ग्रुप सोसाइटी, ने विभिन्न अध्ययनों का हवाला देते हुए गौमुख गंगाजल के लिए 'भौगोलिक संकेत' हेतु एक आवेदन दायर किया है, जिसमें कहा गया है कि स्रोत पर पानी का पीएच मान 7.18 है जो कि सिंधु और झेलम जैसी नदियों की तुलना में अधिक है और जो जीवाणुरोधी है और स्वयं स्वच्छ होने का गुण रखता है। भौगोलिक संकेतों का उपयोग उत्पादों को उनके स्थान या मूल के आधार पर पहचानने के लिए किया जाता है जो इसे अद्वितीय विशेषता और गुणवत्ता प्रदान करता है। वर्तमान में, ऑस्ट्रेलिया में मार्गरेट और हेस्टिंग्स नदियाँ और जर्मनी में राइन नदी को यह संकेत प्राप्त है।

गंगाजल की बूँद-बूँद पवित्र है। भारतीय परिवारों में गंगाजल बहुत सहेज कर रखा जाता है। हिन्दू समाज का कोई ऐसा धार्मिक कार्य नहीं है जिसमें गंगाजल की आवश्यकता न होती हो। गंगाजल के छींटे लगाने से वस्तुएँ ही नहीं मानव देह भी पवित्र हो जाती है। कहते हैं कि एक बूँद गंगाजल यदि सामान्य पानी में डाल दिया जाए तो सम्पूर्ण पानी गंगाजल समान हो जाता है।

गंगाजल को श्वेत, स्वाद, स्वच्छ, अत्यंत रुचिकर, पथ्य, पाचन शक्ति बढ़ाने वाला, समस्त पापों को नष्ट करने वाला, प्यास को शांत करने वाला, मोह को नष्ट करने वाला, प्रज्ञा को बढ़ाने वाला कहा गया है। अठारहवीं शताब्दी के एक ग्रंथ 'भोजन कुतूहलम' में उक्त बातें कही गयीं हैं–

शीतं स्वाद स्वच्छमत्यंतरुच्य्म पथ्यम पाक्य्म पाचनं पापहारी।
तृष्णा मोहद्ध्वसनम दीपनम च प्रज्ञा धन्ते वारि भागीरथियम।।

भारत के प्रसिद्ध विचारक वाग्भट्ट ने नवीं शताब्दी में अपनी पुस्तक–'अष्टांग हृदय' में गंगाजल के महत्त्व को प्रतिपादित करते हुए कहा है कि 'हिमवन्मलयोद्यभूताः पथ्यस्ता–एव च स्थिराः।' गंगाजल के महत्व के विषय में ग्यारहवीं शताब्दी के प्रमुख विचारक चक्रपाणीदत्त ने कहा है कि 'यथोक्त लक्षण हिमालय भव्त्वादेव गांग पथ्यं' अर्थात हिमालय से निकलने के कारण गंगाजल पथ्य है। गंगाजल औषधि का भी कार्य करता है तथा बीमार व्यक्ति इसका सेवन करने से स्वस्थ हो जाते हैं। प्रसिद्ध आयुर्वेदाचार्य धनवन्तरी ने कहा है कि 'औषधि जाह्नवी तो य' अर्थात गंगाजल औषधि के तुल्य है।

आम जनमानस में भी गंगाजल के महत्व को लेकर गहरी आस्था है। कुष्ट रोग होने पर, नियमित गंगाजल पीने और गंगा तट पर निवास की सलाह दी जाती है। ऐसा नहीं है कि गंगाजल की उपयोगिता को भारत के विचारक, विद्वान और भक्त ही मानते हैं, विदेशी विचारकों ने भी गंगाजल की विशेषताओं का उल्लेख किया है। फ्राँस के विद्वान डॉ. हीरेन ने गंगाजल पर शोध किया है। उन्होंने निष्कर्ष स्वरुप कहा है कि 'गंगा नदी ही विश्व की एकमात्र ऐसी नदी है जिसमें संक्रामक रोगों के कीटाणुओं को नष्ट करने की अद्‌भुत क्षमता है।' डॉ. हीरेन ने गंगाजल की सहायता से बैक्टिरियोफेज नामक औषधि का निर्माण किया। लंदन के सुप्रसिद्ध पत्रकार एरिक यूवी ने लिखा कि बरसात में हजारों लोग गंगा में उस स्थान के समीप के जल में स्नान और जलयान करते हैं जहाँ शहर के गंदे नाले, निष्काषित पदार्थ आदि मिले होते हैं, उस जल का पान करते हैं, फिर भी वे बीमार नहीं होते।

डॉ. विभूति प्रशल सिंह ने 'धर्मयुग' पत्रिका के जनवरी 1978 के अंक में 'गंगाजल एक वैज्ञानिक आचमन' शीर्षक से एक लेख लिखा, 'जिसमें उन्होंने अपने एक प्रयोग का उल्लेख करते हुए कहा है कि उन्होंने गंगाजल तथा सिंद्रीजल को रातभर गिलास में भरकर अलग–अलग रखा। सुबह सिंद्री का जल हल्का काला पड़ गया, परंतु गंगा का जल निर्मल ही बना रहा, किन्तु जब सिंद्रीजल में कुछ बूँदें गंगाजल की डाल दी तो सिंद्रीजल भी गंगाजल की तरह हो गया।'

डॉ. नेल्वान ने कहा है कि गंगाजल में यूरोपीय जल स्त्रोतों की अपेक्षा अधिक गुण विद्यमान है। उन्होंने इसकी पुष्टि में यह भी बताया कि प्राचीन समय में जब हुगली गंगा नदी का जो जल कलकत्ता से यूरोपीय देशों को जहाजों द्वारा ले जाया जाता था, वह कभी खराब नहीं होता था, परंतु टेक्स नदी जल जहाजों द्वारा बम्बई लाया जाता, वह रास्ते में ही खराब हो जाता था।

गंगाजल पर 1896 में वैज्ञानिक हैजवरी हैकिंग ने फ्राँसिसी पत्रिका में प्रकाशित लेख में लिखा कि श्री गंगा तथा यमुना को जिस तरह हिन्दू पवित्र समझते हैं वह सभी को ज्ञात है, किन्तु विदेशियों और बहुत से अंग्रेजी शिक्षा प्राप्त हिन्दुओं को उनकी यह श्रद्धा अविवेकपूर्ण लगती है। जब वे किसी बड़े नगर के समीप गंदे और मटीले जल में हजारों लोगों को नहाते तथा पशुओं और कपड़ों को धोते हुए देखते हैं, जब वे याद करते हैं कि प्राय: अधजली लाशें उसमें फेंक दी जाती हैं, तब उनके लिए यह सोचना स्वाभाविक ही है कि इन नदियों का जल कितना खतरनाक है और हिन्दुओं में इनके प्रति जो श्रद्धा भक्ति है वह उनके शुद्धता संबंधी नियमों के अज्ञान का प्रमाण है। परंतु वर्तमान समय में किए गए विभिन्न वैज्ञानिक अन्वेषणों के आधार पर, गंगाजल की आंतरिक शक्ति तथा बैक्टीरिया को समाप्त करने की क्षमता ने उसकी शुद्धता को प्रमाणित कर दिया है।

गंगाजल की शुद्धता को लेकर भारतीय जनमानस में यह विचार दृढ़ है कि गंगाजल के अंदर स्वयं की दैवीय शक्ति है, वह अनेक रोगों का विनाश करने में सक्षम है। गंगाजल की इस गुणवत्ता को बनाए रखना आज बहुत मुश्किल कार्य है। गंगाजल को अशुद्ध करते नाले-नाली, फैक्ट्रियों के केमिकल युक्त कचरे के प्रवाह और विभिन्न अस्वच्छताओं ने उसकी गुणवत्ता को प्रभावित किया है।

गंगाजल का महत्व इस बात से भी समझा जा सकता है कि पुराने समय में केवल सम्राट ही गंगाजल पीता था। 'आईने-अकबरी' में उल्लेख मिलता है कि अकबर जब दिल्ली के प्रवास पर होता था, तब गंगाजल हरिद्वार से मंगवाया जाता था और आगरा प्रवास के दौरान

अकबर अपने पीने के लिए गंगाजल सोरों से मंगवाता था। घाट के किनारे पर उसके सेवक रहते थे, जो पात्रों में गंगाजल भरकर उन्हें सीलबंद का मुहर लगाकर ही गंगाजल भेजते थे।

जो चीजें गंगाजल को पवित्र अमृत बनाती हैं, वे हमें बताती हैं कि क्यों हम गंगा और उसमें बहने वाले अपार जल की पूजा करते हैं। हिंदू धर्मग्रंथों के अनुसार आध्यात्मिक मंच पर चार वेद, 18 पुराण, उपनिषद, स्मृति, संहिता, भागवतम, महाभारत, भगवद गीता, आदि भगवान् विष्णु के मुख से उत्पन्न हुए हैं, जबकि गंगा की उत्पत्ति भगवान के पैर की उंगली से होना माना जाता है। उसके बाद सांसारिक रूप में उसकी उत्पत्ति भगवान शिव की जटाओं से होती है तथा भौतिक रूप से वह 'गंगोत्री' नामक ग्लेशियर से निकलती है। गंगा के उद्‌गम स्थल को गौमुख के रूप में जाना जाता है, जो समुद्र तल से लगभग 3,500 मीटर की ऊँचाई पर स्थित है। पौराणिक कथाओं के अनुसार, प्राचीन समय में, गंगा का उद्‌गम स्थल गाय के मुँह के समान दिखाई देता था, जो कि हिंदू धर्म में एक पवित्र पशु है। इसी कारण, प्राचीन काल से गौमुख को हिंदू धर्म में तीर्थयात्रा का एक महत्वपूर्ण स्थान माना जाता है और तपस्या के लिए इस स्थान की यात्रा की जाती है।

रामायण के रचयिता महर्षि वाल्मीकि द्वारा रचित 'गंगाष्टकम' में आठ स्त्रोतों के माध्यम से गंगा को इस नश्वर शरीर के लिए अंतिम नियति के रूप में व्यक्त किया गया है। इसमें गंगा को 'पृथ्वी के हृदयस्थल पर एक देदीप्यमान हार' के रूप में संबोधित किया गया है जो स्वर्ग का मार्ग प्रशस्त करता है। इस काव्य पद की अंतिम पंक्तियाँ कहती हैं–

'मैं तुम्हारे तटों पर रहूँ, तुम्हारा जल पीऊँ,
तुम्हारी लहरों के संगीत से शांति पाऊँ,
प्रार्थना में नित्य तुम्हारा स्मरण करूँ,
और तुम्हें निहारते हुए ही अपने प्राण त्याग दूँ।'

वस्तुतः गंगा एक संपूर्ण संस्कृति की वाहक रही है, जिसने विभिन्न साम्राज्यों का उत्थान और पतन देखा है, लेकिन इसका महत्व कभी कम नहीं हुआ। आधुनिक शोधों से यह भी सिद्ध हो चुका है कि इसके जल की अद्‌भुत और चमत्कारी शक्ति, गंगा की तलहटी में मौजूद है। हालाँकि औद्योगिक विकास ने गंगा के पानी की गुणवत्ता को प्रभावित किया है, लेकिन हमारे दैनिक जीवन में इसका महत्व कम नहीं हुआ। गंगा का महत्व आज भी सर्वोपरि है। गंगा अपने आप में एक संपूर्ण संस्कृति है, एक संपूर्ण तीर्थ है, जिसका गौरवशाली इतिहास है। गंगा ने अपनी विभिन्न धाराओं से, विभिन्न स्रोतों से, भारतीय सभ्यता को समृद्ध किया। गंगा विश्व में भारत की पहचान है। वह माता, देवी, प्रेरणा, शक्ति, महाशक्ति, परम शक्ति, सर्वव्यापी और उत्सवों की प्रतीक है। वह एक महान तीर्थ है। पुराणों में कहा गया है कि पृथ्वी, स्वर्ग और आकाश के तीन करोड़ तीर्थ गंगा में विद्यमान हैं। गंगाजल का स्पर्श इन तीन करोड़ तीर्थों का पुण्य प्रदान करता है। श्री हरि के चरणों से उत्पन्न पवित्र विष्णुपदी गंगा को 'वैष्णवी' भी कहा जाता है, जिसे भगवान विष्णु ने अपना जल स्वरूप बताया है, जिसे भगवान विष्णु अपनी लीला से धारण करते हैं।

भगवान विष्णु ने गंगा के संबंध में कहा कि गंगाजल रूप में मेरी दूसरी मूर्ति है। वह शिवात्मिका है। वह कई ब्रह्मांडों का आधार और परा प्रकृति है। गंगा ब्रह्मांड के कण-कण में विद्यमान है और सभी धर्म, वेद, देवता, तप, शक्तियाँ गंगा के सूक्ष्म अंश हैं। इसलिए गंगाजल का सेवन करने वाले को योग के सभी लाभ प्राप्त होते हैं।

गंगा की उत्पत्ति एवं अवतरण की कथा भारत के लोकप्रिय और पवित्र महाकाव्य, रामायण में देखने को मिलती है। ऋषि वाल्मीकि, जिन्हें इस महाकाव्य के सबसे पुराने जीवित संस्करण का श्रेय दिया जाता है, के श्री मुख से गंगा और उसकी सहायक नदी, तमसा के संगम के पास ही पहला छंद उच्चारित हुआ था। वाल्मीकि ने एक शिकारी को, तमसा के रेतीले किनारों पर क्रीड़ा कर रहे सारस पक्षी के जोड़े (क्रौंच मिथुन) का शिकार करते हुए देखा, तब उनमें से एक पक्षी की

मृत्यु हो जाने के दृश्य से वे अत्यंत दुःखी हुए। उस जोड़े में से बचे हुए साथी सारस के रोने के करुण स्वर से वे भीतर तक आहत थे, और तब उनके मुख से सहसा प्रथम छंद की उत्पत्ति हुई।

इस प्रकार, रामायण की रचना का स्थल गंगा के तट और उसके मैदानों से अधिक दूर नहीं है। आज, तमसा नदी की एक धारा, जिसे बोलचाल की भाषा में टोंस के रूप में जाना जाता है, उत्तर प्रदेश के वर्तमान मऊ जिले से होकर गंगा और उसकी सहायक नदी, घाघरा (जिसे गंगा–घाघरा दोआब के नाम से भी जाना जाता है), वाराणसी से लगभग साठ मील पूर्व में बहती है। भगवान श्री राम के पिता, राजा दशरथ अयोध्या के राजा थे, जो सरयू नदी के तट पर बसा एक नगर था, जो उस समय घाघरा नदी के एक हिस्से का नाम था।

वनवास के दौरान, राम, लक्ष्मण और सीता प्रयाग में गंगा और यमुना के मिलन स्थल पर आए थे और उन्होंने गंगा को उसके दक्षिणी किनारे के जंगलों में से पार किया था। दूसरे शब्दों में, गंगा रामायण में कई छवियों में प्रकट होती है। यह सिर्फ एक पौराणिक नदी नहीं है जो स्वर्ग से अवतरित हुई है, बल्कि यह उस कहानी की प्राकृतिक बुनावट का हिस्सा भी है जो इसके वृहद कथानक को एक भौगोलिक परिचय और स्थानिक दिशा प्रदान करता है। वाल्मीकि की रामायण में, माँ गंगा की कहानी महर्षि विश्वामित्र द्वारा राम और लक्ष्मण को सुनाई गई है।

राम और उनके भाई लक्ष्मण को युवा रक्षकों के रूप में विश्वामित्र के वन अभ्यारण्य (आश्रम) में भेजा गया था, ताकि वे वनवासी तपस्वियों को राक्षसों से सुरक्षा प्रदान कर सके, जो उनके यज्ञ अनुष्ठानों में विध्न डालते रहते थे। उनके प्रवास के अंत में, ऋषि ने उनके साथ मिथिला राज्य जाने का फैसला किया, जहाँ राजा जनक द्वारा एक भव्य यज्ञ का आयोजन किया गया था। रास्ते में उन्होंने सोन नदी को पार किया और एक दिन की यात्रा में वे गंगा तट पर आ गए। गंगा के पवित्र जल और उसके किनारों, जहाँ जंगली हंस और सफेद सारस आते थे, को देखकर दोनों भाई बहुत प्रसन्न हुए।

नदी में स्नान करने और पूर्वजों से प्रार्थना करने के पश्चात् राम ने महर्षि विश्वामित्र से गंगा की उत्पत्ति के बारे में पूछा, 'वह कैसे तीनों लोकों को पार करती है और आखिर में नदियों और जल धाराओं के स्वामी, समुद्र तक कैसे आती है?' ऋषि ने तब अयोध्या के इन दो युवा राजकुमारों को नदी की कहानी सुनाई–

उत्तर की महान पर्वत श्रृंखलाओं के स्वामी हिमालय की दो सुंदर पुत्रियाँ थीं। उनकी माता पृथ्वी की धुरी कहे जाने वाले मेरु पर्वत की पुत्री थीं। गंगा बड़ी थी और उमा छोटी। देवासुर संग्राम के दौरान, महान योद्धा और दैवीय सेना के नायक, भगवान शिव ने एक तपस्वी का जीवन ग्रहण कर लिया था, और उनकी पत्नी उमा ने भी घोर तपस्या की थी। देवता शिव के बिना युद्ध में भाग लेने से डरते थे। राक्षसों से अपने प्राणों की रक्षा के लिए देवताओं ने संयुक्त रूप से माँ गंगा से विनती की, जो स्वर्ग, पृथ्वी और पाताल तीनों लोकों में विद्यमान है। उन्होंने गंगा से एक ऐसी संतान उत्पन्न करने का आग्रह किया जो परम शुद्ध और वीर हो, जो राक्षसों के साथ होने वाले महान युद्ध में भाग लेने योग्य हो। गंगा के पिता, हिमालय ने इस उद्देश्य के लिए, अपनी पुत्री की सेवाओं को अर्पित कर दिया और इस प्रकार गंगा स्वर्ग से पृथ्वी पर उतरीं। राम ने इस कथा को ध्यान से सुना लेकिन फिर भी संतुष्ट नहीं हुए। वे गंगा के बारे में और जानना चाहते थे। वह कहाँ से आई थीं? वह तीन अलग-अलग आयामों में क्यों बहती हैं? विश्वामित्र उनके ज्ञान की तृष्णा को तृप्त करने के लिए आगे की कथा कहते हैं–

एक बार नीलकंठ शिव, देवी गंगा पर आसक्त हुए और सौ आकाशीय वर्षों तक उनके साथ रहे, लेकिन उनके मिलन का कोई फल नहीं निकला। देवताओं को उनकी प्रत्याशित प्रचंड शक्ति के कारण, विनाश के देवता शिव की संतान के विषय में चिंता थी। शिव ने उन्हें संतान उत्पन्न न करने का आश्वासन दिया, किन्तु वे अपने वीर्य को बहने से नहीं रोक सके। देवताओं ने पृथ्वी से उनका बीज धारण करने के लिए कहा, और इससे पर्वत और जंगल अस्तित्व में आए। अग्नि देव ने भगवान शिव के शुक्राणु को एक आभायुक्त सफेद पर्वत

में बदल दिया, जिससे एक पुत्र कार्तिकेय का जन्म होगा। हालाँकि, शिव की पत्नी, उमा इसे सहन नहीं कर सकीं और उन्होंने देवताओं को श्राप दिया कि उनमें से कोई भी फिर से संतान उत्पन्न नहीं कर पाएगा। इससे चिंतित होकर, देवताओं ने सभी देवताओं के पितामह ब्रह्मा जी से प्रार्थना की। ब्रह्मा जी ने उन्हें बताया कि उमा का श्राप पूर्ववत नहीं किया जा सकता है, और वास्तव में वे संतान उत्पन्न नहीं कर पाएंगे; तथापि, अग्नि देव को उमा की बहन देवी गंगा के साथ एक संतान उत्पन्न करनी चाहिए, जो एक महान योद्धा होगा और जो राक्षसों के विरुद्ध देवताओं के पक्ष में लड़ने के लिए विकसित होगा।

गंगा भी इसके लिए सहमत हो गई, और अग्नि देव ने गंगा के सौंदर्य से मोहित होकर, उनसे संसर्ग किया। किन्तु भ्रूण इतना ज्वलंत था कि गंगा के लिए उसे सहन कर पाना कठिन था। अग्नि देव ने गंगा को उसे हिमालय की तलहटी में रखने के लिए कहा। उस भ्रूण में पिघले हुए सोने की चमक थी, और जैसे ही वह पृथ्वी के संपर्क में आया, वह विभिन्न तत्वों में बदल गया। पर्वत और जंगल स्वर्ण में बदल गए। बच्चे का पालन-पोषण देवताओं ने किया, जिन्होंने उसे पालने के लिए स्वर्ग से युवतियों (कृतिकाओं) को भेजा। बालक का नाम कार्तिकेय (क्योंकि वह कृत्तिकाओं द्वारा पाला गया था) और स्कंद दोनों रखा गया था, और जैसा कि ब्रह्मा ने भविष्यवाणी की थी, वह एक शक्तिशाली योद्धा हुआ, जिसने अकेले ही राक्षसों के पूरे कुल को नष्ट कर दिया। कार्तिकेय की अवधारणा की कहानी के विभिन्न संस्करण, महाभारत और ब्रह्मवैवर्त पुराण में प्राप्त होते हैं।

पवित्र नदी गंगा को पृथ्वी पर लाने संबंधी एक और कहानी है–

राजा सगर अयोध्या के इक्ष्वाकु वंश के राजा थे। जैसा कि उन दिनों में प्रथा थी, राजा सगर की केशिनी और सुमती नामक दो पत्नियाँ थीं। लेकिन फिर भी उन्हें संतान का सुख प्राप्त न हो सका था। अपने वंश की चिंता में वे व्याकुल थे? 'कैसे मुझे संतान का सुख प्राप्त हो सकता है?' रात-दिन वे इस विचार में डूबे रहते थे। अंततः उन्होंने अपना राज्य और धन सम्पदा छोड़कर संतान रूपी सबसे मूल्यवान धन

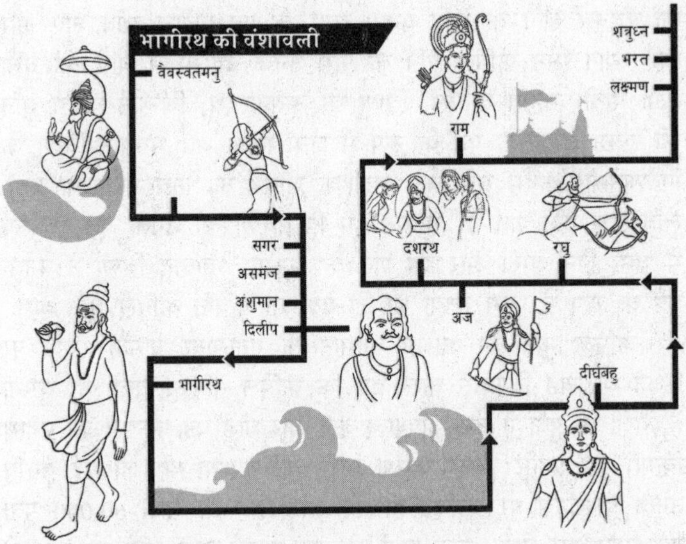

प्राप्त करने के लिए कठोर तप करने का निर्णय लिया। राजा सगर और उनकी दोनों पत्नियाँ संतान प्राप्ति के लिए तप करने हेतु पर्वतों पर चले गए। सौवें वर्ष के अंत में, ऋषि भृगु तीनों के सामने प्रकट हुए। उनकी तपस्या से प्रसन्न होकर उन्होंने उन्हें मनचाहा वर दिया कि रानियाँ शीघ्र ही गर्भ धारण करेंगी।

इस समाचार से आनंदित हो, राजा सगर और उनकी पत्नियाँ घर लौट आए। जल्द ही केशिनी ने असमंज नामक एक पुत्र को जन्म दिया, और सुमति ने एक लौकी के आकार के भ्रूण को जन्म दिया। परिपक्व होने के पश्चात् उससे 60,000 बीज बन गए। प्रत्येक बीज को पोषित करने के लिए दूध में डुबोया गया। कुछ वर्षों के बाद सुमति भी 60,000 पुत्रों की माँ बन गई।

तब राजा सगर ने अश्वमेध यज्ञ करने का निश्चय किया। अत्यंत हर्षोल्लास और उत्सव के साथ यज्ञ प्रारंभ हुआ। यज्ञ के घोड़े को छोड़ा गया। तब स्वर्ग के राजा इन्द्र ने अश्वमेध यज्ञ को बाधित करने के लिए यज्ञ का घोड़ा चुरा लिया। सगर ने अपने 60,000 पुत्रों को घोड़े

को ढूँढ़कर लाने के लिए कहा। सगर के पुत्र पाताल लोक गए और वहाँ ध्यान मग्न कपिल मुनि के पास उनके आश्रम में घोड़े को बंधा हुआ पाया। महर्षि कपिल, विष्णु के अवतार थे, जिन्होंने कर्दम मुनि की इच्छा से उनके पुत्र के रूप में जन्म लिया था। भगवान विष्णु के निर्देशानुसार कर्दम मुनि को वैवाहिक जीवन का निर्वहन करना पड़ा, लेकिन वे एक शर्त पर सहमत हुए कि विष्णु को उनके पुत्र के रूप में जन्म लेना होगा और इस शर्त के अनुसार भगवान विष्णु ने उनके पुत्र के रूप में जन्म लिया था जो एक महान संत कपिल मुनि हुए।

कपिल मुनि का आश्रम वर्तमान के गंगासागर नामक स्थान पर स्थित था। यह विश्वास करते हुए कि कपिल मुनि ने घोड़े को चुराया है, राजा के पुत्रों ने उन्हें अपशब्द कहे और घोड़े को पकड़ने का प्रयास किया। इस प्रकार उनके कारण ऋषि की तपस्या भंग हो गई। ऋषि उनके दुस्साहस पर क्रोधित हो गए और सगर के सभी 60,000 पुत्रों को भस्म कर दिया। जब सगर के पुत्र वापस नहीं लौटे तो राजा ने अपने पौत्र अंशुमान से अनुरोध किया कि वह जाकर उनकी तलाश करें।

अंशुमान सगर की दूसरी पत्नी केशिनी से पैदा हुए पुत्र, असमंज के पुत्र थे, जिन्होंने अपने पिता के साथ संबंध तोड़ दिए थे। अंशुमान ने उस मार्ग का अनुसरण किया जहाँ से उसके चाचा पाताल लोक गए थे। वहाँ उसने कपिल मुनि और घोड़े को देखा। वह सम्मानपूर्वक उनके पास गया और अपने चाचाओं के विषय में पूछा। यह बताने पर कि उसके परिजन भस्म हो गए, वह दुःख के मारे अचेत हो गया। उसके चाचा स्वर्ग को प्राप्त न कर पाए थे और उनकी आत्माएँ प्रेत के रूप में भटक रही थीं, क्योंकि उनका अंतिम संस्कार नहीं किया गया था। अपने दुःख से उबरने के बाद, अंशुमान ने उनके अंतिम संस्कार के लिए जल की तलाश की, लेकिन उसे आस-पास कोई जल-स्रोत नहीं मिला। उस समय, पास के जंगल में रहने वाले पक्षियों के राजा सुपर्णा, अंशुमान को सांत्वना देने लगे। उसने कहा कि वह शोक न करे और उस प्रारब्ध को स्वीकार करे जो उसके चाचाओं ने भोगा था। उसने उसे यह भी बताया कि इन आत्माओं की मुक्ति किसी भी सांसारिक जल से नहीं हो सकेगी।

उनकी अस्थियों को हिमालय की सबसे बड़ी बेटी गंगा के जल में विसर्जित किया जाए तभी उसके मृत परिजनों की आत्माओं को मुक्ति प्राप्त हो सकती है। अंशुमान ने यह दुखद समाचार अपने दादा सगर को सुनाया, वे भी यह सुनकर दुःखी हो गए। गंगा नदी को धरती पर लाने के लिए राजा सगर को कोई समाधान नहीं मिला और अंततः 30 हजार वर्षों तक अपने राज्य पर शासन करने के पश्चात् उनकी मृत्यु हो गई। तब प्रजा और मंत्रियों ने अंशुमान को अपने राजा के रूप में स्थापित किया।

इस प्रकार, अब सगर की संतान पर दायित्व का एक भारी बोझ आ पड़ा। गंगा को स्वर्ग से पृथ्वीलोक पर कैसे लाया जाए? न तो सगर और न ही उनके पौत्र, अंशुमान, अपने जीवनकाल में इसकी थाह ले सके। अंशुमान के पुत्र, दिलीप ने इस विषय पर विचार किया और हिमालय की पर्वत चोटियों में से एक पर कठोर तप के द्वारा दिव्य शक्तियों को प्रसन्न करने का प्रयास किया, जिसके बारे में कहा जाता है कि यह 3,200 वर्षों तक चली थी।

इतने दृढ़ संकल्प और तपस्या के बावजूद, राजा दिलीप पर देवताओं की कृपा नहीं हुई, और न ही वे अपने पूर्वजों के अंतिम संस्कार और मोक्ष के उपाय करने में सफल रहे। अपने पूरे जीवन में, वे एक ही विचार में लीन रहे–'मैं गंगा को कैसे पृथ्वी पर ला सकता हूँ? मैं यह अंतिम संस्कार कैसे कर सकता हूँ?' उनकी मृत्यु के बाद, उनका पुत्र भागीरथ (अर्थात् जो कठोर परिश्रम करता है) राजा बना, और यही उनके जीवन का भी उद्देश्य बन गया। भागीरथ को कोई पुत्र नहीं हुआ। देवताओं की कृपा पाने के लिए वे एक तपस्वी के रूप में गोकर्ण पर्वत पर गए और लम्बी तपस्या शुरू की। उन्होंने हर समय अपनी भुजाओं को ऊपर रखा, केवल एक बार भोजन ग्रहण किया और कामेच्छओं का दमन करने में सफल रहे। इस तरह के पवित्र आचरण से प्रसन्न होकर, ब्रह्मा जी ने उन्हें एक वरदान दिया। उन्होंने वरदान दिया कि गंगा का पानी स्वर्ग से नीचे आएगा और भागीरथ के पूर्वजों का उद्धार कर उनकी आत्माओं को मोक्ष प्रदान करेगा। किन्तु एकमात्र शर्त यह

थी कि भगवान शिव, शैलपुत्री शक्तिशालीनी गंगा के पृथ्वी पर गिरते समय, उसके प्रचंड वेग को नियंत्रित करें। गंगा को यह अपमानजनक लगा और उसने स्वर्ग से उतरते ही पूरी पृथ्वी को जलमग्न कर नष्ट कर देने का निश्चय कर लिया। यह सुनकर, भागीरथ ने भगवान शिव की आराधना की और पूरे एक साल तक एक पैर के अंगूठे की नोक पर खड़े रहकर तपस्या की। उनकी करुण प्रार्थना से प्रसन्न होकर, भगवान शिव गंगा की शक्ति को अपने शीश पर धारण करने के लिए तैयार हो गए, और इस प्रकार बर्फ से आच्छादित पर्वतपुत्री हैमावती गंगा, नदी का प्राकृतिक रूप धारण कर महाशिव के शीश पर गरज के साथ आकाश से गिरती है, जिसे शिव अपनी सघन और कुंडल के समान सघन जटाओं में धैर्यपूर्वक धारण कर लेते हैं। यह एक शक्तिशाली भंवर जाल था जिससे गंगा निकल नहीं सकती थी, और वह कई वर्षों तक उसके कुण्डलों में बहती रही। शिव के स्पर्श ने उसे और अधिक पवित्र कर दिया था। शिव इससे प्रसन्न हुए और अंतत: गंगा को बिंदु नामक एक कुंड में छोड़ दिया, जहाँ से उसका जल एक भयानक गर्जना के साथ पृथ्वी पर गिरा। इस चमत्कार को देखने और उन्हें प्रणाम करने के लिए कई देवता और स्वर्गीय जीव आए।

यह भी कहा जाता है कि भागीरथ की घोर तपस्या से गंगा ने अभिमानपूर्वक विचार किया कि यह कौन देवता है जो मुझे पृथ्वी पर बुलाना चाहता है? मैं उसका अस्तित्व समाप्त कर दूँगी, और चन्द्रमा का चक्कर लगाते हुए वह उसकी ओर बढ़ गई। भगवान शिव ने समय के जंगल के रूप में, अपनी उलझी हुई जटाओं में गंगा को अवरुद्ध कर दिया, जहाँ से बाहर आने का उसे कोई मार्ग न मिल पाया। जब भगवान शिव ने गंगा को मुक्त किया तब उसने मानसरोवर झील में प्रवेश किया, और सिंधु और सरस्वती सहित सात धाराओं में विभाजित होकर केवल आध्यात्मिक रूप से प्रबुद्ध लोगों को दिखाई दे रही थी। चूँकि वह जल भगवान शिव की जटाओं से गिरा था इसलिए वह बिल्कुल शुद्ध था और सभी पापों का नाश करने में समर्थ था।

गंगा के अवतरण के बाद सभी लोग गंगा में स्नान करने आए, जिनमें वे शापित जीव भी सम्मिलित थे जिन्हें स्वर्ग से निष्काषित कर दिया गया था। माँ गंगा ने अपने पवित्र स्पर्श से उनके पापों को हर लिया था जिससे वे आनन्दित हुए। बहते हुए जल के शीर्ष पर, परम पराक्रमी भगीरथ एक दिव्य रथ पर सवार हुए। उनके पीछे देवता, ऋषि-मुनि और दैत्य थे। अंत में, समुद्र की ओर बढ़ते हुए, गंगा ने अपने जल से उन गर्तों को भर दिया जहाँ भागीरथ के पूर्वज भस्म हुए थे। ब्रह्मा जी ने फिर भागीरथ से प्रत्यक्ष रूप से संवाद किया और उन्हें आश्वासन दिया कि सगर के पुत्र अब देवताओं के रूप में स्वर्ग में विराजमान होंगे और गंगा को उनकी अपनी पुत्री के रूप में 'भागीरथी' नाम से जाना जाएगा।

गंगा के पवित्र जल के स्पर्श से राजा सगर के सभी 60,000 पुत्र श्राप से मुक्त हो गए और उन्हें मुक्ति प्राप्त हुई। इस स्थान पर गंगा को सागर के रूप में जाना जाता है और सागर द्वीप पर नदी और समुद्र का संगम स्थल हिन्दुओं का प्रसिद्ध तीर्थस्थल है। मकर संक्रांति के दिन राजा सगर के पुत्रों को श्राप से मुक्ति मिली थी। इसलिए तीर्थयात्रियों के लिए यह दिन बहुत ही शुभ दिन माना गया है। उस दिन पूरे भारत से तीर्थयात्री सभी पापों से मुक्ति पाने के लिए और साथ ही पुण्य अर्जित करने के लिए गंगासागर में स्नान करने आते हैं। वे इस मंदिर में महर्षि कपिल की पूजा भी करते हैं, जो अयोध्या के हनुमान गढ़ी के रामानंदी संतों द्वारा संचालित किया जाता है।

प्रारंभ में तत्कालीन सागरद्वीप के जमींदारों में से एक–जदुराम जो कि मेदनीपुर से गए थे, उन्होंने अयोध्या के संतों के उस समूह से एक पुजारी वहाँ नियुक्त किया। कुछ समय बाद पुजारी और उनके परिवार ने माँग की और मंदिर पर अपने स्वामित्व का दावा किया। उनके अनुसार राजा सगर अयोध्या से संबंधित थे और राम के पूर्वजों के साथ, वे मंदिर के वास्तविक स्वामी थे।

पवित्र स्नान के अवसर पर यहाँ एक विशाल मेला आयोजित किया जाता है, जिसे 'गंगासागर मेला' के नाम से जाना जाता है। हालाँकि,

साल भर लोग मुख्य रूप से विभिन्न उत्सवों और अनुष्ठानों के दौरान और कभी-कभी ऐसा अवसर न होने पर भी यहाँ घूमने आते हैं।

इस कहानी के शुरुआती वार्ताकार गंगा से जुड़े व्यापक तटवर्ती परिदृश्य जैसे–हिमनद का पिघलना, जल विभाजन, विसर्प, रेतीले घाट तथा डेल्टा और महासागर तक नदी की लंबी यात्रा, से अच्छी तरह परिचित रहे होंगे।

जैसे ही गंगा ने पाताल लोक की यात्रा की, उसने पृथ्वी पर रहने के लिए एक अलग धारा बनाई जिससे यहाँ दुर्भाग्यपूर्ण आत्माओं को शुद्ध किया जा सके। हिमालय से सुंदरवन की यात्रा के दौरान गंगा भारत के प्रमुख पाँच राज्यों को पार करती है। वह उत्तराखंड, उत्तर प्रदेश, बिहार, झारखंड और पश्चिम बंगाल से होकर गुजरती है।

उत्तराखंड में गंगा, गौमुख से निकलकर भैरव घाटी, मनेरी, उत्तरकाशी से होकर गुजरती है, और फिर धरासू, चाम, चिन्यालीसौड, टिहरी, देवप्रयाग, शिवपुरी, ऋषिकेश, रायवाला, हरिद्वार की ओर बढ़ती है और कनखल से होते हुए उत्तर प्रदेश जाती है।

उत्तर प्रदेश में यह बिजनौर, हस्तिनापुर, गढ़मुक्तेश्वर, अनूपशहर, बबराला, सहसवान, सोरों, शतयाली, फतेहगढ़, माधोगंज, कन्नौज, कानपुर, फतेहपुर, मुस्तकाबाद, कुंडा, इलाहाबाद, फूलपुर, मणिपुर, अनारिया, मिर्जापुर, मुगलसराय, वाराणसी, जामिनिया, गाजीपुर और बलिया से होकर गुजरती है।

उत्तर प्रदेश के पश्चात् गंगा बिहार में प्रवेश करती है। इस राज्य में गंगा की धारा बरहरा, धवाड़ा, सोनपुर, पटना, शाहदर, राघोपुर, महनार, मोइनुदीनगर, बाह, तेघरा, बरौनी, बेगूसराय, मैतानी, जमालपुर, मुंगेर, बरियारपुर, भागलपुर, सबौर, कहलगाँव, गोपालपुर, पीरपैती, भवानीपुर, मनिहारी, साहिबगंज और अंबाबाद से होकर बहती है।

बिहार के बाद गंगा का अगला पड़ाव झारखंड में है। यहाँ नदी दो प्रमुख शहरों राजमहल और वराहवी से गुजरती है और पश्चिम बंगाल की ओर बढ़ती है। बंगाल में, गंगा फरक्का, जंगीपुर, लालगोला, आजिमगंज, मुर्शिदाबाद, बहरामपुर, अम्तला, बेधुआडाहरी, कृष्णानगर,

रानाघाट, पंडुआ, रंगद, चुनचुडा, बारासत, दमदम, कोलकाता, अलीपुर, बरुईपुर, विष्णुपुर, डायमंड हार्बर, काकद्वीप, हुगली, जनपुठ को पार करती हुई, अंत में गंगासागर में विलीन हो जाती है।

गंगासागर में समुद्र में गंगा का विसर्जन उतना ही महत्वपूर्ण है जितना कि उसका उद्गम। भारतीय सांस्कृतिक विरासत के अनुसार पुण्य अर्जित करने के लिए मनुष्य को विभिन्न तीर्थों या तीर्थ स्थानों की यात्रा करनी पड़ती है। गंगासागर उन प्रसिद्ध तीर्थस्थलों में से एक है जिससे आकर्षित होकर देश-विदेश से लोग यात्रा करते हैं और पुण्य कमाने आते हैं। एक कहावत है 'सारे तीरथ बार-बार, गंगासागर एक बार'-जिसका अर्थ है कि जीवन में केवल एक बार पवित्र स्नान करने से व्यक्ति उतना पुण्य अर्जित करता है जितना कि जीवन भर सभी तीर्थ स्थलों पर जाकर अर्जित किया जाता है। यह कहावत धार्मिक महत्व के स्थान के रूप में गंगासागर के महत्व को दर्शाती है और अंततः इसे भारत के पर्यटन मानचित्र में स्थान मिला है और इसे धार्मिक पर्यटन स्थल के रूप में माना जाता है।

उत्तर और पूर्व में गंगासागर द्वीप बार्टोला या मुरीगंगा नदी से घिरा हुआ है, पश्चिम में हुगली नदी और दक्षिण में बंगाल की खाड़ी है। इसका क्षेत्रफल लगभग 224.3 वर्ग मील है। पुराणों में सागरद्वीप को पाताल कहा जाता है। बंगाल में इसे सागर द्वीप के रूप में जाना जाता है। बंगाल की खाड़ी में यह सबसे बड़ा द्वीप है जो इसके दक्षिणी हिस्से में एक द्वीप को घेरता है। सागरद्वीप में कम से कम 44 गाँव हैं जिनमें से गंगासागर सबसे बड़ा है।

भारत के पहले प्रधानमंत्री, पं. जवाहरलाल नेहरू ने 21 जून, 1954 को अपनी वसीयत में यह लिखा है कि 'मैंने बदलते मौसम के साथ उनके (गंगा और यमुना के) बदलते मिजाज को देखा है और अक्सर उन रहस्यों, मिथकों, परंपराओं, गीतों और कहानियों के बारे में सोचा है, जो लंबे समय से उनसे जुड़ी हुई हैं और जो उनके बहते जल का हिस्सा बन गई हैं।'

'गंगा, विशेष रूप से, भारत के लोगों की प्रिय नदी है, जिसके चारों ओर मानव जाति के उत्थान की स्मृतियाँ, उसकी आशाएँ और भय, उसकी विजय के गीत, उसकी जीत और उसकी हार हैं। वह भारत की सदियों पुरानी संस्कृति और सभ्यता का प्रतीक रही है। वह सदैव परिवर्तनशील रही है और सदा बहती रहती है, फिर भी यह वही गंगा है, जो सदियों से हमारी रक्तवाहिनियों में प्रवाहित हो रही है। गंगा मुझे बर्फ से आच्छादित चोटियों और हिमालय की गहरी घाटियों का स्मरण कराती है, जो मुझे बहुत प्रिय है, और नीचे के समृद्ध और विशाल मैदानों का भी, जहाँ मेरा जीवन और कर्म लिखा गया है। मुझे वह प्रकृति की एक सजीव मूर्ति की तरह प्रतीत होती है जो कभी सुबह की धूप में मुस्कुराते और नाचते हुए, तो कभी शाम के अँधेरे में उदास और इतिहास की गहरी छाया लेकर मेरे सामने आती है। सर्दियों में एक संकीर्ण, मद्धम और सुंदर धारा, तो मानसून में प्रचंड गर्जना लिए वह लगभग समुद्र की शक्ति को चुनौती देती हुई सी प्रतीत होती है। गंगा मेरे लिए काल की अमर साक्षी है जो युगों से भारतवर्ष की स्मृतियों को लेकर वर्तमान में भी चल रही है और अनवरत भविष्य के महासागर की ओर बढ़ रही है।'

उर्दू कवि जमील जायसी ने अपनी पुस्तक 'हर्फे तमन्ना' में गंगा की स्तुति करते हुए लिखा है कि–

वादीए गंगा है ये कहते हैं ऋषियों का केश।
सामने गंगा है मेरे और दिल फुर्सत से है।।
मेरे खून का कतरा-कतरा हम्द में मशगूल है।
लब प यारब की सदा गंगा तेरी कुर्बत से है।।
बेनवाई जी में है जज़्बात का सैलाब है।
गंगा ये हालत मेरी शायद तेरी सोहबत से है।।
चार सू है बस तेरी आवाज दरयाए अजीम।
जैसे गीता का तराना हो रहा रिफअत से है।।
तेरे दिल की धडकनों में हैं सदाएं वेद की।

ऐ वतन रिश्ता भी तेरा अहदे पुर शौकत से है।।
तू अजल से है रगे जाँ किश्वरे हिन्दुस्ताँ।
इस चमन की सारी शादाबी तेरी बरकत से है।।
तेरी मौजों से अयाँ है जिन्दगी का सोजो साज।
जिन्दगी का राज भी जाहिर तेरी हरकत से है।।
मुझको बतला दूसरी दुनिया के कुछ राज़ो नियाज़।
सुनते हैं गंगा तेरी आमद उसी जन्नत से है।।
आज तेरी बज़्म से गंगा चले जाएँगे हम।
मशहरे जज़्बात दिल में अब तेरी फुरक़त से है।।

गंगा को विभिन्न धर्मों को मानने वाले लोगों का प्यार मिला है। कबीर और गंगा को अलग नहीं किया जा सकता है। प्रसिद्ध शहनाई वादक उस्ताद बिस्मिल्लाह खाँ को गंगा बहुत प्रिय थी। वे हमेशा 'गंगा मैया' या 'माँ गंगा' कहते थे। शेख मुहम्मद अली हाजिन (1692-1766), सफाविद शासन के दौरान एक ईरानी कवि और विद्वान थे। जब अफगानों ने इस्फहान पर आक्रमण किया और विध्वंस किया, तो ईरान से कई सूफी और विद्वान भारत चले आए। शेख अली हाजिन ने भी अपना देश छोड़कर भारत में बसने का फैसला किया। वे दिल्ली आये और लगभग तीन या वर्षों तक दिल्ली में रहे। जब 1739 में नादिर शाह ने दिल्ली में विध्वंस किया और दिल्ली वासियों पर अत्याचार किए, शेख अली हाजिन बनारस चले गए और इस शहर में स्थायी रूप से बस गए। वे गंगा और इस पवित्र शहर की संस्कृति पर मुग्ध थे। उन्होंने गंगा, बनारस और उसके निवासियों की प्रशंसा में कविताएँ लिखीं।

एक फारसी दोहे में, शेख अली हाजिन कहते हैं कि 'मैं बनारस नहीं छोड़ूँगा, क्योंकि यह पूरा शहर पूजा का स्थान है, और ऐसा क्यों न हो, जब यहाँ हर ब्राह्मण लड़का या तो श्रीराम है या लक्ष्मण।'

कवि मिर्जा असदुल्ला खान गालिब, गंगा और काशी के प्रेमी थे। चिराग-ए-दैर (मंदिर का दीपक) एक फारसी मसनवी (कविता) है

जो उनके द्वारा बनारस शहर और गंगा की प्रशंसा में लिखी गई है। गालिब बनारस की नदी को मनुष्य की परम मुक्ति और स्वतंत्रता का स्थान मानते हैं। मसनवी में 108 को पवित्र और शुभ माना जाता है और हिंदुओं के विभिन्न प्राचीन धार्मिक ग्रंथों में इसका उल्लेख मिलता है। गंगा के भी 108 नामों का विधिवत उल्लेख विभिन्न प्राचीन ग्रंथों में किया गया है।

ऐसा लगता है कि गालिब इस संख्या की पवित्रता और महत्व के प्रति सचेत थे। गालिब लिखते हैं, 'हिंदुओं के लिए गंगा माँ के समान है। वह पोषण करती है, जीवन देती है, अनुग्रह देती है, और अंततः आपको अपनी भस्म के रूप में वापस ले जाती है।'

प्रसिद्ध उर्दू कवि साहिर लुधिनावी ने गंगा की स्तुति में लिखा है:

'कितने सूरज उभरे-डूबे गंगा तेरे द्वारे,
युगों-युगों की कथा सुनाए तेरे बहते धारे,
तुझको छोड के भारत का इतिहास लिखा न जाए
गंगा तेरा पानी अमृत झर-झर बहता जाए।'

बादशाह अकबर के शाही दरबार के नौ प्रसिद्ध दरबारियों में से एक अब्दुल रहीम खान-ए-खाना ने लिखा है कि हे माँ गंगा, मुझे विष्णुलोक मत भेजना, क्योंकि आप विष्णु के चरण प्रक्षालन करती हो, आप शिव के शीश पर सवार हैं, इसलिए मुझे शिवलोक ही भेजना।

टीवी सीरियल महाभारत के संवाद लेखक और उर्दू के प्रसिद्ध लेखक डॉ राही मासूम रजा ने अपनी वसीयत में लिखा है कि 'मेरी तीन माँ हैं—नफीसा बेगम, मेरी जन्म देने वाली माँ, अलीगढ़ मुस्लिम यूनिवर्सिटी और माँ गंगा। मैं माँ गंगा की गोद में सदा सोना चाहता हूँ।'

मार्च 2017 में, उत्तराखंड उच्च न्यायालय ने गंगा को एक जीवित इकाई घोषित किया, इसे मनुष्य के कानूनी अधिकार प्रदान किए। यह ऐतिहासिक निर्णय भारत में अपनी तरह का पहला और दुनिया में दूसरा था। इस निर्णय के द्वारा गंगा, यमुना, और उनकी सभी सहायक नदियों एवं जलधाराओं को एक जीवित व्यक्ति के सभी अधिकारों और

कर्तव्यों के साथ विधिक व्यक्ति/जीवित के रूप में घोषित किया गया। 'नमामि गंगा' प्रोजेक्ट के निदेशक, उत्तराखंड राज्य के मुख्य सचिव एवं महाअधिवक्ता को गंगा, यमुना और उनकी सहायक नदियों की रक्षा, एवं संरक्षण के लिए लोको पेरेंटिस के तहत इन नदियों के पालक के रूप में घोषित किया गया है।

माननीय उच्च न्यायालय ने कहा कि असाधारण परिस्थितियाँ उत्पन्न हो चुकी हैं, क्योंकि नदियाँ लगातार अपना अस्तित्व खो रही हैं, और असाधारण परिस्थितयों से निपटने के लिए असाधारण उपायों की आवश्यकता होती है। अनादि काल से नदियाँ हमें भौतिक और आध्यात्मिक दोनों प्रकार की जीविका प्रदान कर रही हैं। पहाड़ों से लेकर समुद्र तक, गंगा और यमुना साँस लेती हैं, निवास करती हैं और मानव समुदाय का पोषण करती हैं।

न्यूजीलैंड दुनिया का पहला ऐसा देश है जिसने अपनी नदियों में से एक, वांगानुई को एक मनुष्य के रूप में कानूनी अधिकार प्रदान किए।

'नदियाँ भारत की आधी आबादी के अस्तित्व, उनके स्वास्थ्य और कल्याण का केंद्र हैं', यह कहते हुए न्यायालय ने केंद्र सरकार को गंगा प्रबंधन बोर्ड का गठन करने का निर्देश दिया। उच्च न्यायलय को उम्मीद थी कि इस कदम से संसार की दो सबसे प्रदूषित नदियों को बचाया जा सकेगा। हालाँकि, माननीय सर्वोच्च न्यायालय ने तकनीकी आधार पर इस आदेश को स्थगित कर दिया और इस संबंध में एक अपील शीर्ष न्यायालय के समक्ष लंबित है।

पद्म पुराण में कहा गया है कि 'अपार धन खर्च करके यज्ञ करने या कठिन तपस्या की क्या आवश्यकता है? सुख-सौभाग्य की कामना करते हुए गंगा की पूजा करें, वह तुम्हें स्वर्ग और मोक्ष दिलाएगी।'

'गंगावतरण' के रचयिता, प्रसिद्ध कवि नीलकंठ दीक्षित ने 17वीं शताब्दी में, मदुरै में आठ सर्गों में गंगा के अवतरण के विषय में लिखा था। इसे कालिदास और भवभूति जैसे संस्कृत श्लोकों के महानतम शिल्पकारों की तरह महान माना जाता है। उनकी रचना न केवल गंगा के प्रति श्रद्धांजलि है, बल्कि राजा भागीरथ को भी एक भावपूर्ण

श्रद्धांजलि है, जिन्होंने राजा होते हुए भी एक सन्यासी का जीवन व्यतीत किया और कठोर तप का मार्ग अपनाया, जिसने अंततः ब्रह्मा के संतुलन को भंग कर दिया और जिसके कारण शक्तिशालीनी गंगा अपनी अनंत पवित्रता के साथ पृथ्वी पर अवतरित हुईं।

हिंदू विवाह में आचमन के लिए, गंगाजल को सर्वोच्च सम्मान दिया जाता है। अध्यात्म से संपन्न भारत के अनेक प्रतीकों में जल सबसे पवित्र है। वह शोधक और रहस्य का मूल है। वह जीवन का वास्तविक और कल्पित स्रोत है। जीवन की उत्पत्ति जल से हुई, जल ने ही उसे आकार दिया।

गंगा और संस्कार

हिंदुओं के जीवन में माँ गंगा का इतना महत्वपूर्ण स्थान क्यों है? इसका उत्तर संस्कारों में निहित है जो माँ गंगा के साथ हमारे संबंधों में प्राथमिक भूमिका निभाते हैं। संस्कार, त्याग और रीती-रिवाजों की एक श्रृंखला है जो जीवन पथ पर मार्गदर्शक के रूप में कार्य करते हैं और मानव जीवन के विभिन्न चरणों को चिह्नित करते हैं। ये सभी संस्कार शुद्धिकरण की प्रकृति के हैं और अवगुणों को दूर करने और/अथवा सद्‌गुण प्रदान करने वाले माने जाते हैं। ये अनुष्ठान विशेष अवसरों/त्योहारों के साथ गंगा के तट पर साल भर आयोजित किए जाते हैं। सनातन धर्म, अन्य बातों के साथ ही, हर अवसर से जुड़े रीति-रिवाजों की एक बहुत विस्तृत श्रृंखला से जुड़ा हुआ है–चाहे वह विशेष देवताओं की पूजा हो या त्योहारों, परिवार या मंडलियों में सामुदायिक समारोहों को मनाने के लिए विशेष आयोजन आदि हो। जल मानव शरीर के पाँच घटक तत्वों (पंच-महाभूत) में से एक है और इसमें केंद्रीय भूमिका निभाता है, इसलिए पवित्र गंगाजल की निकटता से अधिक शुभ और क्या हो सकता है!

गंगा से जुड़े संस्कार विविध और विशिष्ट हैं जो हर साल लाखों लोगों को इसके दर्शन हेतु प्रेरित करते हैं। इन संस्कारों की ऐतिहासिक उत्पत्ति वर्षों पूर्व की है जिनके प्रति हमारी आस्था और विश्वास वैदिक

शास्त्रों में गहराई से निहित हैं और जिनके कारण गंगा नदी को विशिष्ट स्थान दिया जाता हैं–एक माँ के रूप में और इस तरह एक पवित्र इकाई के रूप में। इन संस्कारों और त्यौहारों ने गंगा और उसके भक्तों को कई तरह से प्रभावित किया है। इन संस्कारों से जुड़े अनुष्ठानों को गंगा के किनारे संपन्न किया जाता है अथवा मनाया जाता है।

मुंडन या चूड़ाकरण संस्कार सोलह संस्कारों में से आठवाँ संस्कार है जो एक हिंदू को अपने जीवनकाल में करना चाहिए। मुंडन से आशय बच्चे के प्रथम केश कर्तन अर्थात जन्म के बाद पहली बार बाल कटवाने से है। बच्चे के जन्म के बाद पहले अथवा तीसरे वर्ष में मुंडन करवाया जाता है। यह संस्कार इस विश्वास पर आधारित है कि जन्म के साथ मिले बाल, पिछले जन्म के अवांछित लक्षणों की एक कड़ी का प्रतीक हैं जिन्हें काटकर अलग करना आवश्यक है। यह ऋषिकेश, हरिद्वार, आदि जैसे पवित्र स्थानों में किया जाने वाला एक विशिष्ट पारंपरिक समारोह है। छोटे बच्चों के अलावा वयस्क लोग भी पवित्र स्थानों की यात्राओं के दौरान विभिन्न अवसरों पर मुंडन करवाते हैं। इस प्रकार उतारे गए बालों को प्रतीकात्मक रूप से गंगा को अर्पित किया जाता है।

अंतिम संस्कार या दाह संस्कार 16 संस्कारों में से अंतिम संस्कार है, जिसे मृत्यु के बाद एक हिंदू आत्मा को अपनाना होता है। यह एक कर्मकांडीय प्रक्रिया है जिसमें किसी व्यक्ति के नश्वर अवशेषों को अग्नि को समर्पित कर दिया जाता है। अंतिम संस्कार का उद्देश्य स्वच्छतापूर्वक एक मृत शरीर का निपटान करना भर नहीं है बल्कि इसका मुख्य उद्देश्य पार्थिव शरीर और सूक्ष्म शरीर (आत्मा) के बीच की कड़ी को तोड़ना है और इस तरह दिवंगत आत्मा की आगे की यात्रा अथवा दैवीय स्थानान्तरण को सुविधाजनक बनाना है। भगवद गीता में कहा गया है कि आत्मा अविनाशी है और संचित कर्म के अनुसार जन्म और मृत्यु के चक्र में अपनी यात्रा जारी रखती है, और इसलिए दफन करने या खुले में विघटन की तुलना में अंतिम संस्कार को आत्मा की मुक्ति का सबसे प्रभावी तरीका माना जाता है। आमतौर पर नदी

के किनारे दाह संस्कार के लिए कुछ चुनिंदा स्थान होते हैं, तदनुसार हरिद्वार में कनखल और वाराणसी में मणिकर्णिका घाट देश में दो ऐसे प्रसिद्ध स्थान हैं। दाह संस्कार के बाद अस्थियों का विसर्जन किया जाता है और अवशेष यदि कोई हो तो नदी में प्रवाहित किया जाता है।

शास्त्रों के अनुसार, भागीरथ (जिनके नाम पर प्रारंभ में गंगा को भागीरथी कहा गया) द्वारा की गई तपस्या के फलस्वरूप माँ गंगा पृथ्वी पर अवतरित हुई, उन्होंने अपने 60,000 पूर्वजों की मोक्ष प्राप्ति हेतु प्रयास किया, इसलिए युगों से, आत्मा को जन्म-मृत्यु के चक्र से मुक्ति अर्थात मोक्ष दिलाने के लिए प्राणी की अस्थियों को गंगा में विसर्जित किया जाता है, इस प्रथा को 'अस्थी विसर्जन' के रूप में जाना जाता है और सम्पूर्ण भारत के साथ-साथ दुनिया भर के प्रवासी हिंदू परिवार इसे आदर्श रूप से हरिद्वार में ही करने की इच्छा रखते हैं।

संन्यासी जीवन व्यतीत करने वाले व्यक्ति के लिए यह माना जाता है कि उसकी आत्मा पहले से ही मुक्त होती है और इसलिए एक गृहस्थ/सांसारिक मनुष्य के विपरीत, किसी सन्यासी की मृत्यु पर उसके शरीर का अंतिम संस्कार करने की आवश्यकता नहीं होती, उसे जल अथवा थल समाधी भी दी जा सकती है। मृत शरीर को नदी में छोड़ने की प्रथा को जल समाधि के रूप में जाना जाता है, जिसका उद्देश्य है मृत्यु के बाद भी किसी अच्छे उद्देश्य की पूर्ति की जा सके या कम से कम देह के माध्यम से जलीय जीवों को भोजन प्राप्त हो सके।

'तर्पण' मूल शब्द 'तृप' से बना है जिसका अर्थ है तृप्ति अथवा संतुष्ट करना। तर्पण में ईश्वर, सूर्य, ऋषियों और पूर्वजों को प्रतीकात्मक रूप से जल और पुष्प अर्पित कर उनके लिए संतुष्टि और बदले में स्वयं के लिए आशीर्वाद माँगा जाता है। आमतौर पर, यह तीर्थ स्थलों पर पवित्र नदियों और अन्य जल निकायों के तट पर किया जाता है। गंगा की सम्पूर्ण यात्रा में किसी भी स्थान पर डुबकी लगाने से इस जन्म और पिछले जन्मों के पापों (कार्मिक ऋण) से मुक्ति मिलती है। यह विश्वास ही वर्ष भर बड़ी संख्या में तीर्थयात्रियों और पर्यटकों को गंगा के तट पर आने के लिए प्रेरित करता है। पवित्र डुबकी का महत्व

विशेष अवसरों जैसे–मकर संक्रांति, सूर्य ग्रहण, महाकुंभ आदि पर कहीं अधिक माना जाता है और तदनुसार ऐसे अवसरों के दौरान सामान्य दिनों की तुलना में श्रद्धालुओं का आवागमन कई गुना अधिक होता है।

शास्त्रों के अनुसार, अपने कर्म के आधार पर एक आत्मा अपने मनुष्य रूप से विदा होने के बाद विभिन्न क्षेत्रों में भटक सकती है और पीड़ित हो सकती है। इस विश्वास के आधार पर, श्राद्ध की धार्मिक/सामाजिक प्रथा पूर्वजों के प्रति सम्मान व्यक्त करने, उनकी अतृप्त इच्छाओं (यदि कोई हो) को तृप्त करने, और आत्मा(ओं) के कष्टों को कम करने के लिए विकसित हुई है। यह वर्ष में विशेष दिनों के दौरान किया जाता है और इसमें घर के साथ-साथ नदी के किनारे या अन्य जल निकायों पर कई तरह के अनुष्ठान किए जा सकते हैं। विशेष रूप से हरिद्वार में गंगा के घाटों पर वर्ष भर किए जाने वाले अन्य विशेष अनुष्ठानों में पितृ दोष, कालसर्प दोष, शनि दोष, मांगलिक दोष, बालारिष्ट/अल्पायु योग, मृत्यु योग, आदि से स्वयं को बचाने के लिए प्रार्थना आदि शामिल है।

2

पवित्र भूगोल

गंगा भारत की सबसे बड़ी नदी है। इसकी गिनती विश्व के लंबे जलमार्गों में की जाती है। यह गौमुख से निकलती है, भारत को 2500 कि.मी. तक उपजाऊ बनाती है, और अंत में बांग्लादेश के पास गंगासागर को अपनी अथाह जलराशी समर्पित करती है, जिसे अब 'बंगाल की खाड़ी' के रूप में जाना जाता है। इस यात्रा में गंगा को समय-समय पर अन्य सहायक नदियों का सहयोग मिलता रहता है। उनका जल निकाय गंगा की धारा को समृद्ध करता है। इस यात्रा के साथ ही गंगा उन लोगों, स्थानों, प्राणियों, तत्वों और तीर्थ स्थानों को भी पुण्य प्रदान करती है, जो उसके संपर्क में आते हैं।

गंगा अपने आप में एक धारा नहीं है। गंगा का उद्‌गम, भारत की ओर पड़ने वाली तिब्बत सीमा से दक्षिणी हिमालय पर्वत श्रंखला में है। बर्फ से ढकी नंदा देवी गौमुख तक पहुँचने वाली जल धारा में योगदान करती है, जो गुरला, मांधाता, धौलागिरी, गोसाईथन, कंचनजंगा और माउंट एवरेस्ट पर सूर्य की किरणों से पिघलती है। गौमुख 3900 मीटर की ऊँचाई पर स्थित है, लेकिन गौमुख कुंड में आने वाला जल हिमालय के ऊंचे स्थानों से आता है।

गंगा का वितरण क्षेत्र यमुन (बंदरपुंछ) से नंदा देवी तक लगभग बर्फ से ढका हुआ है और वहाँ से बूँद-बूँद पिघलती हुई बर्फ की बूँदें पुण्यशिला गंगा को अस्तित्व में लाती है। चीड़ के घने जंगलों और बर्फ के आवरण में स्थित, गंगा की जलधारा गौमुख से निकलती है। इसके बाद वह गंगोत्री तक पहुँचती है, जिसे गंगा का उद्‌गम कहा जाता है। यह क्षेत्र केवल देश में ही नहीं बल्कि दुनियाभर में आस्था का केंद्र है।

राजा भागीरथ ने गंगा को ग्लेशियर (हिमनद) से बाहर निकाला था। उन्हीं के नाम पर गंगा की मुख्य धारा भागीरथी कहलाती है, जो हिमालय पर्वत के सुरम्य प्राकृतिक परिदृश्य के बीच, गौमुख में गंगोत्री ग्लेशियर से निकलती है।

गंगा की अमूल्य धारा अपने उद्‌गम से लेकर विसर्जन तक कई उपखंडों, तालों, नालों से जल प्राप्त करती है, जो इसकी धारा को समृद्ध बनाती है। इस धारा के उद्‌गम क्षेत्र को प्राचीन काल में 'सप्तगंगा' कहा जाता था। इसे यह उपनाम संभवत: सात प्रमुख बर्फ से ढकी चोटियों के कारण दिया गया था। तीर्थ और धार्मिक दृष्टि से भागीरथी, बूढ़ी गंगा, कालिंदी, सरस्वती, कावेरी, नर्मदा और वेनी को भी 'सप्तगंगा' कहा गया है, जबकि दूसरी ओर गंगा, यमुना, सरस्वती, गोदावरी, नर्मदा, सिंधु और कावेरी को पवित्र नदियों का दर्जा दिया जाता हैं।

अलकनंदा गंगा के प्रवाह के प्रारंभिक चरण में चौखम्बा पर्वत श्रृंखला के सतोपंत शिखर के पूर्वी ढलान से उतरती है। भागीरथी धारा पश्चिमी ढलान से निकलती है।

भगवान शिव की जटाओं की एक शिखा हटाने के कारण गंगा की एक पतली धारा पहले बिंदुसार में गिरी, जो अब दिखाई नहीं देती। विस्तृत गंगोत्री ग्लेशियर दक्षिण में शिवलिंग शिखर के पास तपोवन और नंदनवन को पार करता है। गंगा गौमुख (गौमुख कैलाश) तक पहुँचने के लिए यात्रा करती है, जहाँ ग्लेशियर का पिघलता जल नदी की धारा के रूप में भागीरथी को जन्म देता है। गौमुख को पृथ्वी का मुख कहा जाता है। गौमुख धारा से गंगा को देखा जा सकता है। इस भाग से अनेक छोटी-छोटी धाराएँ निकलती हैं और आपस में मिल जाती हैं। यहाँ गंगा का प्रवाह तेज है, लेकिन चौड़ाई कम दिखाई देती है। इस धारा से कुछ दूर बहने के बाद भृगुशिखर से आने वाली भोजगढ़ नदी, भृगु सरोवर से निकलकर चौदबासा के पास भागीरथी से मिलती है। इस नदी धारा को 'देवगढ़' नदी या 'वैतरणी' भी कहा जाता है।

यह संयुक्त धारा गंगोत्री में बहती है, जो भारत के सबसे पवित्र तीर्थस्थलों में से एक है। गंगोत्री में ही भागीरथी गंगा मैया का मंदिर

है। इस स्थान से गंगा प्रचंड वेग के साथ हजारों फुट की ऊँचाई से नीचे गिरती है। गंगा यहाँ उत्तर से उतरती है, इसलिए इसे गंगोत्री कहा जाता है।

यहाँ नीचे एक शिवलिंग है, जहाँ गंगा की अविरल धारा उसका अभिषेक करती रहती है। इसीलिए माना जाता है कि गंगोत्री तक गंगा उत्तेजित रहती है और यहाँ आकर शिव के मस्तक पर विराजमान रहती है। यहाँ घाट के पास स्थित चट्टान को 'भागीरथ शिला' कहा जाता है। सर्दी के मौसम में गंगा की चलमूर्ति को मार्कंडे क्षेत्र के सुखाब गाँव में लाया जाता है, जहाँ शेष ऋतुओं में उनकी पूजा की जाती है।

आगे चलकर भागीरथी केदार गंगा से मिलती है जो 4,050 मीटर की ऊँचाई पर स्थित केदारकांथा शिखर पर स्थित केदारवाल से निकलती है और यहाँ आती है। लोक कथाओं में इसे अप्सराओं की लय कहा गया है। इसके औषधीय और खनिज युक्त पवित्र जल को दैवीय जल माना जाता है। शिव ने इस कुंड के जल से विष की गर्मी को शांत किया था। इस कुंड के पानी से जीवाणुनाशक और उपचारात्मक शक्ति प्राप्त होती है। भोजपत्र के जंगल की अगुआई में यहाँ की प्राकृतिक सुंदरता केदारताल को एक दिव्य रूप देती है।

पाँच मील आगे, भागीरथी, भैरोघाटी में जान्हू आश्रम पहुँचती है। यहाँ जाह्नवी का उद्‌गम सुमेर शिखर पर हिमनद (सुमला ताल) से होता है, जिसे 'जाध गंगा' भी कहा जाता है। यह 17 कि.मी. बहती है और भैरोघाटी के आगे उत्तर से भागीरथी में मिल जाती है। संगम स्थल से पहले, एक विशाल पुल को पार कर गंगोत्री की ओर बढ़ती है।

2,300 वर्ष पूर्व यूनानी राजदूत मेगस्थनीज ने लिखा था कि गंगा के उद्‌गम क्षेत्र में अस्तोमोई (अश्वमुख) जैसी प्रजाति निवास करती है। तिब्बती किंवदंतियों में, गंगा की उत्पत्ति को अश्वमुख (मोनपा) के रूप में वर्णित किया गया है। मनागढ़ और सुमलगढ़ अनाविस जाथगंगा को जल उपलब्ध कराते हैं।

जान्हू आश्रम के आगे, श्रीकांत पर्वत से निकला दूधिया जल गंगा में मिल जाता है। इसके आगे भागीरथी हरसिल के खूबसूरत क्षेत्र में

प्रवेश करती है, जहाँ हरिगंगा और भागीरथी का संगम होता है, जिसे 'हरिप्रयाग' कहा जाता है। कुछ दूर चलने के बाद नीलगंगा या सियागंगा भागीरथी से झगला में मिल जाती है। नीलगंगा पश्चिम में बंदरपुंछ चोटी के नीचे स्थित सियाताल से निकलती है। भागीरथी और सियागंगा के संगम को 'गुप्तप्रयाग' कहा जाता है। यहाँ से निकलने वाली श्याम गंगा भागीरथी से मिलती है। इसे 'श्याम प्रयाग' कहा जाता है। रास्ते में सूर्यकुंड और शुककुंड, सूफी नामक स्थान पर मिलते हैं। चार मील आगे सोनगंगा और लोमश आश्रम हैं। गगनानी में स्थित तप्तकुंड को ऋषिकुंड कहा जाता है, जिसके आगे मल्ल व्यास भागीरथी गंगा से मिलते हैं। इस नदी को 'नौली नदी' भी कहा जाता है और इस स्थान को 'इंद्रप्रयाग' या 'भास्कर प्रयाग' कहा जाता है। मनेरी में बोध को पार करने के बाद, भागीरथी उत्तरकाशी पहुँचती है जिसे 'सौम्यकाशी' भी कहा जाता है।

भागीरथी की धारा उत्तरकाशी के वन-आच्छादित क्षेत्र में पहुँचती है। यहाँ अंगड़ा गाँव की सीमा पर एक षट्कोणीय कुंड है जिसे डोडीताल, दुंदताल या धुंधताल कहा जाता है। इस कुंड तक पहुँचने वाले पहले व्यक्ति धुंडीराज गणेश थे; इसलिए इसका नाम उनके नाम पर रखा गया। इसी ताल से असली गंगा की उत्पत्ति होती है। मनेरी से आगे और उत्तरकाशी से कुछ मील ऊपर गंगोरी में ओक, बुराँश और देवदार के जंगल हैं और यहीं पर अस्सी-भागीरथी संगम होता है। यहाँ भगवान विश्वनाथ निवास करते हैं और उत्तरकाशी को काशी कहते हैं। ताल के तट पर स्थित शिव मंदिर प्राकृतिक सुंदरता से सुरम्य है। डोडीताल के तट पर गणेश मंदिर में भगवान श्री गणेश की एक प्राचीन पत्थर की मूर्ति है।

उत्तरकाशी से उतरकर भागीरथी दो मील तक बहती है और मटला गाँव पहुँचती है, जहाँ वरुण नदी की धारा भागीरथी से मिलती है। यह संयुक्त धारा हुण्डा पहुँचती है और धारसू में एक छोटी धारा से मिलती है, जो मेलवाला से आती है। इसके बाद दौग, एल्दु में एक स्थानीय नदी भागीरथी में अपना योगदान देती है। यह मार्कोट, मुखमल और धलाम्बा गाँवों से होते हुए दौग पहुँचती है।

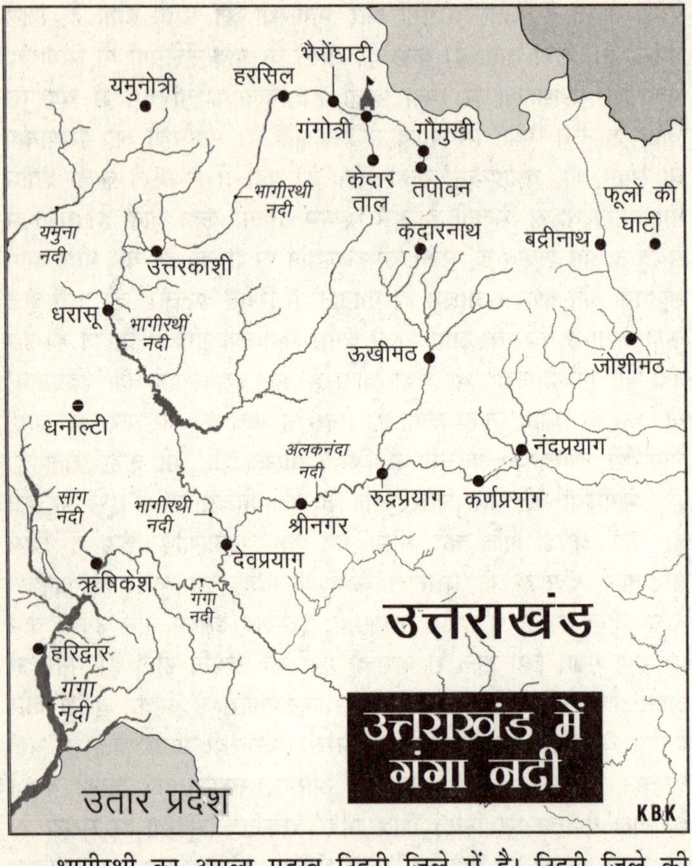

भागीरथी का अगला पड़ाव टिहरी जिले में है। टिहरी जिले की हरी-भरी मिलंगना घाटी के शीर्ष पर विशोन पर्वत है। घाटी में प्राकृतिक बर्फ की दो गुफाएँ हैं जिनमें लटकते हिमखंड और खतलिंग ग्लेशियर की आकृतियाँ हैं। यहाँ से निकलने वाले गंदे पानी से निकलने वाली कई धाराएँ मिलंगना नदी का रूप ले लेती हैं। इसके उद्‌गम क्षेत्र को 'थलया सागर' या 'मोटा पिथावन' भी कहा जाता है। यह स्थान आदि कैलाश है। पहले मिलंगना पुरानी टिहरी में गणेश प्रयाग में विलीन हो जाती थी, लेकिन अब यह टिहरी झील में चली जाती है। मिलंगना या

त्रिलंगना अपने साथ गंगा की कई छोटी धाराएँ लाती है। किरात और मिल जनजाति कभी इस क्षेत्र में रहते थे; इसलिए इस नदी का नाम मिलंगना पड़ा। हिम चोटियों के क्षेत्र में सहस्र नाम का एक जलाशय पाया जाता है जिसे अप्सरा या अंछारी ताल कहा जाता है। पूर्व-पश्चिम में तीन तालाब हैं, जहाँ मिलंगना नदी पूर्व से निकलती है और कई तालाबों से निकलकर मिलंगना का निर्माण करती है। धर्मगंगा और बालगंगा धनस्थलों में मिलती हैं। दयाताल से कुनाली गंगा बहती है और गंगा में मिल जाती है।

मिलंगना में दाहिने किनारे पर हटकुनी पर्वत से आने वाली गरगड धारा भगतों के पास से गुजरती है और जंदरवाली के स्थान पर मिलंगना से मिलती है। पाख गाँव में हिंदव और अखोदी क्षेत्र से आने वाली धाराओं और जौलगढ़ से प्रचुर मात्रा में पानी आता है। बालखिल्या नदी, दाहिने किनारे पर घनसाली के पास कौड़िया में मिलंगना से मिलती है। यह बालखिल्या पर्वत से निकलती है और कुशकल्याण क्षेत्र से निकलकर गोनगढ़ और अरगड धाराओं का जल प्राप्त करती है। कुशकल्याण क्षेत्र में ऋषि बालखिल्या ध्यान करते थे। यहाँ पर बालखिल्या शिवलिंग और हिमदव में दिखेश्वर महादेव की महिमा है। धर्मगंगा को धर्मराज युधिष्ठिर के तप का परिणाम माना जाता है।

टिहरी से भागीरथी देवप्रयाग पहुँचती है, जहाँ यह मंदाकिनी को साथ लेकर अलकनंदा से मिल जाती है। सप्तगंगा के पूर्वी क्षेत्र में बद्रीनाथ तक निकलने वाली धारा को विष्णुगंगा कहा जाता है और पश्चिमी क्षेत्र में द्रोणागिरी के तट पर धौलीगंगा धारा है, जो जोशीमठ के पास विष्णुगंगा में मिलती है और इस संयुक्त धारा को अलकनंदा कहा जाता है। आगे नंदप्रयाग जाते हुए मंदाकिनी अलकनंदा से मिलती है। कर्णप्रयाग में पिंडरगंगा और रुद्रप्रयाग में भागीरथी और अलकनंदा मिलते हैं। इसके अतिरिक्त अन्य सभी जलधाराओं के सहयोग से बनी जलधारा 'गंगा' कहलाती है।

देवप्रयाग तक आने वाली अलकनंदा को स्थानीय लोग गंगा कहते हैं। देवप्रयाग के ऊपर की दोनों नदियों को गंगा कहा जाता है।

अलकनंदा और उसकी सहायक नदियाँ भी हिमालय पर्वत की मुख्य श्रृंखला के दक्षिणी ढलान से निकलती हैं। सतोपंत (सत्यपथ) से उत्पन्न अलकनंदा और भागीरथी दोनों को संगम तक एक लंबा सफर तय करना पड़ता है, भले ही वे एक ही क्षेत्र से उत्पन्न हों। देवप्रयाग में भगवान राम के मंदिर में इस कस्बे की इकलौती देव प्रतिमा है।

अलकनंदा और उसकी सहायक नदियाँ, हिमालय के दक्षिणी ढलानों से निकलती हैं और गंगा के निर्माण में अथाह जल निकाय प्रदान करती हैं जो चौखबा पर्वत श्रृंखला के सतोपंत ताल के दक्षिण-पूर्व से निकलती है। उल्लेखनीय है कि सतोपंत ग्लेशियरों से घिरा हुआ है, जिसमें अलकनंदा, भागीरथी और खड़कमल ग्लेशियर प्रमुख हैं। सतोपंत ताल के पास स्थित तीन गुफाओं को ब्रह्मा, विष्णु, महेश (त्रिदेव) के नाम से जाना जाता है।

इस सतोपंत ग्लेशियर से कुछ मील ऊपर स्वर्ग का रास्ता है, जहाँ से पांडव स्वर्ग के लिए निकले थे। यहाँ अलकनंदा एक धारा के रूप में निकलती है और तीव्र गति से वसुधारा जलप्रपात के रूप में गिरती है। यहाँ व्यास गुफाएँ, गणेश गुफाएँ, मुचकंद गुफाएँ हैं। यहाँ एक गुफा से बाहर आने के बाद, सरस्वती आगे बढ़ती है और अलकनंदा के साथ संगम करती है जो कि बाराबा ग्लेशियर से निकलती है। अलकनंदा-सरस्वती के इस संगम को केशव प्रयाग कहा जाता है। सरस्वती को पार करने के लिए भीम द्वारा एक विशाल चट्टानी पुल का निर्माण किया गया था। बाद में सरस्वती अलकनंदा में विलीन हो जाती है। धरतोली में आखा नदी अलकनंदा में मिलती है और कई छोटी-छोटी नदियाँ भी अलकनंदा में मिल जाती हैं। यहाँ अलकनंदा को सरस्वती भी कहा जाता है।

धारा का एक अन्य स्रोत

भृगुधारा और इंद्रधारा बद्रीनाथ में ब्रह्मपाल चट्टान के पास मिलते हैं। बद्रीनाथ के आगे गणेश चट्टी है, जहाँ नीलकंठ चोटी के नीचे ऋषिकुंड स्थित है। इस क्षेत्र से निकली ऋषिगंगा नंदा देवी बेसिन

में अलकनंदा से मिलती है। पास ही देवदेखना में बद्रीनाथ मंदिर है। थोड़ा आगे हनुमान चट्टी में अग्निकुंड है। शेषधारा से सात मील दूर पांडुकेश्वर में योग बद्री के दर्शन होते हैं। इससे छह मील आगे नीली घाटी है, जहाँ धवलताल से धौलीगंगा का उद्गम होता है, जिसे 'नामगंगा' भी कहा जाता है। धौलीगंगा 16,628 फीट की ऊँचाई पर स्थित नीति दर्रे से निकलती है। भागीरथी नदी मलारी गाँव में इससे मिलती है। दृष्टिगंगा विष्णुप्रयाग में अलकनंदा से मिलती है।

जोशीमठ से पहले, अलकनंदा घाट चट्टी पर लक्ष्मणगंगा से मिलती है, जो गंधमादन पर्वत के नीचे हेमकुंड से निकलती है। लक्ष्मणगंगा पुष्पावती नदी के साथ संगम करती है, जो ढांढरिया में पुष्पतोया ताल से निकलती है और गोविंदघाट से लोकपाल (लक्ष्मण) ताल की ओर बढ़ती है। यहाँ सुगंधित फूलों की कई घाटियाँ और सिखों की आस्था का केंद्र पवित्र हेमकुंड मंदिर है। काकनाडी का उद्गम कालभुसुंडी ताल से होता है जो गंधमादन और कामेट चोटी के बीच स्थित है और यह गोविंदघाट से दो कि.मी. दूर है। यह डोपट्टा में अलकनंदा से मिलती है जबकि इस कुंड से निकलने वाली भुदर नदी भी लक्ष्मणगंगा में मिलती है।

विष्णुप्रयाग से दो मील नीचे जोशीमठ है, जिसे ज्योतिर्मठ भी कहा जाता है। यहाँ हस्तिशुंड से निकलकर नरसिंह और दंड नामक धाराएँ मिलती हैं। यहाँ नामगंगा का संगम भी है। इससे दो मील नीचे बुद्ध बद्री है, छह मील दूर कुमारचट्टी, पाँच मील दूर ध्यानबद्री और डेढ़ मील आगे पंचकेदारों में से एक कल्पेश्वर है। पाँच मील नीचे जाने के बाद तुंगनाथ पर्वत से निकली पातालगंगा अलकनंदा से मिलती है। बाद में यह गरुड़गंगा धारा में मिल जाती है। इसी क्रम में पाँच मील नीचे, पीपल कोटि से दो मील आगे बिल्व केदार है, जहाँ नंदकान पर्वत से निकलने वाली विरहिगंगा अलकनंदा से मिलती है। विरहिगंगा त्रिशूल चोटी के उत्तरी ढलान में सिंगी बुग्याल क्षेत्र के हिमनदों के पास सात जलकुंडों से निकलती है, जिसमें गुडलर ताल से जुड़ने वाली एक धारा, विराही को जल-समृद्ध बनाती है।

यहाँ से 7 मील नीचे चमेली की नगरी है, जिससे होकर गोपेश्वर अखिमठ और केदारनाथ पहुँचते हैं। चमेली से सात मील आगे नंदप्रयाग है, जहाँ मंदाकिनी नदी अलकनंदा से मिलती है जो रहस्यमय रूपकुंड से निकलती है। मंदाकिनी की एक सहायक नदी होमकुंड से आती है, जहाँ पार्वती का डोला रखा गया था। इस अवसर पर हर साल यहाँ एक उत्सव मनाया जाता है।

धारा का एक और स्रोत

नंदप्रयाग से पहले कर्णप्रयाग में पिंडरगंगा अलकनंदा से मिल जाती है। यह रानीखेत के पास पिंडारी ग्लेशियर के पिंडर ताल से निकलती है और आदि बद्री के पास द्वाली में मिल जाती है। पिंडारक जनजाति पिंडर नदी के ऊपरी भाग के जंगलों और चारागाहों में भैंसों को पालती थी, इसलिए इस नदी को पिंडर नदी कहा जाता है। पिंडारी ग्लेशियर नंदा देवी के पूर्वी ढलान से नंदाकोट चोटी की तलहटी तक फैला हुआ है। ग्लेशियर के मुहाने में कई सुरंग गुफाएँ हैं। धारा में बर्फ के पत्थर तेजी से बहते नजर आते हैं। कुफनी नदी नंदकोट के कुफनी ताल से निकलती है।

मंदाकिनी नदी का उद्‌गम केदारनाथ के पास है। कर्णप्रयाग से उतरकर मंदाकिनी और अलकनंदा का संगम होता है। यहीं से इसे अलकनंदा के नाम से जाना जाता है। इस पवित्र स्थान को रुद्रप्रयाग कहा जाता है। मंदाकिनी केदारनाथ धाम की नदी है, जो चौखम्बा पर्वतमाला में स्वर्गारोहण नामक तीन चोटियों के चोरावाड़ी ताल से निकलती है। राष्ट्रपिता महात्मा गाँधी की अस्थियों को इसी स्थान पर विसर्जित किया गया था, इसी कारण इसे 'गाँधीताल' भी कहा जाता है। इस कुंड को छोड़ने के बाद मंदाकिनी 3 कि.मी. नीचे जाकर सरस्वती और दूधगंगा से मिलती है। अमृतकुंड, ईशानकुंड, हंसकुंड और उदयकुंड यहाँ स्थित एक मंदिर के निकट हैं। केदारनाथ से 6 कि.मी. नीचे वासुकी ताल है, जो काली गंगा (वासुकीगंगा) का उद्‌गम स्थल है, जो आगे सोनप्रयाग में मंदाकिनी में मिलती है, लेकिन उससे पहले सोनगंगा नदी केदारनाथ की तलहटी में गर्म पानी के कुंड,

गौरीकुंड से निकलती है। शिव-पार्वती का विवाह यहाँ से 10 कि.मी. आगे सोनप्रयाग से तीन मील दूर त्रिमुखी नारायण में हुआ था, लेकिन अश्वमठ से पहले मंदानीगंगा मंदाकिनी से मिलती है, फिर ऊखीमठ के पास गुप्तकाशी में और सूर्यप्रयाग में, संगम के बाद, तरंगिनी मंदाकिनी से मिलती है। रुद्रप्रयाग पहुँचने के बाद, मंदाकिनी और अलकनंदा मिलते हैं और शुक्रताल और श्रीनगर से 10 कि.मी. नीचे यह धारा फिर देवप्रयाग में चली जाती है।

देवप्रयाग को पार करने पर यह पवित्र धारा गंगा कहलाने लगती है। इसे 'सर्व पुण्य हिमावतो गंगा' कहा गया है। यहाँ कई जलधाराएँ इसमें आकर मिलती हैं। इनमें बंपरगढ़, गुलरगढ़, झुलगढ़, निर्गढ़, चंद्रभागा, लालपानी, सौंग और हिल आदि अपना जल उपलब्ध कराते हैं। गुलारगढ़ के निर्माण में दो धाराओं का योगदान है। जमेला से आने वाला घड़ियाल डंडा, बाँस कटल से आने वाला गड़ा और रानीताल ढाल से निकलकर गुलरगढ़ मिलकर इस धारा का निर्माण करते हैं और यह गंगा के दाहिने किनारे पर वशिष्ठ की गुफा के पास मिलती है। तीर्थयात्रीगण पहले इस तट से डोगी पट्टी के रास्ते पैदल देव प्रयाग जाते थे।

देवप्रयाग के बाद गंगा में कई धाराएँ मिलती हैं। इनमें बनेलसुन से आने वाली रंदीगढ़, सिल्सु, नायर नदी, डाब्रिगड, हिल, झुलगढ़, गठगंगा और विदासन धाराएँ प्रमुख हैं। इन धाराओं में नायर नदी का विशेष महत्व है। हिनवाल नदी शिपुरी के पास गंगा में मिल जाती है, जो अपने साथ चूना और लोहे के खनिज लाती है। वर्षा ऋतु में सहायक नदियों में कंकड़ की मात्रा अधिक होने के कारण एक विस्तृत गर्त क्षेत्र बन जाता है। इसके पश्चिम में नगीसी नदी आती है, जो सुरकुट/सुरकन के पश्चिमी ढलानों से निकलती है। सातवीं शताब्दी में यह नदी कोण ाकालिका के नाम से प्रसिद्ध थी।

धारा का एक अन्य स्रोत

सुसवा नदी देहरादून शहर के दक्षिण-पूर्व में कारगी गाँव के पास असावरी-देहरा रोड के पूर्व में एक जलाशय से निकलती है। दो मील

नीचे जाने के बाद जाखन राव सुसवा से मिल जाते हैं। बरसात के मौसम में, स्थानीय बाल्दी, बिंदल और रिस्पान धाराएँ अपने पानी से इसे दुर्जेय बना देती हैं। सोंग या सुंग नदी टिहरी से निकलती हैं और कंस राव से थोड़ी दूरी पर सुसवा में मिलती हैं। यह आगे सत्यनारायण मंदिर के नीचे ऋषिकेश-हरिद्वार मार्ग से जुड़ती है, जो सकलाना पट्टी क्षेत्र और सहधारा मालदेवता से भी पानी लाती है। ऋषिकेश में चंद्रभागा नदी भी टिहरी क्षेत्र से पानी लेकर आती है।

चेलुसैनम नागदेव डंडा क्षेत्र से निकलने वाली हिनवल (हेम) नदी विजुपानी चारवाल से आती है। गंगा की यह विशेष सहायक नदी, पौड़ी जिले के सालाब क्षेत्र से आती है। इस नदी के मार्ग में अजमेर और लंगूर नदियों की विभाजक नदी गेदा के गढ़ और देउलगढ़ से मिलती है। यहाँ इसका प्रवाह पथ उत्तर दिशा में शुरू होता है; इसलिए इसे तिरपानी भी कहा जाता है। यहीं पर रानी कर्णावती ने मुगल सेना के खिलाफ जमकर लड़ाई लड़ी थी और यह नदी फूलचट्टी में गंगा के साथ मिलती है, जो लक्ष्मण झूला-बद्रीनाथ ट्रेक मार्ग के पास स्थित है।

देवप्रयाग से आगे व्यास घाट पर व्यास गंगा और अलकनंदा गंगा का संगम है। व्यासगंगा रथ-दूधटोली क्षेत्र में, गढ़वाल संभाग के पौड़ी जिले के दक्षिणी भाग में गंगा की एक प्रमुख सहायक नदी है। यह उत्तर-पश्चिमी पर्वतों से एक छोटी धारा के रूप में निकलती है। नायर नदी की पूर्वी और पश्चिमी धाराएँ सतपुली के नीचे नौगंद (कमंद) में मटकोली नामक स्थान पर मिलती हैं।

धारा का एक अन्य स्रोत

नायर नदी एक बारहमासी, गैर-हिमनद नदी है अर्थात जो ग्लेशियर से नहीं निकलती है। इसकी नदी प्रणाली सबसे बड़ी गैर-हिमनद बारहमासी नदियों में से एक है, जो इस क्षेत्र में रामगंगा (पश्चिम) के बाद दूसरे स्थान पर है। यह पूरी तरह से पौड़ी गढ़वाल जिले में बहती है। नदी की दो मुख्य शाखाएँ, पूर्वी-नायर और पश्चिमी-नायर, रामगंगा नदी के साथ, घने जंगलों और दूधातोली के ऊँचे घास के मैदानों में निकलती

हैं और सतपुली से लगभग एक कि.मी. आगे विलीन होकर नायर नदी का निर्माण करती हैं। सतपुली पूर्वी-नायर नदी के बाएँ किनारे पर स्थित एक शहर है।

ऐतिहासिक अभिलेखों और प्राचीन धार्मिक ग्रंथों के अनुसार इस नदी को नारद गंगा कहा जाता था। नायर नदी का वर्तमान नाम संभवतः इसके प्राचीन नाम नारद गंगा से लिया गया है। अपनी मूल श्रेणी में, नायर की दोनों शाखाओं, यानी पूर्वी-नायर और पश्चिमी-नायर को केवल नायर कहा जाता है।

च्यवन ऋषि ने नायर नदी के उद्गम स्थल, दूधतोली पर्वत में पाए जाने वाली औषधीय जड़ी-बूटियों से च्यवनप्राश का आविष्कार किया था। जैसे ही नायर और उसकी सहायक नदियाँ पवित्र गंगा में विलीन होती हैं, वे स्थानीय लोगों के लिए पूजनीय हो जाती हैं।

धारा का एक अन्य स्रोत

ऋषिकेश-बद्रीनाथ की ओर जाने वाले प्राचीन पैदल मार्ग पर स्थित व्यास चट्टी को एक तीर्थ रूप में माना जाता है। गंगा की धारा यहीं से उतरकर बहना शुरू करती है। इस पवित्र स्थान पर भूमध्यरेखीय संक्रांति और बसंत पंचमी को सिलसु मेला लगता है। गंगा के दूसरी ओर व्यास मंदिर और गुफा है। प्राचीन काल में कण्व आश्रम के यात्री यहाँ आकर मिलते थे जिसके बाद बद्रीनाथ यात्रा पर निकल पड़ते थे।

प्राचीन काल में यात्री गोहरी नामक स्थान से व्यास घाट पर जाया करते थे। गोहरी में ही धारकोट-अमोला दांडे से निकलने वाली विदासन नदी संगम करती है। इसका उल्लेख चीनी यात्री ह्वेनसांग ने भी किया है।

धारा का एक अन्य स्रोत

बालगढ़ नदी, द्वारीखाल के निकट ऊँचे ध्रुव से एक पतली धारा के रूप में निकलती है, जो लंगूरगढ़ी के दक्षिण की ओर कान्ह नदी की मूलधारा है। बलखर जब दादामंडी आती है तो लंगूरगढ़ की एक धारा

आकर मिलती है और इसे लंगूरगढ़ कहते हैं। इसके बाद जब धारगढ दुगड्डा की ओर बढ़ती है, तो लैंसडाउन से आ रहे सिलगढ़ से मिल जाती है। यहाँ इसे खोह नाम दिया जाता है। इससे पहले, तट पर रजा रोड और कैप्टन रोड नाम का एक यात्रा मार्ग था और लंगूरगढ़ पर पुराना कोट नामक गढ़ भी थे। दुगड्डा कोटद्वार के बीच प्रवाह मार्ग में इसके कई घाट हैं, जिनमें हल्द्वानी, सरोदा, उत्तरन, गजोरा और गिनाई उल्लेखनीय हैं। यह धारा कोटद्वार के दक्षिण में कोटरी नदी में मिलती है और बदले में कोटरी नदी यह सारा पानी रामगंगा में बहा देती है।

पौड़ी गढ़वाल के दक्षिण-पूर्व में सोना और भुद नदियाँ बहती हैं। सोना नदी कोटरी क्षेत्र की मुख्य जलधारा है जो पातालिदून में जाकर पश्चिमी रामगंगा में मिल जाती है, जहाँ मंडल नदी भी रामगंगा में मिल जाती है। पश्चिमी रामगंगा, जो इन सभी धाराओं का जल स्वीकार करती है, मूसा के कोटना स्थान से निकलती है, जो चमोली जिले के गैरसैंण रथ क्षेत्र में दुधाटोली पर्वत श्रृंखला के उत्तर-पूर्व में स्थित है। यह नदी तेज जल प्रवाह के साथ मलखोरी दर तक आ जाती है, लेकिन खानसर की ओर बढ़ते हुए इसकी गति सामान्य हो जाती है। हालाँकि, यह सहत और लोभा धाराओं से भी जल प्राप्त करती है। खानसर में इसके बाएँ किनारे पर खानसर गढ़ की धारा मिलती है, जबकि दक्षिण-पूर्व में बहते हुए तड़ग ताल का पानी मिलता है। इसके अलावा, यह लोभागढ़, गनई-चौखुटिया (अल्मोड़ा), मासी, भिकियासांग तक पहुँचती है और खतसर और कोटलार गढ़ से जल संग्रहित करती है, जो दूनागिरी से आता है। जिसमें गनई में खरोगंड का पानी, भिकियासम्पों में गगस नदी, चौकोर में विनोद नदी और उसके बाद रामगंगा का प्रवाह दक्षिण की ओर मुड़ जाता है, जिसमें मल्ला साल्ट क्षेत्र के कील गढ़ और गढ़वाल नदियों के देव गढ़ का जल बहता है।

यह धारा बोक्सर भाबर से आकर गढ़वाल के पाटलिदून में प्रवेश करती है और मंडल नदी के साथ-साथ मिट्टी गढ़, हल्द गढ़, तैउरिया और सोना नदियों, जो गढ़वाल के दक्षिणी सालन क्षेत्र और पश्चिमी रामगंगा से जल लाती है, से जल को ग्रहण करती है।

गनई-चौरापुतिया क्षेत्र और कत्यूरी क्षेत्र के गाँव, लखनपुर, लोकगढ़ी, खानसर, गैरसैंण आदि इस क्षेत्र के प्रसिद्ध स्थान हैं। गैरसैंण, ढलवा पठारी क्षेत्र जो कि उत्तराखंड राज्य की वैकल्पिक राजधानी है, कभी अंग्रेजों का शिकारगाह हुआ करता था।

भागीरथी नदी घाटी में सनातन धर्म के दो प्रतिष्ठित स्थल हैं–गौमुख और गंगोत्री। इसी तरह, अलकनंदा नदी घाटी में बद्रीनाथ और केदारनाथ नामक दो सबसे अधिक पूजनीय मंदिर हैं। बद्रीनाथ, केदारनाथ, गंगोत्री और यमुना नदी घाटी में यमुनोत्री (यमुना का उद्‌गम स्थल) के साथ 'चार धाम'–आध्यात्मिक शक्ति के चार महत्वपूर्ण स्थान हैं।

बद्रीनाथ, सृष्टि के पालनकर्ता, भगवान विष्णु से जुड़े चार सबसे महत्वपूर्ण तीर्थस्थलों में से एक है। यह भगवान का आसन है, जिसे 'बद्री विशाल' के नाम से जाना जाता है और जो मोक्ष के किसी भी साधक के लिए अंतिम गंतव्य है। मंदिर के दोनों ओर नर और नारायण पर्वत (भगवान विष्णु का एक दोहरा रूप) है और सामने अलकनंदा नदी जिसका शाब्दिक अर्थ है 'सबसे सुंदर', बहती है, इसकी ध्वनि, पवित्र छंद, 'हर-हर' का प्रतीक है।

उत्तरकाशी भागीरथी, असी और वरुणा नदियों के बीच की भूमि पर स्थित है। यहाँ से गंगोत्री की दूरी करीब पाँच कि.मी. है। यहीं पर सुरम्य डोडीताल से असिगंगा और भागीरथी का संगम निकलता है। उत्तरकाशी के पूर्व में वर्णावत पर्वत पर विमलेश्वर महादेव का मंदिर है। इसके साथ ही यहाँ कई प्राचीन मंदिर हैं, जैसे विश्वनाथजी का मंदिर, जिसके सामने एक त्रिशूल है जो देवासुर संघर्ष के समय शेष रह गया था। इनके अलावा गोपेश्वर, परशुराम, दत्तात्रेय, अन्नपूर्णा, भैरव, रुद्रेश्वर, लक्षेश्वर, जदभारत और शिवदुर्ग मंदिर भी पूजनीय हैं।

उत्तरकाशी की पंचकोशी परिक्रमा के दौरान भक्त पहले वरुण संगम में स्नान करते हैं और फिर विमलेश्वर का जलाभिषेक करते हैं। यहाँ जदभारत का आश्रम और सदा गंगाजल से भरा रहने वाला ब्रह्मकुंड स्थित है, यहाँ आने वाले तीर्थयात्री स्नान, तर्पण और पिंडदान करते हैं।

ऋषिकेश, भगवान कृष्ण/भगवान विष्णु के अनेक नामों में से एक है जिसका अर्थ है 'इंद्रियों के देवता'। इस स्थान का नाम भगवान विष्णु के नाम पर पड़ा है जो रैभ्य ऋषि के समक्ष (उनकी तपस्या के परिणामस्वरूप) भगवान ऋषिकेश के रूप में प्रकट हुए थे। भगवद् गीता के पवित्र पाठ में, अर्जुन ने इंद्रियों पर प्रभुत्व प्राप्त होने के कारण भगवान श्री कृष्ण को 'ऋषिकेश' के रूप में संबोधित किया है। श्री राम ने लंका के राक्षस राजा, रावण को मारने के लिए यहाँ तपस्या की थी। यहाँ गंगा पर बने दो ऐतिहासिक पुलों का नाम क्रमशः भगवान राम और उनके छोटे भाई के नाम पर, 'राम झूला' और 'लक्ष्मण झूला' रखा गया है।

हिमालय की तलहटी में होने के कारण इस स्थान का अपना आकर्षण और महत्व है। यह 'हिमालय का प्रवेश द्वार' कहलाता है। नदी के दोनों किनारों पर कई मंदिर और आध्यात्मिक केंद्र (मठ और आश्रम) हैं, जहाँ भक्त अपने आध्यात्मिक भागफल को समृद्ध करते हैं और मोक्ष की कामना करते हैं।

गंगा पश्चिम वधिनी से होकर ऋषिकेश में लक्ष्मण झूला तक, व्यासघाट से लगभग 35 कि.मी. दूर बहती है। देवप्रयाग के बाद, अलकनंदा और भागीरथी दोनों, जिन्हें गंगा कहा जाता है, एक साथ लक्ष्मण झूला की ओर बहती हैं। यहाँ गंगा कम चौड़ी लेकिन गहरी है और घाटी के नीचे बहुत तेज गति से बहती है।

ऋषिकेश में मुनि की रेती, स्वर्गाश्रम आदि स्थान हैं। चंद्रभागा (चंदन बाराव) नदी, ऋषिकेश में गंगा में मिलती है। सांग, सासवा किंडल, लाल ताल आदि छोटी नदियों का जल लेते हुए रायवाला के पास करीब 16 कि.मी. के बाद गंगा चिरखला, रामवाला होते हुए हरिद्वार में उतरती है।

3

आश्रमों का स्मरण

कोई भी मंदिर, देवस्थान या ब्राह्मण का निवास स्थान जो गंगा के तट पर स्थित है, एक तीर्थ है। सभी पवित्र स्थानों और तीर्थों का महत्त्व, उनसे मिलने वाले आनंद और मुक्ति के संगम में निहित हैं। जिसका शरीर और मन अच्छी तरह से अनुशासित होता है और जिसके पास विद्या और तपोबल होता है, वह तीर्थ यात्रा का फल भोगता है। जो भिक्षा नहीं लेता, जो कम खाता है, जिसने अपनी इंद्रियों को जीत लिया है और जो पापों से रहित है, ऐसे व्यक्ति को सभी यज्ञों का फल मिलता है। यज्ञोपवीत करने से जो फल मिलता है, वह तीर्थ यात्रा पर जाने से भी मिलता है।

हरिद्वार, जो गौमुख से लगभग 250 कि.मी. और ऋषिकेश से लगभग 20 कि.मी. दूर है, को सनातन धर्म के अनुयायियों द्वारा दुनिया के सात सबसे पवित्र स्थानों में से एक माना जाता है। हरिद्वार, इलाहाबाद, उज्जैन और नासिक वे चार स्थान हैं जहाँ 'समुद्र मंथन' (देवासुर संग्राम) के बाद भूलवश अमृत छलक गया था। इस दैवीय घटना की मान्यता में, ये चारों शहर अखिल भारतीय तीर्थयात्रा परिपथ में धार्मिक महत्व रखते हैं। ग्रहों की एक विशेष स्थिति के अनुसार इन चार स्थानों में से प्रत्येक में हर 12 साल में एक बार विशाल मानव समूह जिसे 'महाकुंभ' या 'कुंभ मेला' के रूप में जाना जाता है, का आयोजन किया जाता है। कुंभ मेले के दौरान लाखों तीर्थयात्री, भक्त, सन्यासी और पर्यटक इस विश्वास के साथ गंगा में डुबकी लगाते हैं कि यह पवित्र जल उन्हें कार्मिक ऋण से मुक्त कर देगा और उन्हें मोक्ष प्राप्त करने में सहायक होगा।

महाभारत के 'वन पर्वः तीर्थ-यात्रा पर्व' में 'गंगाद्वार' (हरिद्वार) और कनखल (हरिद्वार के निकट एक प्रसिद्ध बस्ती) का संदर्भ मिलता है, जो उस विशेषता का वर्णन करते हैं जिसके कारण इस स्थान को पवित्र माना जाता है। यहाँ, नदी के तट पर एक ऐसा स्थान है जिसके बारे में माना जाता है कि यहाँ भगवान विष्णु के पदचिन्ह हैं। भगवान के प्रति असीम श्रद्धा के प्रतीक के रूप में, गंगा नदी इस स्थान को सदा स्पर्श करती है।

पवित्र घाट हर-की-पौड़ी का निर्माण राजा विक्रमादित्य द्वारा ईसा पूर्व पहली शताब्दी में किया गया था। हर-की-पौड़ी के दाईं ओर कुशावर्त घाट है जहाँ हिंदू श्रद्धालु, दिवंगत आत्माओं की शांति के लिए पिंडदान करते हैं। गंगा के महान पुत्र, भीष्म ने अपने पिता शांतनु के लिए इसी स्थान पर अनुष्ठान किया था और तदनुसार इसे शांतनु-तीर्थ के रूप में भी जाना जाता है। इन दोनों स्थानों पर अस्थियों के विसर्जन से, न केवल दिवंगत आत्माओं के लिए एक शांतिपूर्ण मार्ग सुनिश्चित होता है, बल्कि जब तक अस्थियाँ गंगाजल के नीचे रहती हैं, तब तक उनका स्वर्ग में रहना सुनिश्चित होता है।

सिख धर्म के अनुयायियों के लिए हरिद्वार, उनके धर्म के संस्थापक के रूप में विशेष महत्व रखता है। गुरु नानक ने 'कुशवान घाट' पर गंगा में पवित्र डुबकी लगाई थी, जब वे 1504 ईसवी में बैसाखी के दिन यहाँ आए थे। इसके बाद, तीसरे सिख गुरु, अमर दास ने भी अपने जीवनकाल में 22 बार हरिद्वार की यात्रा की थी।

स्पष्ट है कि विशेष रूप से सनातन धर्म के अनुयायियों के लिए, गंगा तट पर बसे अन्य स्थानों के बीच, हरिद्वार का विशेष महत्व है, जो एक दृढ विश्वास और उसके साथ जुड़े रीति-रिवाजों और अनुष्ठानों के एक समूह के रूप में परिवर्तित हो जाता है।

गंगा न केवल एक नदी है बल्कि वह देवी माँ भी है। वह अपने जल में पवित्रता, आनंद और मुक्ति लेकर, जीवन दाता के रूप में हिमालय से निकलती है। गंगा केवल जल ही नहीं है, बल्कि अमृत है-जीवन का अमृत, मुक्ति का अमृत। वह उन सभी के लिए प्रेरणा

का स्रोत है जो उसकी निरंतर, असीम, प्रवाहमान धारा के दर्शन करते हैं। वह भक्तों के हृदय, मस्तिष्क और आत्मा पर सुखद प्रभाव डालती है। वह माँ हैं जो बिना किसी भेदभाव, संकोच और अपेक्षा के सभी को स्वतंत्र रूप से दे रही हैं।

आरती का एक अर्थ 'कष्ट निवारक' है। आरती के नाम में कुछ भी अंतर्निहित नहीं है जिससे यह पता चले कि इसे किस रूप में या किस भगवान के नाम पर किया जाना चाहिए। इसे हमारे जीवन में आने वाले कष्टों के दैवीय निवारण के लिए किया जाना चाहिए। गंगा आरती एक ऐसा समय है जिसमें व्यक्ति दैनिक जीवन के तनावों से मुक्त होकर आनंद, श्रद्धा और शांति में समाहित हो जाता है। जैसे ही चमकीला पीला सूरज पानी में डुबकी लगाता है और उसकी किरणों का प्रतिबिंब किसी की आँखों में आँसू ला देता है, व्यक्ति आनंद, श्रद्धा और आध्यात्मिक संबंध की गहरी भावना से भर जाता है।

आरती में, भक्त घी और कपूर से जलते हुए दीपक को आँख से पैर तक, आँख से पुनः और पुनः भगवान के चरणों में लहराते हैं। आरती का सार यह है कि पूरे दिन भगवान हमें प्रकाश प्रदान करते हैं–सूर्य का प्रकाश, जीवन का प्रकाश, और उनके आशीर्वाद का प्रकाश। आरती एक ऐसा समय है जब हम ईश्वर के प्रति कृतज्ञता व्यक्त करते हैं और उसके दिए हुए प्रकाश के बदले, हम अपने धन्यवाद प्रकाश, अपने प्रेम और भक्ति का प्रकाश उसे अर्पित करते हैं।

हमें यह अनुभव होता है कि छोटा दीया उस दिव्य प्रकाश की तुलना में कुछ भी नहीं है जो पूरे दिन हमें प्रकाशमान रखता है। इस प्रकार, आरती विनम्रता का एक उत्सव है, एक ऐसा समय जिसमें हम स्वीकार करते हैं कि 'ईश्वर सब कुछ हैं। मैं तो कुछ भी नहीं हूँ। पूरे दिन आप संसार को प्रकाशमान रखते हैं। मैं आपको बस इतना ही दे सकता हूँ, यह छोटा सा दीपक, एक लौ है जो बहती हवा से बुझ जाएगी। लेकिन, मैं इसे भक्ति और प्रेम से अर्पित करता हूँ। कृपा करके मेरी भेंट स्वीकार करें!'

हर शाम जैसे ही सूर्य की अंतिम किरणें माँ गंगा के असीम जल से परावर्तित होती हैं, भक्त गंगा आरती के लिए एकत्रित हो जाते हैं। यह दिव्य प्रकाश उत्सव, गीत, प्रार्थना, अनुष्ठान और परमात्मा की एक स्पष्ट भावना से भरा है। मंदिर में किसी देवता की आरती की जा सकती है, गंगा के तट पर माँ गंगा की आरती की जा सकती है, या किसी संत की भी आरती की जा सकती है। यह भगवान को, किसी भी रूप में और किसी भी नाम से स्मरण करने का निमित्त है।

पवित्र गंगा ऋषिकेश के विभिन्न घाटों पर पूजनीय हैं, जिनमें परमार्थ निकेतन और त्रिवेणी घाट पर गंगा आरती विशिष्ट रूप से प्रसिद्ध है। त्रिवेणी घाट (ऋषिकेश) में, सूर्यास्त के समय गंगा आरती हर दिन सभी संस्कृतियों, सभी भाषाओं, सभी धर्मों और जीवन के सभी क्षेत्रों से सैकड़ों और हजारों आगंतुकों को आकर्षित करती है। किसी व्यक्ति के धर्म या हिंदी या संस्कृत को जानने और समझने की क्षमता से परे, आरती की शक्ति सार्वभौमिक है। गंगा आरती भाषा और संस्कृति की सीमाओं को लाँघती है, सीधे हृदय में उतरती है और स्वर्ग तक ले जाती है। भक्त, परमार्थ निकेतन आश्रम में होने वाली आरती में भी शामिल होते हैं, जिसमें नदी के किनारे, कई दीयों से जगमगाते हैं और एक सुंदर दृश्य निर्मित करते है। वे बस नदी के किनारे बैठते हैं और मौन का आनंद लेते हैं, और नदी के सौन्दर्य को निहारते हैं।

गंगा आरती, गंगा से संबंधित सबसे महत्वपूर्ण प्रसंगों में से एक है। इसमें मधुर स्वर का उच्चारण, अग्नि, पुष्प और बहुत कुछ सम्मिलित है। इस अवधारणा का उद्देश्य गंगा का महिमा गान और उसके प्रति सम्मान व्यक्त करना तथा उससे आशीर्वाद प्राप्त करना है। भक्त, इस पवित्र नदी की एक झलक पाने के लिए हरिद्वार आते हैं, और भव्य गंगा आरती के दृश्यों को देखने के लिए भी, जो जीवन भर उनकी अद्‌भुत स्मृतियों के रूप में संचित हो जाते हैं। हर-की पौड़ी के घाटों पर यह अनुष्ठान प्रतिदिन पूरी भव्यता, सौन्दर्य और अनुग्रह के साथ आयोजित किया जाता है।

प्रत्येक शाम, सूर्यास्त के समय, हर की पौड़ी या त्रिवेणी घाट (ऋषिकेश) के पुजारी गंगा आरती करते हैं, जो एक प्राचीन परंपरा है जिसमें बहती हुई जलधाराओं पर रोशनी की जाती है। गंगा आरती में शामिल होने के लिए गंगा के दोनों किनारों पर बड़ी संख्या में लोग जमा होते हैं। उस समय पुजारी अपने हाथों में अग्नि से प्रज्वलित बड़े-बड़े खप्पर धारण करते हैं, घाट पर स्थित मंदिरों में घंटियाँ बजाई जाती हैं और पुजारियों द्वारा मंत्रोच्चार किया जाता है। लोग आशा और मनोकामनाओं के प्रतीक के रूप में दीया (पत्तियों और फूलों से बने) को गंगा की लहरों पर प्रवाहित करते हैं।

जनवरी 2021 में, उत्तर प्रदेश सरकार ने हर दिन पवित्र नदी गंगा के अस्तित्व का उत्सव मनाने के लिए एक भव्य और महत्वाकांक्षी योजना शुरू की। मुजफ्फरनगर के शुक्रताल से लेकर बिजनौर और बलिया तक माँ गंगा की आरती की जाती है। प्रयागराज, वाराणसी के अतिरिक्त प्रदेश में प्रतिदिन लगभग 1100 स्थानों पर गंगा आरती होती है। सरकार ने गंगा के दोनों किनारों पर 1,038 नए आरती मंच बनाने की महत्वाकांक्षी योजना तैयार की है। नए आरती स्थलों का संचालन जनभागीदारी मॉडल के अनुसार किया जाता है।

ऋषिकेश एक ऐसा स्थान है जो यात्रियों को गंगा की सच्ची अनुभूति प्रदान करता है। हिमालय की तलहटी में बसा एक सुन्दर स्थान, ऋषिकेश, अब विश्व की योग राजधानी के रूप में जाना जाता है।

हर की पौड़ी

हरिद्वार में गंगा के तट पर हर की पौड़ी एक प्रसिद्ध घाट है। यह पूजनीय स्थल इस पवित्र नगर का प्रमुख चौराहा है। 'हर' का अर्थ है 'भगवान' और 'पौड़ी' का अर्थ है 'सीढी' अर्थात ईश्वर तक पहुँचने वाली सीढी।

यह घाट ऊपरी गंगा नहर के पश्चिमी तट पर है जिसके माध्यम से गंगा को उत्तर की ओर मोड़ दिया जाता है। हर की पौड़ी वह स्थान भी है जहाँ हजारों तीर्थयात्री एकत्रित होते हैं और कुंभ मेले का उत्सव

शुरू होता है, जो हर बारह साल में होता है, अर्द्धकुंभ मेला, जो हर छह साल में होता है और पंजाबी त्योहार, वैशाखी जो कि फसल का उत्सव है, हर साल अप्रैल के महीने में होता है।

राजा विक्रमादित्य ने इस पवित्र और महत्वपूर्ण घाट का निर्माण पहली शताब्दी ईसा पूर्व में अपने भाई भर्तृहरि की स्मृति में करवाया था, जो यहाँ गंगा तट पर ध्यान करने आए थे। पिछले कुछ वर्षों में घाटों का बड़ा विस्तार और नवीनीकरण हुआ है, क्योंकि कुंभ मेलों में श्रद्धालुओं की भीड़ बढ़ गई है। सीढ़ियों पर कई मंदिर बने हैं, जिनमें से अधिकांश 19वीं सदी के अंत में बने हैं।

गंगा नदी, सभी नदियों में सबसे पवित्र है और संपूर्ण भारतीय समाज और प्रवासी भारतीयों के जीवन में भी गहरा महत्व रखती है। विविधताओं से भरे इस संसार में कई लोगों के लिए यह धार्मिक और आध्यात्मिक आस्था और पौराणिक कथाओं से उद्‌गमित एक नदी है, जबकि अन्य के लिए यह सामाजिक-सांस्कृतिक और इसके द्वारा प्रदत्त आर्थिक अवसरों से संबंधित हो सकती है। भारतीयों और भारतीय संस्कृति के साथ गंगा का यह विविध संबंध, लोककथाओं, शास्त्रों के संदर्भों, रीति-रिवाजों और परंपराओं के माध्यम से बचपन से ही हर भारतीय के मानस में गहराई से निहित है, जिसके कारण हिमालय से लेकर बंगाल की खाड़ी तक विस्तृत गंगा के तट पर, वर्ष भर तीर्थयात्रियों का जमघट लगा रहता है। आस्था से प्रेरित, लाखों तीर्थयात्री हर साल गंगा में पवित्र डुबकी लगाते हैं और उनके जीवन का कोई न कोई हिस्सा, उनके द्वारा किए जाने वाले अनुष्ठानों से जुड़ा होता है। इस पवित्र नदी के किनारे रहने वाले लोगों की सभाओं, रीति-रिवाजों और रोजमर्रा के क्रियाकलापों के प्रकारों की सूची, लोगों के मजबूत अंतर्संबंध और भावनात्मक निर्भरता को दर्शाती है। भारत की एक तिहाई से अधिक आबादी इस नदी घाटी में रहती है, और शेष प्रत्यक्ष या परोक्ष रूप से इससे जुड़ी हैं। निस्संदेह, गंगा भारतीय समाज का एक अविभाज्य अंग है।

4

गंगा तीरे तीर्थयात्रा

माँ गंगा मुझे उन तीर्थों की यात्रा पर ले गईं जो सदियों इसके तट पर अंकुरित हुए हैं। हरिद्वार से आगे गंगा के तट पर कुशावर्त, बिल्व केदार, चंडी मंदिर, मनसा, श्रवणनाथ, भीम, गणेश, मायापुर, कनखल, ज्वालापुर और कांगड़ी नाम के प्रमुख स्थान हैं। 1855 में मायापुर में गंगा से एक नहर निकाली गई थी, जो कानपुर में जाकर गंगा में मिलती है। मायापुर से लगभग दो कि.मी. के बाद कनखल में गंगा की अनेक धाराओं में से एक फिर से उससे मिलती है। कनखल से लगभग छह कि.मी. नीचे बाणगंगा गंगा से मिलती है, जो गंगा की ही एक धारा है।

हरिद्वार में, गंगा खड़े पहाड़ी ढलानों को छोड़कर मैदान में उतरती है, और इसलिए यह धीमी गति से बहती है। भौगोलिक रूप से, गंगा तीन चरणों से गुजरती है—पहाड़ी, मैदानी और डेल्टा। हरिद्वार से पहले गंगा पहाड़ी चरण से गुजरती है और दूसरे चरण में भाभर के क्षेत्र में पहुँचती है।

मुजफ्फरनगर जिले में गंगा के तट पर शुक्रताल स्थित है, जहाँ महर्षि व्यास के पुत्र सुखदेव ऋषि ने राजा परीक्षित को श्रीमद्‌भागवत कथा सुनाई थी। राजा परीक्षित को एक ऋषि पुत्र ने शाप दिया था कि सात दिनों भीतर उनकी मृत्यु हो जाएगी तब सुखदेव ऋषि ने श्रीमद्‌भागवत कथा के माध्यम से राजा परीक्षित को शाश्वत मोक्ष का ज्ञान दिया था। परीक्षित अर्जुन का पौत्र तथा अभिमन्यु और उत्तरा का पुत्र था। वह युधिष्ठिर के बाद हस्तिनापुर के राज्य का उत्तराधिकारी था। जब अभिमन्यु को कौरवों ने निर्दयतापूर्वक छल से मार डाला था, तब

उसका पुत्र परीक्षित उत्तरा के गर्भ में पल रहा था। बाद में, अश्वत्थामा ने ब्रह्मास्त्र को रण क्षेत्र से दूर ले जाकर, उस अजन्मे बच्चे और उसकी माँ की हत्या करने का प्रयास किया। भगवान कृष्ण, जो अभिमन्यु के मामा भी थे, ने उसकी रक्षा की। परीक्षित के जन्म के बाद, राजा युधिष्ठिर को ज्ञात हुआ कि वह बालक भगवान विष्णु का एक महान भक्त होगा, और चूँकि उसे श्री कृष्ण ने बचाया था, उसे विष्णुराता (जो हमेशा भगवान द्वारा संरक्षित किया जाता है) के रूप में जाना जाएगा। कलियुग अर्थात पाप के अंधकारमय युग की शुरुआत होने पर भगवान कृष्ण ने ब्रह्मांड से प्रस्थान किया और उनके साथ पाँचों पांडवों ने भी जाने का निश्चय कर लिया। तब परीक्षित का राज्याभिषेक कर उसे राजा घोषित कर दिया गया।

एक बार, परीक्षित शिकार पर गए, जहाँ कलियुग के अवतार कलि ने उनसे अपने राज्य में प्रवेश करने की अनुमति माँगी। राजा ने उसे रहने के लिए चार विकल्प दिए–जुआघर, शराब, वेश्या और सोना। कलि ने चतुराई से परीक्षित के स्वर्ण मुकुट को चुना जिससे मुकुट धारण करते ही परीक्षित की बुद्धि तथा विवेक अभिमान द्वारा हर लिए गए।

परीक्षित और ऋषि श्रृंगी के बारे में एक और कहानी है। परीक्षित एक बार जंगल में शिकार पर गए थे। प्यास लगने पर वह श्रृंगी ऋषि की कुटिया में प्रवेश करने लगे। ऋषि को गहरे ध्यान में देखकर उन्होंने कई बार ऋषि को प्रणाम किया लेकिन कोई प्रतिक्रिया नहीं मिली, तब उन्होंने शरारत करते हुए एक मरा हुआ साँप ऋषि के गले में डाल दिया। ऋषि के पुत्र को जब इस घटना के बारे में पता चला तो उसने राजा परीक्षित को श्राप दिया कि इस घटना के 7वें दिन साँप के काटने से उसकी मृत्यु हो जाएगी।

इस घटना के बाद, राजा परीक्षित ने अपना सिंहासन त्याग कर अपने पुत्र जनमेजय को राजा घोषित कर दिया और अपने जीवन के अंतिम 7 दिन सुखदेव ऋषि से भागवत कथा श्रवण करते हुए व्यतीत किए। श्राप के अनुसार, परीक्षित की मृत्यु सर्पदंश से हो गई। जनमेजय

ने एक सप्ताह में सभी नागों को मारने का संकल्प लिया। इस तरह नागराज तक्षक सहित सभी नागों को मारने का अभियान शुरू हो गया।

एक अन्य कथा के अनुसार, कलि ने सोने में प्रवेश किया और लोगों में सोने के प्रति मोह पैदा किया। एक बार जब परीक्षित जंगल में शिकार करने गए थे, तब वे एक झील पर रुके। स्नान करने के लिए जब उन्होंने अपना मुकुट उतार कर नदी के किनारे रखा, तब वहाँ तक्षक नाग ने स्वर्ण मुकुट देखा और उसकी आभा से मंत्रमुग्ध हो गया। वह उस मुकुट को प्राप्त करना चाहता था, लेकिन परीक्षित के सैनिकों ने उसे पकड़ लिया। परीक्षित ने उसे बंदी बना लिया। कैद से छूटने के बाद तक्षक ने बदला लेने के लिए क्रूरतापूर्वक परीक्षित को मार दिया। जब परीक्षित के पुत्र जनमेजय ने यह सुना तो उसने एक सप्ताह में सभी साँपों को मारने की प्रतिज्ञा ली और तक्षक सहित सभी नागों को मार दिया।

शुक्रताल पर एक पहाड़ी है जो कि एक सुंदर स्थान है। उस पर एक पवित्र अक्षय वट (बरगद का पेड़) है। यह वही प्राचीन वृक्ष है, जिसके नीचे ऋषि सुखदेव ने मृत्यु से पहले राजा परीक्षित को श्रीमद्भागवत कथा सुनाई थी। यह अत्यंत रोचक बात है कि बरगद का यह पेड़ कभी अपने पत्ते नहीं गिराता। यहाँ एक मंदिर है, जहाँ मुरलीधारी भगवान कृष्ण की छवि, सुखदेव ऋषि, राजा परीक्षित और कई अन्य ऋषियों की छबियों के बीच स्थित है। बहुत पहले, गंगा यहाँ पास में ही बहती थी, लेकिन समय बीतने के साथ, वह इस स्थल से थोड़ी दूर चली गई है।

छोटी नदियाँ और बड़ी नदियों की सहायक नदियाँ, नदी पारिस्थितिकी तंत्र का अनिवार्य अंग हैं; उनमें बड़ी नदियों के जीर्णोद्धार की क्षमता होती है। बिजनौर जिले में प्रवेश करने के बाद शामपुर से लगभग तीन कि.मी. नीचे पाइलाओ नदी गंगा में मिलती है। दक्षिण-पश्चिम में लगभग छह कि.मी., लालभांग के पास, खासन नदी उससे मिलती है। गढ़वाल से निकलने वाली मालिन नदी नजीबाबाद जिले में तीन धाराओं में विभाजित होती है; पश्चिम वाहिनी को रत्नाल और पूर्वी वाहिनी को

रेवाड़ी कहा जाता है। रत्नाल नदी सहानपुर के पास मालिनी और भोगपुर के पास रेवाड़ी नदी में मिलती है। बाद में मालिन नदी रावली के पास ही गंगा में मिल जाती है। शकुंतला के पालक पिता कण्व ऋषि का आश्रम यहीं था। शकुंतला की कहानी महाभारत में मिलती है और कई लेखकों द्वारा इसका नाट्य रूपान्तरण किया गया है। सबसे प्रसिद्ध रूपांतरण महाकवि कालिदास द्वारा रचित 'अभिज्ञान शाकुंतलम्' है।

ऋषि विश्वामित्र ने ब्रह्मर्षि की उपाधि प्राप्त करने के लिए तपस्या की थी। उनकी तपस्या से देवताओं के राजा इंद्र भयभीत हो उठे। इंद्र को आशंका थी कि विश्वामित्र उनकी शक्ति चाहते हैं अर्थात स्वर्ग पर आधिपत्य करना चाहते हैं। इसलिए उनकी तपस्या में बाधा डालने के लिए, इंद्र ने मेनका नामक एक अप्सरा को भेजा, जो ऋषि को उनकी तपस्या से विचलित करने में सफल रही। विश्वामित्र अपनी कामेच्छओं को नियंत्रित नहीं कर सके और उनकी तपस्या भंग हो गई। विश्वामित्र और मेनका कुछ वर्षों तक साथ रहे। उनसे एक पुत्री उत्पन्न हुई। जब विश्वामित्र को यह अनुभव हुआ कि वे अपनी कामवासना को नियंत्रित करने में विफल रहे, तब उन्होंने पश्चाताप किया और मेनका का परित्याग कर दिया। मेनका इंद्र की सभा में लौट आई, किन्तु उन्होंने अपनी नवजात पुत्री को कण्व ऋषि के आश्रम के पास छोड़ दिया। वह नन्ही बालिका कण्व ऋषि को मिली; उन्होंने उसका नाम शकुंतला रखा जो एक सुंदर कन्या के रूप में विकसित हुई।

इधर, राजकुमार दुष्यंत शिकार पर गए थे। अपने अस्त्र से घायल एक हिरण का पीछा करते हुए वह कण्व ऋषि के आश्रम जा पहुँचे। वहाँ शकुंतला को देखकर वे उसकी सुंदरता पर मोहित हो गए। कामदेव के दूसरे शिकार अर्थात शकुंतला के साथ भी ऐसा ही हुआ। दोनों ने गंधर्व विवाह पद्धति से विवाह कर लिया। शकुंतला से विदा लेने से पहले, राजकुमार ने शकुंतला को अपने राजमहल में ले जाने के वचन के प्रतीक के रूप में अपनी राजमुद्रिका भेंट की।

दुष्यंत के विरह में बेसुध हुई शकुंतला दिन-रात उसके स्वप्न में खोई रहती; उसे अपने आस-पास होने वाली घटनाओं का भी भान न

रहता। एक दिन ऋषि दुर्वासा कण्व ऋषि के आश्रम में गए। पति के स्वप्न में डूबी शकुंतला को, अतिथी के रूप में आए ऋषि का स्वागत करने की भी सुध ना रही। क्रोध में आकर ऋषि दुर्वासा ने शकुंतला को शाप दिया कि वह जिसके विचारों में मग्न है, वह उसे पूरी तरह से भूल जाएगा। बहुत अनुनय-विनय करने पर, ऋषि का क्रोध शांत हुआ। तब उन्होंने क्रोध में कहे गए अपने वचनों को संशोधित कर कहा कि शकुन्तला उस व्यक्ति को तभी दुबारा याद आएगी जब उसे उसके द्वारा दी गई कोई निशानी बताई जाएगी ।

राजकुमार दुष्यंत वापस नहीं लौटे। शकुंतला ने भरत नाम के एक पुत्र को जन्म दिया। अपने पालक पिता और अन्य लोगों के साथ शकुंतला अपने पति के नगर के लिए रवाना हुई। रास्ते में नदी पार करते हुए शकुंतला पानी में अपनी ऊंगलियाँ चला रही थी, तब दुष्यंत द्वारा दी हुई अंगूठी उसकी ऊँगली से फिसल गई, जिसका उसे पता ही नहीं चला।

दुष्यंत के दरबार में पहुँचने पर, उसने शकुंतला को पहचानने और उसके साथ कोई भी संबंध होने से इंकार कर दिया; वह उसे भूल चुका था। शकुंतला ने उसे याद दिलाने का प्रयत्न किया, किन्तु उसका कोई प्रभाव न हुआ। ऋषि दुर्वासा की भविष्यवाणी के अनुसार, वह पहले ही अंगूठी खो चुकी थी जो उसे अपनी बात सिद्ध करने में मदद कर सकती थी। निराश होकर उसके पास अपने पालक-पिता के आश्रम में लौटने के अलावा और कोई विकल्प नहीं रह गया था। वह कण्व ऋषि के आश्रम में लौट आई और अपना समय अपने पुत्र के पालन-पोषण में बिताने लगी। शकुंतला का पुत्र, भरत युवा होकर एक साहसी और शक्तिशाली वीर बन गया।

इस बीच, एक मछुआरे को एक मछली को चीरते हुए उसके पेट से एक रत्नजड़ित राजसी अंगूठी मिली। वह अंगूठी को महल में ले गया। दुष्यंत ने जैसे ही अंगूठी देखी, उसे अतीत की बातें याद आ गईं। वह अपनी प्रेयसी से मिलने के लिए आतुर था। वह तुरंत उसे खोजने के लिए निकल पड़ा। रास्ते में उसे जंगल में एक आश्चर्यजनक दृश्य

दिखाई दिया, एक बालक शेर का मुँह खोलकर उसके दाँत गिनने में व्यस्त था। राजा ने उस बालक के साहस और शक्ति से चकित होकर उसका अभिवादन किया और उसका नाम पूछा। वह हैरान रह गया जब उस बालक ने उत्तर दिया कि वह राजा दुष्यंत का पुत्र भरत है। बालक उसे अपनी माता शकुंतला के पास ले गया, और इस तरह उसे अपना परिवार मिल गया।

इस कथा के एक अन्य संस्करण के अनुसार, जब दुष्यंत ने शकुंतला को पहचानने से इंकार कर दिया, तब मेनका उसे स्वर्ग ले गईं और वहाँ शकुंतला ने भरत को जन्म दिया। दूसरी ओर, दुष्यंत को देवताओं के साथ लड़ने के लिए मजबूर किया गया था। जब वह जीत गया, तो उसे पुरस्कार के रूप में उसकी पत्नी से मिलवाया गया। बाद में सिंह के दाँत गिनता हुआ एक नन्हा बालक उसे अपने विचारों में दिखाई दिया। उसका कवच उसके अग्रभाग से हट गया था। देवों ने दुष्यंत से कहा कि केवल भरत के माता-पिता ही उसे उसकी बाँह से जोड़ सकते हैं। दुष्यंत कवच को पुनः उसकी बाँह पर जोड़ देते हैं। भरत को आश्चर्य होता है। वह राजा को शकुंतला के पास ले जाता है और उसे बताता है कि राजा ने उसके पिता होने का दावा किया है। तब शकुंतला भरत को बताती है कि वास्तव में राजा ही उसके पिता हैं। इस तरह, उनका परिवार फिर से एक हो जाता है।

इस सुंदर कथा की साक्षी रही गंगा की आगे की यात्रा में सैफपुर खादर से निकलने वाली लापी नदी भी रावली झाल (झरना) में मिल जाती है। नजीबाबाद परगना के समीपुर गाँव से निकलने वाली छोइया नदी जहानाबाद से करीब तीन कि.मी. नीचे गंगा में मिल जाती है। इसकी सहायक नदियाँ भी खलिया पड़ला और पडोही मेनन के पास गंगा से मिलती हैं।

पूर्व की ओर बहते हुए गंगा मेरठ के हस्तिनापुर में प्रवेश करती है, जहाँ मुजफ्फरनगर (फिरोजपुर गाँव के पास) से आने वाली इसकी एक धारा, बूढ़ी गंगा, गढ़मुक्तेश्वर में मिलती है। हस्तिनापुर गंगा के तट पर एक और शक्तिशाली शहर था, लेकिन इतिहासकार इसके सटीक

स्थान के बारे में आश्वस्त नहीं हैं, क्योंकि वह 1000 ईसा पूर्व में गंगा के द्वारा नष्ट कर दिया गया था।

कुछ कि.मी. आगे सैंथवार है, जो एक पवित्र स्थान है जिसे देवनगर के नाम से जाना जाता था। यह महाभारत काल की स्मृतियों से परिपूर्ण है जब गुरु द्रोणाचार्य का आश्रम यहाँ गंगा के पार स्थित था। यहाँ वे हस्तिनापुर के राजकुमारों को शस्त्र विद्या सिखाते थे। यहाँ एक पुराना तालाब है जिसे 'द्रोणाचार्य ताल' के नाम से जाना जाता है। इसका नाम सैंथवार, सैन्यद्वार का भ्रष्ट रूप है। इसकी खुदाई में पुरातात्विक अवशेष मिले हैं। समय के साथ गंगा की धारा कई कि. मी. विस्थापित हो गई है। यह मार्ग चाँदपुर (बिजनौर) और हस्तिनापुर (मेरठ) के बीच एक सीधा संपर्क था। यहाँ बाँध प्रस्तावित किया गया था, लेकिन सर गंगाराम के दामाद और एक शक्तिशाली नौकरशाह धर्मवीर ने इस योजना को विफल कर दिया क्योंकि संशोधित बैराज मार्ग उनके परिवार की कृषि भूमि से होकर जाता है।

कण्व आश्रम की तरह बिजनौर में विदुर कुटी का भी ऐतिहासिक महत्व है। राजा धृतराष्ट्र ने अपने सौतेले भाई और महामन्त्री विदुर से महाभारत युद्ध को टालने का उपाय सुझाने का अनुरोध किया था। लेकिन दुर्योधन के नेतृत्व में उनके बेटे किसी भी तरह का समझौता करने के लिए तैयार नहीं हुए। विदुर, जिन्हें प्रजा के लोग स्नेहवश महात्मा विदुर कहा करते थे, एक माने हुए दार्शनिक थे। कौरवों द्वारा खींचे हुए हस्तिनापुर के घृणित राजनीतिक परिदृश्य से आहत होकर, उन्होंने हस्तिनापुर छोड़ दिया था और गंगा के किनारे, नदी के उस पार अपनी कुटिया बना ली थी, जिसे विदुर कुटी के नाम से जाना जाता है।

जब भगवान कृष्ण उनसे मिलने के लिए इस स्थान पर आए थे, तब उन्होंने दुर्योधन द्वारा भेजे गए 'छप्पन भोग' के बजाय विदुर के घर पर बथुआ साग बड़े चाव से खाया था। हालाँकि गंगा की धारा विदुर कुटी से लगभग एक कि.मी. दूर बहती है, लेकिन गंगा का पानी साल में एक बार वर्षा ऋतु में विदुर की तपोस्थली में जरूर आता है।

गंगा भाभर और खादर (खड्डों) के दलदली और वन क्षेत्रों को पार करते हुए मैदानी क्षेत्र में बहने के लिए गढ़मुक्तेश्वर तक पहुँच जाती है। कभी-कभी गंगा स्थायी नदी तट के कई फुट ढलान के आधार पर बहती है। अपने मार्ग में परिवर्तन तथा यह कस्बा छोड़ने के बाद ही, वर्षों से गंगा पूर्व की ओर बहती रही, लेकिन गढ़मुक्तेश्वर (अब हापुड़ जिले में) सनातन धर्म के अनुयायियों के लिए अब भी आस्था का केंद्र है क्योंकि यह स्थान पवित्र गंगा की उपस्थिति से धन्य है। भागवत पुराण और महाभारत में इसका उल्लेख मिलता है। यह महाभारत के दौरान हस्तिनापुर राज्य का एक हिस्सा था। वल्लभ पंथ का एक महत्वपूर्ण केंद्र होने के कारण इसे खांडवी वन और शिव वल्लभपुर भी कहा जाता है। भगवान राम के पूर्वज, राजा शिवी ने तपस्या करने के लिए, अपने जीवन का चौथा और अंतिम आश्रम एक तपस्वी के रूप में यहाँ व्यतीत किया था। बाद में, प्रसिद्ध ऋषि परशुराम की सहायता से, उन्होंने भगवान शिव को समर्पित एक मंदिर का निर्माण कराया।

जब भगवान विष्णु के दो गणों अथवा शिष्यों, जय और विजय ने शिव वल्लभपुर में मुक्ति या मोक्ष प्राप्त किया था, तो यह स्थान गणमुक्तेश्वर के नाम से जाना जाने लगा। समय के साथ, यह नाम बदलकर वर्तमान गढ़मुक्तेश्वर हो गया। गढ़मुक्तेश्वर में मुक्तेश्वर महादेव के मंदिर सहित 100 से अधिक मंदिर हैं, जिनके नाम पर इस शहर का नाम रखा गया है। इस शहर में 80 सती स्तंभ भी हैं अर्थात ऐसे स्थान जहाँ धर्मपरायण हिंदू विधवाएँ अतीत में सती हुई थीं। महाभारत के समापन पर युधिष्ठिर शोकग्रस्त थे। तब भगवान कृष्ण ने पांडवों को गढ़मुक्तेश्वर में एक यज्ञ आयोजित करने और गंगा की लहरों पर मिट्टी के दीप प्रज्वलित करने का सुझाव दिया था। यहाँ हर साल गंगा के तट पर कार्तिक पूर्णिमा के अवसर पर एक मेला आयोजित किया जाता है।

गंगा की धारा बुलंदशहर जिले में प्रवेश करती है। अनूपशहर, राजघाट और रामघाट गंगा के तट पर स्थित प्रसिद्ध स्थान हैं। महाराज जनमेजय ने यहीं पर वाग यज्ञ किया था। निकट ही मोहम्मदपुर गाँव में अंबिका देवी का एक मंदिर है, जहाँ चैत्र-वैशाख महीने में नागराज

मेला लगता है। यहीं से भगवान कृष्ण ने देवी रुक्मिणी का अपहरण किया था। अनूपशहर के इतिहास का पता 1200 ईसा पूर्व के युग में लगाया जा सकता है। यह शहर पांडवों की राजधानी इंद्रप्रस्थ और हस्तिनापुर से थोड़ी दूरी पर स्थित है। हस्तिनापुर राज्य के पतन के बाद, अहार नामक स्थान, जो अनूपशहर के उत्तर में स्थित था, पांडवों के लिए एक बहुत ही महत्वपूर्ण स्थान बन गया। बाद के दशकों में मुगल सम्राट जहाँगीर ने इस क्षेत्र को अनिरॉय नामक एक अन्य राजा को भेंट किया, जिसने अपने शिकार अभियान के दौरान जहाँगीर की जान बचाई थी। कालांतर में उन्होंने इस स्थान को अपनी राजधानी भी बनाया और कुछ समय बाद उन्होंने यहाँ एक किला भी बनवाया। इस शहर का वर्तमान नाम अनूपशहर है। अनिरॉय की 8वीं पीढ़ी, राजा तारासिंह के शासनकाल के दौरान, यह शहर आयुर्वेद और नावों के माध्यम से व्यापार के लिए प्रसिद्ध था।

अनूपशहर शहर वास्तव में मछुआरों का स्वर्ग है और आध्यात्मिक पर्यटकों के आकर्षण का केंद्र है। इसका संबंध सिख धर्म से भी है। सिख धर्म के सातवें गुरु का विवाह अनूपशहर के दयाराम की बेटी सुलखानी से हुआ था। अनूपशहर से ही स्वामी परमानंद धीरे-धीरे एक रमते जोगी के रूप में खुर्जा के लिए पैदल निकल गए थे। अहार में देवी अवंतिका और भगवान शिव के मंदिर सहित अनूपशहर में कई प्राचीन मंदिर भी हैं। अनूपशहर से आठ मील दक्षिण में कर्णवास है, जिसे दानवीर कर्ण ने बसाया था। यहाँ कल्याणी देवी का प्रसिद्ध मंदिर है। इसके पास ही कर्णशिला है, जो यहाँ की एक प्राचीन चट्टान है जहाँ बैठकर राजा कर्ण गरीबों को रोज 50 किलो स्वर्ण दान किया करते थे।

कर्णवास से लगभग पाँच कि.मी. दक्षिण में राजघाट है जहाँ तीर्थयात्री गंगा के तट पर स्थित हनुमान मंदिर में दर्शन करने आते हैं। यहाँ से लगभग सात कि.मी. दक्षिण में नरोरा है, जहाँ से निचली गंगा नहर निकाली गई है। इसके छह कि.मी. दक्षिण में प्रसिद्ध रामघाट तीर्थ स्थल है। कार्तिक और वैशाख पूर्णिमा और गंगा दशहरा पर यहाँ बड़े मेलों का आयोजन किया जाता है।

गंगा गढ़मुक्तेश्वर के दूसरी तरफ अमरोहा जिले से होकर गुजरती है। आजमगढ़ गाँव के पास, कृष्णा और बैयान नदियाँ घाव झील में गिरती हैं जो बाद में तिगरी के पास गंडौली में गंगा में मिल जाती हैं। इसके साथ ही कई छोटी-छोटी नदियाँ भी गंगा में मिल जाती हैं। इस भाग में कई छोटी-छोटी झीलें भी हैं, जो बाढ़ के समय गंगा के साथ मिलकर इस पूरे क्षेत्र को जलमग्न कर देती हैं। बीच में, नदी दूर के स्थायी किनारों के बीच मुड़ते हुए संकीर्ण वलित नालियों में बदल जाती है। इसके बाद गंगा बदायूँ जिले में प्रवेश करती है, जिसमें छोटी-छोटी धाराएँ मिलती हैं। सहसवान की छोया नदी मुरादाबाद से निकलने वाली महावा नदी में मिल जाती है जबकि महावा खुद उझानी के पास गंगा में मिलती है।

पास ही कासगंज जिले में सोरों है, इसे सूकर क्षेत्र के नाम से भी जाना जाता है। भक्त भगवान विष्णु के दर्शन करने के लिए इस शहर की यात्रा करते हैं। अत्रि, अगस्त्य, वशिष्ठ, विश्वामित्र, गौतम, जमदग्नि एवं भारद्वाज सप्तर्षि थे। ऋषि कश्यप, जिन्हें कुछ सप्तर्षियों में से एक के रूप में भी जाना जाता है, देवों, असुरों, नागों और समस्त मानव प्रजाति के पिता थे। उन्होंने अदिति से विवाह किया, जिनसे अग्नि और आदित्य का जन्म हुआ। कश्यप ऋषि की दूसरी पत्नी दिति से दैत्यों का जन्म हुआ। दिति और अदिति राजा दक्ष प्रजापति की पुत्रियाँ थीं और भगवान शिव की पत्नी सती की बहनें थीं। दिति ने गर्भधारण किया, जिसे उसने सौ साल तक रखा और इस प्रकार उसने हिरण्याक्ष का जन्म हुआ। देवताओं और असुरों के पिता एक ही थे, लेकिन वे सदैव एक दूसरे से लड़ते रहे। वे एक-दूसरे के दर्पण प्रतिबिम्ब थे और समान किन्तु विरोधी शक्तियों से संपन्न थे, इसलिए दो विपरीत दिशाओं में विभाजित थे।

सृष्टि के प्रारंभ में, भगवान विष्णु विशाल सागर (जिसे बाद में टेथिस सागर के रूप में जाना गया) के तट पर निवास करते थे। समुद्री चील का एक जोड़ा भी उसी तट पर रहता था। मादा चील प्रतिवर्ष समुद्र के किनारे अपने अंडे देती, किन्तु समुद्र उसके अंडे बहा ले जाता,

जिससे चील को बहुत दु:ख होता। निराश होकर उसने भगवान विष्णु से अपने अण्डों की रक्षा करने की प्रार्थना की। दया और करुणा त्यागकर, भगवान विष्णु ने एक ही घूँट में पूरा समुद्र निगल लिया। जहाँ समुद्र था, वहाँ अब नवनिर्मित धरती है। इतने विशाल समुद्र को निगलने के पराक्रम से भगवान विष्णु थक गए थे। वे विश्राम करने के लिए लेट गए और शीघ्र ही गहन निंद्रा में डूब गए।

निकट ही दैत्य हिरण्याक्ष छिपा हुआ था। उसने अवसर का लाभ उठाया और रक्षक-हीन पृथ्वी पर क्रूरतापूर्ण आक्रमण किया। पृथ्वी के अंग टूटकर ऊपर उठने लगे। आकाश की ओर उठते हुए ये अंग, एक विशाल पर्वत के रूप में जमा हो गए जिससे हिमालय पर्वत का निर्माण हुआ। इस बीच, दैत्य हिरण्याक्ष ने पृथ्वी को चुरा लिया और उसे सोरों के कुंड में छिपा दिया। तब भगवान विष्णु ने एक सूअर (वराह) के रूप में अवतार लेकर दैत्य हिरण्याक्ष का संहार किया और पृथ्वी को उसके मूल स्थान पर स्थापित किया। यह युद्ध लगभग 1000 वर्ष तक चला। इस प्रकार, इस मंदिर का निर्माण बुराई पर अच्छाई की जीत के प्रतीक के रूप में किया गया था। कभी गंगा के तट पर स्थित सोरों, अब नदी के वर्तमान स्थान से लगभग 10 कि.मी. दूर है। यहाँ एक पवित्र कुंड (जिसे हर की पौड़ी के नाम से भी जाना जाता है) स्थित है, जहाँ लोग अपने परिवार के मृत सदस्यों की अस्थियाँ विसर्जित करते हैं। ऐसा माना जाता है कि यहाँ मानव भस्म और अस्थियाँ 72 घंटे के भीतर पानी में घुलकर गायब हो जाती हैं। यह शहर मंदिरों और अन्य पवित्र स्थानों से युक्त है। इनमें रघुनाथजी मंदिर, भूतेश्वर महादेव, बटुकनाथ मंदिर, श्री गंगा माता तेली वाला मंदिर, सोमेश्वर महादेव, मानस मंदिर, परशुराम मंदिर, वराह भगवान मंदिर, श्याम वराह मंदिर, लड्डू वाले बालाजी हनुमान मंदिर और वराह मंदिर सम्मिलित हैं। सोरों में, रघुनाथजी मंदिर में लगी 130 किलो (290 पौंड) भार की पीतल की घंटी यहाँ का मुख्य आकर्षण है। यहाँ एक प्राचीन मंदिर, सीतारामजी मंदिर भी है, जिसमें पत्थर के खंभे हैं जिन पर मूर्तियाँ उकेरी हुई हैं। यह स्थान भारत के पुरातत्व सर्वेक्षण की देखरेख में है।

प्रत्येक अमावस्या को यहाँ तीर्थयात्री एकत्रित होते हैं। सोमवती अमावस्या, दीपावली, शरद-पूर्णिमा, मकर संक्रांति और रामनवमी यहाँ के विशेष अवसर हैं। सोरों में मार्गशीर्ष एकादशी पर मेला लगता है। यह महाकवि तुलसी दास का जन्मस्थान है जिन्होंने रामचरितमानस की रचना की थी।

गंगा नदी पर कछला घाट है जो यहाँ से 12 कि.मी. दूर बदायूँ जिले में स्थित है जो एक बहुत प्रसिद्ध स्थान है और जहाँ लोग पवित्र गंगा में स्नान करने आते हैं। कार्तिक पूर्णिमा पर यहाँ से लगभग 10 कि.मी. दूर काकोरा स्थान पर मेला भी लगता है।

गंगा से जुड़ा एक और प्रसिद्ध तीर्थ है कंपिल, जहाँ वह दो भागों में विभाजित होती है, एक उत्तर की ओर बहती है और बाद में उससे मिलती है और दूसरी भी उससे अजीजाबाद के पास मिलती है। गंगा से अलग हुई धाराओं को पुरानी गंगा के नाम से पुकारा जाता है।

वैदिक काल के दौरान यह द्रौपदी के पिता राजा द्रुपद की राजधानी थी। यज्ञ कुंड जिसके बारे में माना जाता है कि द्रौपदी का जन्म ज्ञान की अग्नि से हुआ था, कंपिल में स्थित है। यज्ञ वेदी के पास एक संरचना है, जो कंपिल ऋषि का आश्रम है, जहाँ वे तपस्या करते थे।

महाभारत के दौरान, यह शहर पांचाल साम्राज्य या महाजनपद की राजधानी के रूप में गौरव के उच्चतम शिखर तक पहुँच गया था, जो उत्तर में हिमालय से लेकर दक्षिण में चारमनवती नदी तक, पश्चिम में कुरु, सुरसेन और मत्स्य महाजनपद या राज्य से लेकर पूर्व में नैमिषा वन तक फैला हुआ था। बाद में, पांचाल को दक्षिणी पांचाल (राजा द्रुपद, पांडवों के ससुर द्वारा शासित) और उत्तरी पांचाल (द्रोण के पुत्र अश्वत्थामा द्वारा शासित) में विभाजित कर दिया गया था। आचार्य द्रोण, द्रुपद के गुरुकुल के मित्र थे, जो बाद में उनके शत्रु हो गए। गंगा ने दो पांचालों को अलग किया। अहिच्छत्र उत्तरी पांचाल की तथा काम्पिल्य दक्षिणी पांचाल की राजधानी थी।

काम्पिल्य प्राचीन भारत के ऐतिहासिक महाजनपदों में से एक (ईसा पूर्व छठी से ईसा पूर्व चौथी शताब्दी), दक्षिणी पांचाल साम्राज्य

या पांचाल की राजधानी के रूप में था। महापद्म नंद के शासनकाल के दौरान इस राज्य को नंद साम्राज्य में शामिल कर लिया गया था।

यह 13वें जैन तीर्थंकर ब्रह्लन विमल नाथ का जन्म स्थान था। यह एक पवित्र भूमि है जहाँ तीर्थंकर 1008 भगवान विमलनाथ के चार कल्याणक–च्यवन, जन्म, दीक्षा और सर्वज्ञता सम्पन्न हुए थे। यहाँ भगवान महावीर ने भी पदार्पण किया था। इनके अलावा यहाँ कई पुराने मंदिर हैं, जो इसके ऐतिहासिक और धार्मिक महत्व को दर्शाते हैं। रामेश्वरनाथ महादेव के मंदिर का श्रेय भगवान श्री राम के अनुज शत्रुघ्न को जाता है। वह शिव की मूर्ति (लिंगम) लाए थे, जिसकी पूजा अशोक वाटिका में माता सीता ने की थी जब उन्हें लंका में कैद करके रखा गया था, इसी शिवलिंग को इस मंदिर में स्थापित किया गया था।

फर्रूखाबाद शहर में गंगा के दूसरे तट पर पांचाल घाट है जहाँ दुर्वासा आश्रम है। दुर्वासा एक महान ऋषि थे। वह देवी अनसूया और ऋषि अत्रि के पुत्र थे। दुर्वासा भगवान शिव के अवतार थे, जो अपने उग्र स्वभाव के लिए जाने जाते थे। ब्रह्माण्ड पुराण के अनुसार, ब्रह्मा और शिव के बीच किसी विषय पर तीखी नोक-झोंक हुई। शिव की उपस्थिति से भयभीत देवता जब वहाँ से भाग गए तो शिव अत्यंत क्रोधित हो गए। उनकी पत्नी पार्वती ने शिकायत की कि अब शिव के साथ रहना असंभव है। अपने क्रोध के कारण हुई अराजकता को अनुभव करते हुए, शिव ने अपने क्रोध को अनसूया के भीतर जमा कर दिया। शिव के इस हिस्से से, अनसूया के गर्भ से एक बच्चे का जन्म हुआ, जिसका नाम 'दुर्वासा' था (अर्थात जिसके साथ वास करना अथवा रहना मुश्किल हो)। शिव के क्रोध से उत्पन्न होने के कारण वे अत्यंत क्रोधी स्वभाव के थे। वे जहाँ भी गए, मनुष्यों और देवताओं ने समान रूप से बड़ी श्रद्धा के साथ उनका स्वागत किया।

कहा जाता है कि क्रोधी स्वभाव के होने के कारण ऋषि दुर्वासा ने कई महत्वपूर्ण हिंदू देवताओं और मनुष्यों को अभिशाप और वरदान दोनों दिए थे। उनके शापों में शामिल हैं–

1. इंद्र, जिसे उन्होंने अपनी सभी शक्तियों को खोने का शाप दिया था, क्योंकि इंद्र के हाथी ऐरावत ने इंद्र को दुर्वासा द्वारा दी गई एक सुगंधित माला को फेंक दिया था।
2. सरस्वती, जिसे उन्होंने एक मनुष्य के रूप में पैदा होने का शाप दिया था क्योंकि वह स्वयं द्वारा वेदों के अशुद्ध उच्चारण किए जाने पर हँस दी थी।
3. रुक्मिणी, जिसे उन्होंने अपने पति कृष्ण से अलग होने का शाप दिया था, क्योंकि उसने दुर्वासा की अनुमति के बिना पानी पिया था।
4. शकुंतला, जिसने ऋषि कण्व के आश्रम में दुर्वासा की उपेक्षा की थी, जिससे दुर्वासा ऋषि क्रोधित हो गए, और उसे शाप दिया कि दुष्यंत उसे भूल जाएगा। बाद में ऋषि दुर्वासा ने उसे संशोधित किया कि दुष्यंत उसे तब याद करेगा जब उसे उसी के द्वारा दी गई कोई निशानी दिखाई जाएगी।
5. उनकी पत्नी कंडाली, जिसे अत्यधिक झगड़ा करने के कारण उन्होंने मिटटी के ढेर में बदल जाने का शाप दिया था।
6. भानुमति, यादवों के तत्कालीन नायक बानो की बेटी ने रैवत के बगीचे में खेलते हुए दुर्वासा को उकसाया और दुर्वासा ने उसे शाप दिया। बाद में दानव निकुंभ द्वारा उसका अपहरण कर लिया गया था। यद्यपि, शांत होने के बाद दुर्वासा ने अपने शाप में संशोधन किया कि भानुमति को कोई नुकसान नहीं होगा और इस तरह वह सुरक्षित बच गई तथा भविष्य में पांडू पुत्र सहदेव के साथ उसका विवाह हुआ।

ऋषि दुर्वासा द्वारा दिए गए वरदानों में शामिल हैं–

1. कृष्ण, जिन्हें उन्होंने आंशिक अभेद्यता का वरदान दिया था। कृष्ण द्वारा अपने पुत्र प्रद्युम्न से संबंधित 'अनुशासन पर्व' में इस घटना का विवरण दिया गया है। जब दुर्वासा द्वारिका में कृष्ण के पास गए थे, उन्होंने अनुरोध किया था कि उनके

खाने के बाद बची खीर को कृष्ण अपने शरीर पर मल लें। कृष्ण ने इसका पालन किया और अपने पूरे शरीर पर खीर का लेपन कर लिया, लेकिन इसमें उनके पैरों के तलवे छूट गए थे। तब दुर्वासा ने उन्हें वरदान दिया कि अपने शरीर के जिन हिस्सों पर कृष्ण ने खीर का लेप किया है वे अभेद्य रहेंगे। कुरुक्षेत्र के युद्ध के कई वर्षों बाद श्री कृष्ण की मृत्यु एक शिकारी द्वारा उनके तलवे पर तीर चलाये जाने से हुई थी, जिसने उन्हें भूलवश हिरण समझ लिया था।

2. कुंती, जिसे उन्होंने बच्चों को जन्म देने के लिए किसी भी देवता को बुलाने की शक्ति वाला मंत्र दिया था। अंगराज कर्ण कुंती द्वारा इसी मंत्र के प्रयोग से जन्मे थे। बाद में पाँच पांडव भाइयों का जन्म कुंती और उनकी सह-पत्नी माद्री द्वारा इसी मंत्र के प्रयोग से हुआ था।

3. पांडवों के वनवास के दौरान, दुर्वासा अपने अनेक शिष्यों के साथ हस्तिनापुर पहुंचे। दुर्योधन अपने मामा शकुनि के साथ ऋषि को प्रसन्न करने में सफल रहा। दुर्योधन गुप्त रूप से चाहता था कि दुर्वासा क्रोध में पांडवों को शाप दे, इसलिए यह जानते हुए कि द्रौपदी के भोजन करने के बाद पांडवों के पास उन्हें खिलाने के लिए कुछ भी नहीं होगा, उसने ऋषि को जंगल में अपने चचेरे भाइयों से मिलने के लिए कहा। इसलिए दुर्वासा और उनके शिष्य दुर्योधन के अनुरोध पर, जंगल में पांडवों से मिलने उनके आश्रम गए। वनवास की इस अवधि के दौरान, पांडव अपना भोजन अक्षय पात्र के माध्यम से प्राप्त करते थे, जो द्रौपदी के भोजन करने के बाद हर दिन समाप्त हो जाता था। चूँकि उस दिन दुर्वासा के आने तक द्रौपदी भोजन कर चुकी थी, अतः उनकी सेवा के लिए कोई भोजन नहीं बचा था और पांडव बहुत चिंतित थे कि क्या वे ऐसे सम्मानित ऋषि की सेवा नहीं कर पाएँगे।

जब दुर्वासा और उनके शिष्य नदी में स्नान कर रहे थे, तब द्रौपदी ने कृष्ण से मदद की प्रार्थना की।

कृष्ण तुरंत द्रौपदी के सामने यह कहते हुए प्रकट हुए कि उन्हें बहुत भूख लगी है और उन्होंने उनसे भोजन माँगा। द्रौपदी क्रोधित हो गई और कहा कि उसने कृष्ण से इसलिए प्रार्थना की थी क्योंकि उसके पास देने के लिए भोजन नहीं बचा था। तब कृष्ण ने उसे अक्षय पात्र लाने के लिए कहा। जब उसने ऐसा किया, तो कृष्ण ने चावल के एक दाने और सब्जी के टुकड़े को लिया जो उस पात्र में चिपका हुआ था और कहा, 'मैं "भोजन" से संतुष्ट हूँ।' इससे दुर्वासा और उनके शिष्यों की क्षुधा (भूख) तृप्त हो गई, क्योंकि कृष्ण (पूरे ब्रह्मांड में व्याप्त सर्वोच्च व्यक्ति) की संतुष्टि का अर्थ है सभी जीवित प्राणियों की क्षुधा की तृप्ति। ऋषि दुर्वासा और उनके शिष्य पांडवों के आश्रम में वापस लौटे बिना चुपचाप स्नान के बाद चले गए, क्योंकि पांडवों के भोजन ग्रहण करने के आग्रह को अस्वीकार करना वे अशिष्टता मानते थे और उन्हें डर था कि इस पर उन्हें पांडवों के क्रोध का सामना करना पड़ेगा।

दुर्वासा का प्रचंड क्रोध देखने वाली गंगा, अपने शीतल पावन स्पर्श से हमारे मन को शांत कर देती है। फर्रूखाबाद जिले में गंगा से कई धाराएँ निकलती और मिलती हैं। गंगा फर्रूखाबाद, फतेहगढ़, सिंधीरामपुर, हरदोई आदि क्षेत्रों से होकर बहती है। कार्तिक पूर्णिमा और गंगा दशहरा पर मेले लगते हैं। रामगंगा नदी कन्नौज के पास गंगा से मिलती है। बिल्हौर से निकलने वाली नून नदी बिठूर के पास गंगा में मिलती है। बिठूर नाम की उत्पत्ति 'वीरों का ठौर' से हुई है—जिसका शाब्दिक अर्थ है बहादुरों की भूमि। उत्पलरण्य, ब्रह्मसमतिपुरी और ब्रह्मव्रत इस स्थान के अन्य नाम हैं। बिठूर का सबसे पहला उल्लेख इस ब्रह्मांड के रचयिता ब्रह्मा की कथा में मिलता है। उन्होंने मनु और सतरूपा (सम्पूर्ण मानव जाति जिनकी संतान है), की रचना करने से पहले, यहाँ गंगा के तट पर 99 यज्ञ किए, इसलिए इसे पृथ्वी का केंद्र बिंदु माना जाता है। ब्रह्मा के खड़ाऊ अथवा चरण पादुका की एक कील पृथ्वी के केंद्र का प्रतीक है जो ब्रह्मव्रत घाट पर स्थित है। दूसरा

वृतांत रामायण में मिलता है। बिठूर अयोध्या की सीमा के बाहर पड़ता था, और यहीं पर राम द्वारा परित्याग किए जाने के बाद, लक्ष्मण ने माता सीता को छोड़ा था। नदी के पास वाल्मीकि आश्रम है, जहाँ माता सीता ने लव और कुश को जन्म दिया और उनका पालन-पोषण किया था। यह वह स्थान भी है जहाँ लव और कुश ने श्री राम के अश्वमेध यज्ञ के घोड़े को रोका और हनुमान जी को बंदी बना लिया था। महर्षि वाल्मीकि ने इसी स्थान पर रामायण की रचना की थी।

तीसरी कथा, ध्रुव से संबंधित है जिसके नाम पर एक तारे का नाम 'ध्रुव तारा' रखा गया। उनके पिता उत्तानपाद ने उप्पलारण्य (बिठूर का प्राचीन नाम) पर शासन किया। ध्रुव ने अपने पैर की ऊँगली पर खड़े होकर भगवान विष्णु की पूजा की और ध्रुव तारा बनने का वरदान प्राप्त किया। जिस स्थान पर वे खड़े थे वह 'ध्रुव टीला' के नाम से जाना जाता है। यह गंगा घाट से, गंगा पुल के दूसरी ओर स्थित है। यहाँ एक प्राचीन हनुमान मंदिर है जिसमें हनुमान जी की माता अंजनी की प्रतिमा है।

गंगा के तट पर घाट छोटे मंदिरों के साथ पंक्तिबद्ध हैं जिनमें प्रत्येक में एक शिवलिंग ही है। भैरव घाट पर भैरव मंदिर है। एक हॉल है जिस पर मकर वाहिनी गंगा, हंसवाहिनी सरस्वती और सिंहवाहिनी दुर्गा के भित्ति चित्र हैं।

घाट पर, कोई भी यहाँ स्थापित कील को देख सकता है। यह एक ताँबे की ढाल से घिरी हुई है और एक खुले मंदिर के रूप में ढकी हुई है। पीछे की दीवार इस जगह की कहानी कहती है। पुष्कर में ब्रह्मा की मूर्ति की पूजा की जाती है और यहाँ उनके चरण पूजे जाते हैं। एक चौकोर खुला गड्ढ़ा है, जो माता सीता के धरती में प्रवेश करने का स्थान है। इस गड्ढ़े के किनारे वन देवी को समर्पित छोटे मंदिर हैं। यहाँ माता सीता और उनके पुत्रों के कई मंदिर हैं।

नानमऊ, गंगा के तट पर, बिल्हौर से लगभग छह कि.मी. दूर, एक प्रसिद्ध स्थान है जिसके लिए एक प्रसिद्ध कहावत है–देश का मुर्दा; नानमऊ घाट। इस विचित्र लोकप्रिय कहावत के पीछे का कारण यह है

कि यहाँ किसी भी क्षेत्र के मृतकों का अंतिम संस्कार किया जा सकता है। उन्नाव में प्रवेश करते ही कल्याणी धारा मरोदा के पास गंगा में मिल जाती है। डौडियाखेड़ा और बक्सर इसके तट पर प्रसिद्ध स्थान हैं। बिल्हौर में नई, शिवराजपुर में लोखा, कानपुर में भौनी, नखल में फगैया और भोनरी नदियाँ गंगा में अपना जल विसर्जित करती हैं। पंडा नाम की नदी फर्रुखाबाद से निकलती है और फतेहपुर से करीब पाँच कि.मी. आगे गंगा में मिल जाती है।

गंगा के दूसरी ओर रायबरेली है। इटौरा बुजुर्ग के वाटरशेड के दक्षिण में छोब नदी निकलती है जो शहजादपुर में गंगा में मिलती है। लोनी नदी उन्नाव से निकलती है, लेकिन यहीं आकर दलमऊ में गंगा में मिल जाती है। फतेहपुर से आगे जाने पर शिवराजपुर गंगा किनारे स्थित एक प्रसिद्ध स्थान है।

गंगा कानपुर, रायबरेली, श्रृंगवेरपुर (श्रृंगौर) और फाफामऊ होते हुए इलाहाबाद पहुँचती है। श्रृंगवेरपुर वाही स्थान है जहाँ से वनवास जाते समय श्री राम ने गंगा पार की थी।

प्रयाग के आस-पास कई घाट हैं जहाँ से गंगा को पार किया जा सकता है। इनमें कुटवा, चक सराय, दौलत अली, अकबरपुर, शहजादपुर कनैनी, संजैती, पट्टनखर, कोरिझानी, उझानी पट्टी, कासिम, अमरपुर निरावां, दारागंज, एरिना, लवाइन, मार्नेया, दोहा, लक्ता, सिरसा, बिजेर, मद्रा मुकुंदपुर, पासीपुर चौखटा और डिंगारपू शामिल हैं।

5

शाश्वत प्रयागराज

प्रयागराज एक विश्व प्रसिद्ध पवित्र तीर्थ है, जहाँ देश-विदेश से भक्त पापों से मुक्ति पाने के लिए आते हैं। संगम में एक साथ तीन नदियों के पवित्र जल में डुबकी लगाना सौभाग्य की बात है, और अवसर महाकुंभ या अर्द्धकुंभ का हो तो इस स्नान की महिमा और पुण्य कई गुना बढ़ जाता है। प्रयागराज को तीर्थराज के नाम से भी जाना जाता है।

तीर्थ का अर्थ है–एक ऐसा स्थान जो आपको अस्तित्व के सागर की ओर ले जाता है, अर्थात जन्म और मृत्यु के संकुचित चक्र से आत्मा के अनंत अस्तित्व की ओर ले जाता है। स्कंद पुराण में शुद्ध चेतना की प्राप्ति के स्थानों को तीर्थ कहा गया है। साथ ही जिस भूमि में साधु-संत निवास करते हैं उसे भी तीर्थ का नाम दिया गया है। तीर्थों को पवित्र कहा जाता है। गंगा जहाँ भी बहती है, वह भूमि तीर्थ बन जाती है। ऐसी ही एक भूमि है प्रयागराज। अनादि काल से यहाँ साधु-संत नियमित रूप से आते रहे हैं।

प्राचीन काल में इस शहर को प्रयाग (बहु-यज्ञ स्थल) कहा जाता था। सृष्टि की रचना करने के बाद सृष्टिकर्ता प्रजापति ब्रह्मा ने इस स्थान पर पहला यज्ञ किया था। उसके बाद संगम स्थल पर अनेक यज्ञ हुए। इसलिए प्रजापति के इस क्षेत्र को तीर्थराज कहा गया, जहाँ स्नान करने वाले को स्वर्ग की प्राप्ति होती है। तीनों नदियों के संगम से इस स्नान का महत्व और बढ़ जाता है। संगम स्थल पर गंगा और यमुना नदियों का पानी दो अलग-अलग रंगों की धारा में साफ दिखाई देता है, लेकिन सरस्वती की धारा दिखाई नहीं देती। इन तीनों नदियों के संगम

के कारण ही यहाँ आयोजित कुंभ को पवित्र माना जाता है, क्योंकि यहाँ के पवित्र जल में स्नान करने से आत्मा भी शुद्ध हो जाती है और जो स्नान करता है उसे सीधे मोक्ष की प्राप्ति होती है। जहाँ दो नदियाँ सफेद (गंगा) और काली (यमुना) मिलती हैं, वहाँ डुबकी लगाकर लोग स्वयं के लिए मोक्ष प्राप्ति का मार्ग आरक्षित करते हैं। प्रयाग में स्नान करने और यहाँ महेश्वर के दर्शन करने पर व्यक्ति मृत्यु के बाद स्वर्ग में सुख भोगता है। कुंभ के दौरान, प्रयाग में गंगा के किनारे खाली जगह पर एक बड़ा अस्थायी नगर बस जाता है और उत्सव का माहौल दूर-दूर से दिखाई देता है।

प्रयाग में कुंभ में स्नान का योग संगम पर माघी अमावस्या पर बनता है, जब बृहस्पति (गुरु) वृष राशि में और सूर्य और चंद्रमा मकर राशि में होते हैं। यहाँ देश-विदेश से श्रद्धालु आते हैं और सामूहिक स्नान, दान, पुण्य कर्मों की परंपरा का पालन करते हैं। वे भारत के ध्यान, दर्शन, ज्ञान, आध्यात्मिकता को आत्मसात करते हैं।

प्रयाग में माघ मास में प्रतिवर्ष मेला लगता है। इसे 'कल्पवास' कहते हैं। भक्त हर साल गंगा-यमुना के बीच में कल्पवास करते हैं। कुछ लोग सौर मास की मकर संक्रांति से लेकर कुंभ संक्रांति तक कल्पवास की अवधि को, चंद्र मास के अनुसार पूरे माघ मास की संक्रांति मानते हैं। इसके आधार पर और बृहस्पति, सूर्य आदि जैसे ग्रहों और नक्षत्रों के आधार पर कुंभ मेला हर 12वें वर्ष और अर्द्धकुंभ मेला हर 6वें वर्ष आयोजित किया जाता है। सम्राट हर्षवर्धन प्रयाग में हर पाँचवें वर्ष धर्म सभा का आयोजन करते थे और उदारतापूर्वक दान करते थे।

माघ के महीने में यहाँ रहने वाले सभी तीर्थयात्री धन्य हो जाते है और जो लोग इस अवधि के दौरान गंगा में स्नान करते हैं उन्हें महत्वपूर्ण शुभ फल प्राप्त होते हैं। पद्म पुराण में कहा गया है कि मृत्यु शय्या पर पड़ा व्यक्ति, यदि अपने घर में भी प्रयाग का नाम स्मरण करता है, तो वह ब्रह्मलोक पहुँचता है और उसे ऋषियों का सानिध्य मिलता है। प्रयाग में माघ स्नान करने वाले का पुण्य फल असीमित

होता है। इसी माह में भगवान राम प्रयाग पधारे थे। प्रयाग के महत्व का वर्णन करते हुए, पद्म पुराण में कहा गया है कि जहाँ सरस्वती, यमुना और गंगा का संगम होता है, वहाँ स्नान करने वाले ब्रह्मपद को प्राप्त करते हैं। तीर्थराज प्रयाग की जय हो, जहाँ श्यामल अक्षयवट मनुष्यों

को अपनी छाया प्रदान करता है और उन पर दिव्य सत्व गुण की वर्षा करता है। धन्य है प्रयागराज जहाँ भगवान महादेव उनके दर्शन करने वालों के पापों और ताप को नष्ट कर देते हैं।

संगम का स्थान भी ऋतुओं के अनुसार बदलता रहता है। बरसात के दिनों में गंगा का पानी मैला हो जाता है जबकि यमुना का पानी लाल हो जाता है। जाड़े के दिनों में गंगा का पानी बहुत ठंडा होता है और यमुना तुलनात्मक रूप से गर्म लगती है। तीर्थराज प्रयाग का महत्व वैदिक साहित्य में अधिक मिलता है। पृथ्वी पर सात मोक्ष पुरी (नगरी) हैं–अयोध्या, मथुरा, माया (हरिद्वार), काशी, कांची, अवंतिका (उज्जैन) और द्वारिका।

पुराणों के अनुसार यदि कोई व्यक्ति संगम की मिट्टी को भी अपने शरीर पर स्पर्श करा लेता है, तो वह पाप से मुक्त हो जाता है और गंगा में स्नान करने के बाद वह स्वर्ग के पुण्य का भागीदार बन जाता है। यहाँ यदि किसी को मृत्यु प्राप्त होती है, तो वह जन्म और मृत्यु के सांसारिक चक्र से मुक्त हो जाता है। जो प्रयाग की धरती पर पैर रखता है, उसे भी हर कदम पर अश्वमेध यज्ञ का फल मिलता है।

पुराणों में प्रयाग, प्रयागमंडल, वेणी और त्रिवेणी की अनेक व्याख्याएँ दी गई हैं। विभिन्न पुराणों में इस स्थान के महत्त्व और ऐतिहासिकता का उल्लेख है। पद्म पुराण के अनुसार, वेणी क्षेत्र (गंगा-यमुना का मिलन क्षेत्र) में तीन कुएँ हैं–नाम प्रयाग, प्रतिष्ठानपुर (झूंसी) और अलर्कपुर (अरैल)।

यहाँ तीन अग्निकुंड भी हैं जिनसे होकर गंगा की धारा बहती है। गंगा-यमुना के बीच की भूमि को पृथ्वी का कटिप्रदेश (काठ का क्षेत्र) कहा गया है जिसका अर्थ है पृथ्वी का सबसे समृद्ध भाग या मध्य भाग, जिसे 'दोआब' भी कहा जाता है। प्रयाग प्रजापति के पवित्र स्थान के रूप में भी प्रसिद्ध है। रामायण के अनुसार, प्राचीन काल में यहाँ से लिए गए पवित्र जल के छिड़काव से राजाओं का अभिषेक किया जाता था। 'नरसिंह पुराण' में भगवान विष्णु के बारे में कहा गया है कि वे योगमूर्ति के रूप में प्रयाग में विराजमान हैं। मत्स्य पुराण में कहा

गया है कि एक युग चक्र पूर्ण होने पर जब रुद्र (शिव) पृथ्वी को नष्ट करते हैं, तब भी प्रयाग नष्ट नहीं होता है। उस समय उत्तरी भाग में ब्रह्मा स्वयं छत्र में, विष्णु वेणीमाधव के रूप में और शिव अक्षय वटवृक्ष के रूप में रहते हैं। शूलपानी स्वयं वट की रक्षा करते हैं और यहाँ मरने वाले को शिवलोक की प्राप्ति होती है।

इंद्र स्वयं प्रयाग को पापी शक्तियों से बचाते हैं। प्रयाग की पावन धरा पर ब्रह्मा, देवता, दिक्पालक (चौराहों के संरक्षक), लोकपालक (संसार के संरक्षक), साध्य (सिद्ध आत्माएँ), पितृ, तथा महर्षि जैसे सनत्कुमार, अंगिरा, ब्रह्मर्षि, नाग, गरुड, सिद्ध, सूर्यदेव और महाविष्णु की उपस्थिति है। यहाँ तीन अग्निकुंड हैं। गंगा नदी इन कुंडों के बीच से होकर गुजरती है। गंगा और यमुना के संगम का केंद्र विश्व का कटी क्षेत्र (कमर) माना जाता है।

प्रयागतीर्थ, प्रतिष्ठातीर्थ, कंबलतीर्थ, अश्वतारा तीर्थ और भोगवती तीर्थ को प्रजापति की यज्ञ वेदी कहा जाता है। प्रयाग में वेद और यज्ञ साकार रहते हैं। यदि कोई इसकी स्तुति करता है या इसका नाम गीतों में जपता है या अपने शरीर पर यहाँ की मिट्टी धारण करता है, तो वह व्यक्ति सभी पापों से मुक्त हो जाता है। यदि कोई इस स्थान पर दान में कुछ देता है या श्राद्ध करता है या पवित्र मंत्रों का उच्चारण करता है तो उसे अविनाशी प्रकृति का फल प्राप्त होता है।

इस संसार में लगभग सत्तर हजार तीर्थ हैं, एक प्रकार के दस हजार और दूसरे प्रकार के साठ हजार। प्रयाग में ये सभी तीर्थ उपस्थित हैं और इसलिए इसे सभी तीर्थों में सर्वश्रेष्ठ माना जाता है। यहाँ वासुकी का भोगवती तीर्थ और हसप्रपाटन नामक तीर्थ है। तीन महत्वपूर्ण स्थान गंगाद्वार, प्रयाग और गंगासागर संगम हैं। यहाँ इंद्र द्वारा संरक्षित प्रजापति क्षेत्र है। प्रयाग में पाँच गहरे नाले हैं जिनके बीच में गंगा बहती है। सूर्य देव की पुत्री यमुना देवी यहाँ हमेशा मौजूद रहती हैं। इस स्थान पर देवताओं, असुरों, ऋषियों और सिद्धों का वास है।

गंगा, यमुना और गुप्त रूप से बहने वाली सरस्वती धारा, प्रयाग क्षेत्र को तीन भागों में विभाजित करती है, जिन्हें यज्ञवेदी कहा जाता

है। गंगा-यमुना के मध्य भाग को गढ़ापत्यग्नि माना जाता है, गंगापार प्रतिष्ठानपुर (झूंसी) के हिस्से को अवनिया अग्नि और यमुनापार (अलर्कपुर अरैल) के हिस्से को दक्षिणाग्नि माना जाता है, जिसके माध्यम से गंगा की धारा बहती है। इन भागों में एक रात भी रहने से तीर्थयात्रियों को इस अग्नि की पूजा का फल मिलता है।

पद्म पुराण में प्रयाग की तुलना सूर्य से भी की गई है क्योंकि जिस प्रकार तारों में सूर्य सबसे चमकीला है। इसी प्रकार तीर्थों में प्रयाग सर्वश्रेष्ठ है।

1583 ई. में बादशाह अकबर ने प्रयाग का नाम बदलकर इलाहाबाद कर दिया, जो दो शब्दों इलाहा और आबाद से मिलकर बना है। अकबर द्वारा शुरू किए गए नए धर्म दीन-ए-इलाही के संदर्भ में अरबी शब्द इलाहा का अर्थ है 'अल्लाह के लिए'। पारसी शब्द 'आबाद' का अर्थ है 'भगवान का निवास' यानी ईश्वर का शहर। योगी आदित्यनाथ के नेतृत्व वाली उत्तर प्रदेश की भाजपा सरकार ने सन 2020 में इस शहर का नाम पुनः प्रयागराज कर दिया।

'प्रयाग' शब्द की उत्पत्ति

'प्रयाग' शब्द की उत्पत्ति मूल रूप से 'यज' से होती है, जिसका उल्लेख महाभारत के 'वन पर्व' में मिलता है। भौगोलिक दृष्टि से प्रयाग एक प्रायद्वीप के रूप में है, जो तीन ओर से नदियों से तथा एक ओर भूमि से घिरा हुआ है। इस क्षेत्र को प्राचीन वत्स देश कहा जाता है। गंगा-यमुना दोआब क्षेत्र के इस विशेष भाग में, यमुना नदी अपने जलमार्ग को समाप्त कर देती है। दो नदियों के बीच का दोआब क्षेत्र कृषि योग्य है, जबकि दक्षिण और पूर्वी गैर-दोआब क्षेत्र शुष्क और चट्टानी है, जैसे बुंदेलखंड और बोलखंड के आस-पास के क्षेत्र।

प्रयाग में मुख्य कर्म

प्रयाग गंगा के कारण महत्वपूर्ण रहा है। यहाँ गंगा, यमुना और सरस्वती की गोद में कई तीर्थ हैं, और जो यहाँ से दूर हैं वे भी किसी न किसी

तरह इन पवित्र नदियों के जल से प्रेरित हैं। भक्त प्रयाग आते हैं और त्रिवेणी और वहाँ स्थित तीर्थों की यात्रा करते हैं और समग्र लाभ लेते हैं और इसलिए, वर्षों से, वे प्रयाग और गंगा तट के पवित्र मंदिरों की परिक्रमा कर रहे हैं, जिसके माध्यम से वे गंगा-यमुना की गोद में बसे इन तीर्थों का पुण्य अर्जित करते हैं।

यहाँ सदियों से अंतर्वेदी और बहिर्वेदी की परिक्रमा की जाती रही है। हालाँकि कुछ मंदिर एवं देवस्थान आदि केवल प्रतीकात्मक ही रह गए हैं, फिर भी इसका महत्व यथावत है। परिक्रमा मार्ग के कई तीर्थ गंगा और यमुना के तट पर पड़ते हैं। इस धार्मिक क्रिया के अंतर्गत, त्रिवेणी स्नान कर द्रौपदीघाट के पास जल रूप में विराजमान वेणी माधव की पूजा की जाती है और फिर परिक्रमा शुरू होती है। यमुना नदी के तट पर मधुकुल्य, घृतकुल्य, निरंजनतीर्थ, आदित्यतीर्थ और विलेटक संकटमोचन मंदिर हैं। भक्त उनमें स्नान या हस्त प्रक्षालन करते हैं। पापमोचन तीर्थ यमुना के तट पर आगे स्थित है; सरस्वती कुंड के नीचे परशुराम तीर्थ, गोधट्टन तीर्थ, पिशाचमोचन तीर्थ, कामेश्वर या मनकामेश्वर तीर्थ, कपिल तीर्थ, इंद्रेश्वर, शिव, तक्षकुंड, तक्षकेश्वर शिव, कलिहरद, चक्र तीर्थ, दरियाबाद इलाके में यमुना के तट पर कखाराघाट, सिंधुसागरघाट तीर्थ के पास बरुआ घाट के सामने, पांडव कुप के बगल में, गढैसराय, वरुण कुप और उसके आगे कश्यप तीर्थ, द्रव्येश्वरनाथ, शिव चौक में सूर्यकुंड के रास्ते भारद्वाज अक्षय (कर्नल गंज) में परिक्रमा यात्री रात्रि विश्राम करते हैं।

प्रात:काल में भारद्वाजेश्वर, सीताराम आश्रम, विश्वामित्र आश्रम, गौतम आश्रम, जमदग्नि आश्रम, वशिष्ठ आश्रम, भारद्वाज आश्रम स्थित वायु आश्रम और उसके बाद गंगा में स्थित तीर्थ स्थल-उचई: श्राद्ध स्थान, नागवासुकी ब्रह्मकुंड, दशाश्वमेधेश्वर के दर्शन किए जा सकते हैं। लक्ष्मीतीर्थ, महोदधितीर्थ और मलपहातीर्थ, उर्वशीकुंड, शुकतीर्थ, विश्वामित्रतीर्थ, बृहस्पतितीर्थ, अत्रितीर्थ, दत्तात्रेयतीर्थ, दुर्वासातीर्थ, सोमतीर्थ, सारस्वत तीर्थ को प्रणाम करके त्रिवेणी में स्नान का लाभ लिया जा सकता है।

सामान्यतया, अंतर्वेदी परिक्रमा पूरी करने के बाद, बहिर्वेदी परिक्रमा अगले 10 दिनों में पूरी होती है। पहले दिन, त्रिवेणी स्नान और पूजा आदि करने के बाद तीर्थयात्री अक्षयवट के दर्शन करते हैं और किले के नीचे से यमुना पार करते हैं। दूसरी ओर, वे शुलकेश्वर, सुधारसतीर्थ, उर्वशीकुंड और आदिमाधव बिंदु के दर्शन करते हैं। तट पर हनुमानतीर्थ, सीताकुंड, रामतीर्थ, वरुणतीर्थ और चक्रमाधव की पूजा करने के बाद, भक्त, रात में सोमेश्वरनाथ में विश्राम करते हैं।

दूसरे दिन, वे नदी के तट पर सोमतीर्थ, सूर्यतीर्थ, कुबेरतीर्थ और वायुतीर्थ की यात्रा करते हैं। धारा में विद्यमान अग्नितीर्थ, देवरिख गाँव में वल्लभाचार्य; नैनी गाँव में गदामाधव, और कम्बलेश्वर के दर्शन करने के बाद भक्त रामसागर में विश्राम करते हैं।

तीसरे दिन, देवरिया में भक्त यमुना तट पर श्राद्ध कर अपने पूर्वजों का असीम आशीष प्राप्त करते हैं। यमुना नदी के बीच में स्थित एक पहाड़ी पर महादेव का मंदिर भी है।

चौथे दिन, बीकर में यमुना पार करने के बाद, तीर्थयात्री रात में करहड़ा के पास वनखंडी महादेव में रुकते हैं। पाँचवें दिन, तीर्थयात्री बेगमसराय से निमघाट जाते हैं और द्रौपदी घाट पर रात्रि विश्राम करते हैं। छठे दिन, वे शिवकोटि तीर्थ में रात्रि विश्राम करते हैं।

सातवें दिन, पाडिला महादेव के दर्शन करने के बाद, भक्त रात को मानस तीर्थ में विश्राम करते हैं। आठवें दिन, वे झूंसी होते हुए नागेश्वरनाथ क्षेत्र के नाग तीर्थ के दर्शन करते हैं और रात्रि में शंकरमाधव में विश्राम करते हैं। नौवें दिन, भक्त व्यास आश्रम, समुद्रकुप, अल्तीर्थ, संकष्टाहार माधव (हंसतीर्थ), संध्यावद, हंसकूप, ब्रह्मकुंड, उर्वशी तीर्थ और अरुंधति जाते हैं और रात के लिए प्रतिष्ठानपुर (झूंसी) में रहते हैं। दसवें दिन, झूंसी से त्रिवेणी जाते हुए परिक्रमा समाप्त होती है। इस दिन बहिर्वेदी परिक्रमा करने वालों को त्रिवेणी तट पर जाकर फिर से अंतर्वेदी परिक्रमा करनी चाहिए।

प्रयाग के मुख्य देवस्थानों में, संगम से गंगा पार करते हुए या सोमेश्वरनाथ जाते हुए, मुंशी के बगीचे में वेणी माधव के दर्शन होते हैं।

यह यमुनापार अरैल ग्राम में वेणीमाधव मंदिर के पास एक छोटा शिव मंदिर है। शिवकुटी (कोटितीर्थ) गंगा के तट पर स्थित एक तीर्थ है, जहाँ श्रावण मेला लगता है। बिंदुमाधव के पास सोमनाथ में एक छोटा शिव मंदिर है और उससे एक मील दूर नागवासुकी मंदिर में नागपंचमी पर मेला लगता है। प्रयाग के तीर्थों में अक्षयवट का प्रमुख स्थान है। इसके पत्तों पर भगवान विष्णु शयन करते हैं। यह त्रिवेणी से थोड़ी दूर संगम के तट पर एक किले के भीतर स्थित है। यह जैनियों द्वारा भी पूजनीय है। अक्षयवट के दर्शन से ब्रह्महत्या के पाप से मुक्ति मिलती है। आदिवत कल्पान्त के अनुसार ऋषभदेव जी ने इस वटवृक्ष के नीचे तपस्या की थी। नागवासुकी से लगभग तीन कि.मी. पश्चिम में गंगा के तट पर शेष (बलदेव जी) का मंदिर है।

इनके अलावा लेटे हनुमान, मनकामेश्वर, अलोपी देवी, ललिता देवी शक्तिपीठ महत्वपूर्ण दर्शनीय स्थल हैं। तंत्रचूड़ामणि के अनुसार प्रयाग की ललिता देवी 51 शक्ति पीठों में से एक है। यहीं पर सती के हाथों की ऊंगलियाँ गिरी थीं। सलिला देवी और भव भैरव को यहाँ की शक्तियाँ कहा जाता है, जबकि ललिता देवी का मूल शक्तिपीठ अलोपी देवी माना जाता है। प्रयाग के आस-पास और गंगा तट पर कई तीर्थ स्थलों का अपना स्वतंत्र इतिहास है जो भक्तों की आस्था को दृढ़ करता है। संगम से लगभग दस कि.मी. दूर गंगा के तट पर दुर्वासा मुनि का मंदिर है, जहाँ श्रावण मास में मेला लगता है।

रामायण में गंगा के किनारे और प्रयाग के आस-पास महर्षि वाल्मीकि के आश्रम के स्थान का वर्णन मिलता है, जहाँ लक्ष्मण ने माता सीता को जंगल में छोड़ा था। यहीं पर लव कुश का जन्म हुआ था; इसे सीतामढ़ी वाल्मीकि आश्रम भी कहा जाता है। श्रृंगवेश्वरपुर गाँव से कुछ दूरी पर रामचौरा गाँव में गंगा तट पर बने एक मंदिर में भगवान राम के पदचिह्न हैं।

प्रयाग से 65 कि.मी. दूर सीताकुंड भैरव और शंकर का स्थान है और इसके सामने गंगा के दूसरे तट पर कुटई स्थित है। इन दोनों स्थानों के बीच, गंगा नदी में सीताकुंड है जो अद्‌भुत है, क्योंकि यदि

गंगा की धारा दक्षिण तट पर है, तो इस कुंड में पानी उत्तर की ओर रहता है और जब धारा उत्तर की ओर होती है, तो कुंड में पानी दक्षिण की ओर रहता है।

भारतीय संस्कृति में तीर्थों और नदियों को पूजनीय माना गया है, जहाँ पूजा, कर्मकांड, दान (दक्षिणा), स्नान आदि से मनोवांछित फल की प्राप्ति होती है। लगभग हर तीर्थ में स्नान करने की परंपरा का पालन किया जाता है, लेकिन हर तीर्थ में कुछ न कुछ विशेष भी होता है जो इससे जुड़े कर्म से सम्बंधित होता है। प्रयागराज शिरोमुंडन (मुंडन) के लिए जाना जाता है। त्रिस्थली सेतु के अनुसार, त्रिवेणी संगम के पास एक निश्चित स्थान पर मुंडन कराया जाता है। बच्चे और यहाँ तक कि धर्मपरायण स्त्रियाँ भी अपने पति की अनुमति से अपनी वेणी (चोटी) के सामने का हिस्सा दान कर सकती हैं। उसके बाद वे हल्दी लगाकर त्रिवेणी में स्नान करती हैं, और जब वे पानी से बाहर आती हैं, तो उनके पति अपनी पत्नियों की वेणी के किनारे पर मंगल द्रव (लाल तरल) बाँधते हैं और मंगल द्रव लगी हुई वेणी की नोक को काटकर महिला के हाथ में डालते हैं। स्त्रियाँ उस कटी हुई वेणी को अंजलि में लेकर सभी आवश्यक सामग्री रखती हैं और त्रिवेणी की धारा में प्रवाहित करती हैं, नमस्कार और स्नान करने के बाद उन्हें अपने पिछले सभी पापों से मुक्ति मिल जाती है। केवल प्रयाग में महिलाओं के लिए क्षौरकर्म (बाल और नाखून काटना) का विधान है। यहाँ विधवाओं का मुंडन भी कराया जा सकता है।

परंपरा के अनुसार, ब्राह्मण जाति 'प्रयागवाल' को धार्मिक अनुष्ठान करने और त्रिवेणी के तट पर दक्षिणा लेने का अधिकार है। वे सरयूपारीय और कान्यकुब्ज दोनों उप-समुदायों से संबंधित हैं। उनके पूर्वजों / कविरापुर (अयोध्या) के निवासियों को लंका की विजय के बाद त्रेता युग में भगवान राम द्वारा रघुकुल का पुजारी बनाया गया था। उनके परिवार के तीर्थ पुरोहित (मिश्रा कुल) प्रयाग में तीर्थयात्रीयों के नायक बने। इस स्थान के प्राचीन निवासी होने के कारण इनका नाम प्रयागवाल पड़ा। पंडा जाति वास्तव में प्रयागवाल का पर्याय है। धार्मिक

स्थलों पर, केवल पंडा को अपने यजमानों के लिए धार्मिक अधिकारों की सुविधा प्रदान करने का अधिकार है।

प्रयागवाल दो प्रकार के होते हैं–एक, मूल प्रयागवाल, जो प्रयाग में पैदा हुए और पले-बढ़े तथा दूसरे, परदेसी जो मूल प्रयागवालों से संबंधित हैं, और यहाँ आकर बस गए हैं। प्रयागवाल सभी प्रकार के अनुष्ठान और दान करते हैं। वे अपने यजमानों की वंशावली का लेखा भी रखते हैं।

6
अविनाशी काशी में गंगा

प्रयाग से दक्षिण-पूर्व की ओर बहती हुई गंगा मिर्जापुर की ओर बढ़ती है। विंध्याचल, मिर्जापुर और चुनार गंगा के तट पर स्थित हैं। गंगा जब यहाँ आती है तो उसमें कई नाले भी गिरते हैं। काशी की पवित्रता में कदम रखने से पहले, आइए हम विंध्याचल की सैर करें और माँ गंगा के साथ-साथ माँ विंध्यवासिनी की पूजा करें।

वामन पुराण के 56वें अध्याय में दो महादैत्यों के विनाश की कथा का वर्णन है। श्रीमद् देवी भागवत के दशम स्कंद में एक कथा में बताया गया है कि जब मनु ने क्षीरसागर के तट पर सौ वर्षों तक देवी की पूजा करते हुए घोर तपस्या की, तो भगवती उनके सामने प्रकट हुईं और उन्हें वरदान दिया। मनु ने उनसे वर माँगा कि जो व्यक्ति सारस्वत मंत्र का जाप करे उसे उनका आशीर्वाद, मोक्ष की प्राप्ति, जातिगत समानता, पुनर्जन्म का ज्ञान, अच्छी वाणी आदि मिले। देवी ने मनचाहे वरदान के साथ मनु को निष्कंटक का राज्य दिया और विंध्याचल चली गईं और विंध्यवासिनी बन गईं।

महाभारत, वामन पुराण, मार्कंडेय पुराण, मत्स्य पुराण, श्रीमद् देवी भागवत, हरिवंश पुराण, स्कंद पुराण, राजतरंगिणी, बृहत कथा और कादंबरी जैसे कई प्राचीन शास्त्रों में देवी विंध्यवासिनी का उल्लेख किया गया है। देवी दुर्गा और राक्षस राजा महिषासुर के बीच युद्ध, जिसका आध्यात्मिक, तात्विक और साथ ही समकालीक अर्थ है, विंध्याचल में हुआ था। यही कारण है कि देवी विंध्यवासिनी का दूसरा नाम 'महिषासुर मर्दिनी' है (राक्षस राजा महिष का संहार करने वाली-जिसका शाब्दिक अर्थ है भैंस, क्योंकि महिषासुर भैंस का रूप

धारण करता है)। विंध्याचल का मंदिर, समाज की दुष्ट शक्तियों पर दैवीय नारी शक्ति की इस महान विजय का स्मारक है।

वनवास के दौरान भगवान राम ने पत्नी सीता और भाई लक्ष्मण के साथ इस स्थान और आस-पास के क्षेत्रों का भ्रमण किया था। सीता कुंड, सीता रसोई, राम गया घाट, रामेश्वर मंदिर, इस दिव्य स्थान तक भगवान राम की यात्रा के साक्षी हैं। प्राचीन काल में, विंध्याचल का मंदिर हजारों मंदिरों और 'शक्ति' पंथ के अन्य धार्मिक स्थलों से घिरा हुआ था; किन्तु, औरंगजेब के शासनकाल के दौरान, कई मंदिर ध्वस्त हो गए।

'विंध्याचल' (विंध्य + अचल) शब्द का शाब्दिक अर्थ है 'विंध्य नाम का पर्वत (अचल)' और 'विंध्यवासिनी' का शाब्दिक अर्थ है 'विंध्य पर्वत में निवास करने वाली देवी'। इस दिव्य स्थान की विशिष्टता इस तथ्य से ज्ञात होती है कि यह संसार का एकमात्र स्थान है, जहाँ 'देवी' की पूजा 'वाम मार्ग' के सिद्धांतों के साथ-साथ सनातन धर्म के 'शक्ति' पंथ के 'दक्षिण मार्ग' के अनुसार की जाती है।

इसके अलावा, सनातन धर्म के 'शक्ति' पंथ में, देवी स्वयं को तीन रूपों, लक्ष्मी, काली और सरस्वती में रूपांतरित कर देती हैं। विंध्याचल संसार का एकमात्र स्थान है, जहाँ देवी के इन तीनों रूपों में विशिष्ट मंदिर हैं, जो रणनीतिक रूप से अत्याधिक ऊर्जावान और आध्यात्मिक रूप से बहुत शक्तिशाली त्रिकोण बनाते हैं।

जैसा कि प्राचीन शास्त्रों में वर्णित है, विंध्याचल के आस-पास का क्षेत्र घने जंगलों से घिरा हुआ था, जिसमें शेर, हाथी और अन्य जानवर रहते थे। हालाँकि, समय के साथ सभी जंगल विलुप्त हो गए हैं; और काली खोह, सीता कुंड और अष्ट भुजा के क्षेत्रों को छोड़कर, संपूर्ण विंध्याचल क्षेत्र एक आधुनिक मध्यम आकार की बस्ती में परिवर्तित हो गया है।

श्री दुर्गा सप्तशती में यह वर्णन मिलता है कि कैसे शुंभ और निशुंभ नामक दो राक्षसों ने देवताओं को स्वर्ग से निष्काषित कर दिया, उनकी शक्तियों को छीन लिया और उनके धन और विशेषाधिकारों

को हथिया लिया। दो शक्तिशाली राक्षसों द्वारा निष्कासित, अपने प्रभुत्व और संप्रभुता से वंचित देवताओं ने स्वयं को विनाश से बचाने के लिए, अजेय देवी की स्तुति कर वरदान प्राप्त करने का विचार किया। तीनों लोकों के देवता, हिमालय की तलहटी में एकत्र हुए, 'अपराजिता स्तुति' के साथ देवी की स्तुति की और स्वयं की रक्षा के लिए देवी का आह्वान किया।

अपराजिता स्तुति में बीस से अधिक श्लोक हैं, जो 'या देवी सर्व भूतेषु' से शुरू होते हैं, जो यह दर्शाता है कि देवी चेतना, शक्ति, बुद्धि, स्मृति, निंद्रा, भ्रम, इच्छा, क्रियाशीलता, समृद्धि, क्षमा, विश्वास, सौंदर्य इत्यादि के रूप में सर्वव्यापी हैं। यह सुंदर स्तुति अपने आप में ध्यान, पुष्टि और मंत्रों का एक शक्तिशाली संयोजन है।

जब सभी देवता देवी की स्तुति कर रहे थे तब देवी पार्वती प्रकट हुईं और पूछा, 'वह कौन है जिसकी यहाँ स्तुति की जा रही है?' तभी, उनकी देह से अलौकिक सौंदर्य युक्त और उज्ज्वल देवी अंबिका प्रकट हुई और कहा, 'शुंभ और निशुंभ के प्रकोप से त्रस्त ये देवता गण अपनी रक्षा हेतु मेरा आह्वान कर रहे हैं।'

जब देवी अंबिका ने जन्म लिया और रूप धारण किया, तो देवी के इस रूप का नाम कालिका पड़ा, जो हिमालय के जंगलों में रहने लगी, जबकि देवी अंबिका ने पहाड़ों में निवास करना स्वीकार किया।

शुंभ और निशुंभ अपने दूतों चंड और मुंड द्वारा देवी के सौन्दर्य का वर्णन सुनकर लालायित हुए और उन्होंने अपने दूत सुग्रीव को उन दोनों में से किसी एक से विवाह करने के प्रस्ताव के साथ भेजा। सुग्रीव देवी के पास गया और उनके समक्ष राक्षसों के धन, वैभव और शक्ति का वर्णन किया। देवी ने किसी ऐसे व्यक्ति से विवाह करने से इंकार कर दिया जो युद्ध में उन पर विजय हासिल न कर सके और राक्षसों को चुनौती दी कि अगर वे उनसे विवाह करना चाहते हैं तो उनसे युद्ध करे।

देवी की बात सुनकर क्रोधित दूत ने शीघ्रता से लौटकर अपने स्वामियों को विस्तार से देवी का प्रस्ताव बताया। क्रोधित राक्षसों ने अपने सेनापति धूम्रलोचन को बुलाया और उन्हें देवी से युद्ध कर उन्हें अपने

दरबार में खींचकर लाने का आदेश दिया। अपने स्वामी के आदेश से, धूम्रलोचन ने युद्ध में देवी को जीतने के लिए साठ हजार राक्षसों की एक सेना के साथ प्रस्थान किया। लेकिन कुछ ही समय में वह पराक्रमी दानव, देवी की श्वास की अग्नि से ही भस्म हो गया। धूम्रलोचन को भस्म होते देख, राक्षसों की क्रोधित सेना ने देवी पर आक्रमण किया, किन्तु शीघ्र ही पूरी सेना को एक क्रोधित पराक्रमी सिंह ने नष्ट कर दिया, जिसे देवी ने अपने वाहन के रूप में धारण किया था।

यह सुनकर कि राक्षस धूम्रलोचन देवी द्वारा मारा गया और पूरी सेना को सिंह द्वारा नष्ट कर दिया गया, शुंभ क्रोधित हो उठा और उसने चंड और मुंड नामक राक्षसों को बलपूर्वक देवी को उनके बालों से खींच लाने का आदेश दिया। दैत्यराज के आदेश पर, चंड और मुंड ने अपनी सेनाओं के साथ देवी पर विजय प्राप्त करने और उनकी सेना को नष्ट के लिए आक्रमण किया।

जब देवी अंबिका ने अपने से चौगुनी सेना को पास आते देखा, तो वे क्रोधित हो गईं, और उनके कपाल के भयंकर भ्रूभंग से, देवी कालिका अवतरित हुईं, जो तलवार और एक फंदा धारण किए हुए थीं, जिनके हाथ में एक शीश की चोटी थी और जिनके गले में मुंडमाला थी। देवी कालिका ने कुछ ही समय में शत्रु सेना को ग्रस लिया और ध्वस्त कर दिया। क्रोधित चंड ने देवी पर बाणों से आक्रमण किया, और मुंड ने हजारों तश्तरियों से देवी पर प्रहार किया, किन्तु वे सफल न हुए। देवी काली अपने रौद्र रूप में, पराक्रमी सिंह पर सवार होकर, चंड की ओर दौड़ीं, उसे उसके बालों से पकड़ लिया और अपनी तलवार से उसका सिर काट दिया। मुंड का भी यही हश्र हुआ।

शुंभ-निशुंभ का वध करने वाली देवी को 'कौशिकी' कहा गया, किन्तु कौशिकी के अवतार के कारण देवी पार्वती का शरीर काला हो गया था, इसलिए उन्हें काली भी कहा गया और देवी काली ही विंध्यवासिनी देवी के रूप में सुशोभित हुईं।

चामुंडा देवी, देवी के कपाल से एक भयानक चेहरे के साथ प्रकट हुईं और राक्षसों का संहार किया और रक्तबीज नामक राक्षस का रक्तपान

किया। कौशिकी देवी को 'विंध्यवासिनी' कहा जाता है। विंध्यवासिनी देवी को कजला देवी के नाम से भी जाना जाता है।

विंध्याचल वह स्थान और शक्तिपीठ है, जिसे देवी ने अपने जन्म के बाद निवास करने के लिए चुना था। भगवान ब्रह्मा ने ब्रह्मांड के निर्माण में सहायता के लिए, शक्ति और शिव को प्रसन्न करने के लिए एक यज्ञ (अग्नि यज्ञ का वैदिक अनुष्ठान) किया था। परिणामस्वरूप, देवी शक्ति शिव से अलग हो गईं और ब्रह्मा की सहायता के लिए प्रकट हुईं। जब उनका उद्देश्य पूर्ण हो गया, तो शक्ति को शिव को वापस करना पड़ा। इस बीच, ब्रह्मा के पुत्र दक्ष ने सती के रूप में शक्ति को अपनी पुत्री के रूप में प्राप्त करने के लिए कई यज्ञ किए, जिसका उद्देश्य भगवान विष्णु के साथ उनका विवाह करना था, किन्तु सती ने शिव का वरण किया।

दक्ष ने भगवान शिव से प्रतिशोध लेने की इच्छा से एक यज्ञ किया। दक्ष ने शिव और सती को छोड़कर सभी देवताओं को यज्ञ में आमंत्रित किया। आमंत्रित न किए जाने के बावजूद, सती की यज्ञ में भाग लेने की इच्छा कम नहीं हुई। उन्होंने शिव से अपनी इच्छा व्यक्त की, जिन्होंने उन्हें यज्ञ में जाने से रोकने की पूरी कोशिश की। सती के लगातार आग्रह पर शिव राजी हो गए। सती अपने पिता के यज्ञ में गई। किन्तु सती को यज्ञ में उनका उचित सम्मान नहीं दिया गया, और उन्हें शिव के लिए रचा गया अपमान सहन करना पड़ा। क्षुब्ध होकर सती ने अपने पिता को श्राप दिया और आत्मदाह कर लिया। अपनी पत्नी के अपमान और मृत्यु से क्रोधित होकर, शिव ने अपने वीरभद्र अवतार में दक्ष के यज्ञ को नष्ट कर दिया और उनका सिर काट दिया। उनका क्रोध कम नहीं हुआ और शोकमग्न शिव ने सती के शरीर के अवशेषों को उठाया और पूरी सृष्टि में विनाशकारी तांडव नृत्य किया। भयभीत होकर, अन्य देवताओं ने भगवान विष्णु से इस विनाश को रोकने के लिए हस्तक्षेप करने का अनुरोध किया। भगवान विष्णु ने सती के शव पर सुदर्शन चक्र का प्रयोग किया, जिससे सती के शरीर के विभिन्न अंग पृथ्वी पर कई स्थानों पर गिर गए।

दक्ष यज्ञ के इतिहास और सती के आत्मदाह का, प्राचीन संस्कृत साहित्य को स्वरूप प्रदान करने और भारत की संस्कृति को प्रभावित करने में अत्यधिक महत्व रहा है। पृथ्वी पर प्रत्येक स्थान जहाँ सती के शरीर के अंग गिरे थे, उन्हें शक्तिपीठ माना गया और उन्हें महान आध्यात्मिक महत्व का स्थान भी माना जाता है। विन्ध्याचल वह स्थान है जहाँ सती के पैर का अंगूठा गिरा था लेकिन एक अन्य संस्करण यह भी है कि देवी ने अपने जन्म के बाद निवास करने के लिए इस स्थान को चुना था।

विंध्याचल को सबसे महत्वपूर्ण और पवित्र शक्तिपीठ माना जाता है, क्योंकि यह तीनों महाशक्ति देवी दुर्गा, देवी काली और देवी सरस्वती का संयोजन है। विंध्यवासिनी मंदिर में देवी दुर्गा का तथा काली खोह मंदिर में देवी काली का वास है। राक्षस रक्तबीज को मारने के लिए देवी दुर्गा ने काली के रूप में अवतार लिया। अष्टभुजा मंदिर में देवी सरस्वती का वास है। तीर्थयात्री इन तीनों मंदिरों में जाते हैं और वहाँ त्रिकोण परिक्रमा पूरी करते हैं। विंध्याचल के उत्तर में, गंगा के उस पार, रेत में एक छोटी चट्टान पर विंध्येश्वर शिवलिंग है, जो गंगा नदी में बाढ़ आने पर जलमग्न हो जाता है।

मिर्जापुर में गंगा के तट पर 20 घाट हैं, जिन पर कई मंदिर हैं, जिनमें से सबसे प्रसिद्ध श्री तारकेश्वरनाथ महादेव का मंदिर है। रजवाडी स्टेशन से लगभग तीन मील दूर विंध्याचल में गोमती नदी गंगा से मिलती है। इस संगम को पवित्र माना जाता है। गंगा का जल गोमती में मिल कर उसे औषधीय गुणों से परिपूर्ण कर देता है। संगम के पास मार्कंडेश्वर महादेव का मंदिर है। यह ऋषि मार्कंडेय की तपोभूमि है। गंगा के दाहिने किनारे पर एक कि.मी. लंबी और समान चौड़ाई की पहाड़ी को भगवान वामन का प्रथम पग माना जाता है।

इस स्थान को चुनार कहते हैं। इसका प्राचीन नाम चरणाद्रि है, जो राजा भर्तृहरि की तपोभूमि रही है। चुनार के पास, जार्गो नामक एक छोटी नदी है जो गंगा में मिलकर इसके किनारों को सुरम्य बनाती है। मुगलसराय से लगभग 40 कि.मी. दूर गंगा तट पर जमदग्नि ऋषि का

आश्रम है। यहाँ मदनेश्वर नाम के राजा ने दो मील दूर मदनेश्वर शिव मंदिर का निर्माण, यज्ञ कराकर करवाया था। इसके बाद गंगा बनारस की ओर प्रवाहित होती है।

काशी में प्रवेश

तीर्थराज प्रयाग की भूमि को पार करने के बाद, मोक्षदायिनी गंगा विंध्याचल क्षेत्र से होकर, सनातन धर्म के एक और पवित्र नगर काशी पहुँचती है। इसे 'वाराणसी' भी कहा जाता है। यह हिंदुओं के लिए एक और महत्वपूर्ण तीर्थ है। विद्वान श्यामा चरण बनर्जी ने अपनी पुस्तक 'द बृहद्धर्म पुराण (संक्षिप्त)' में जाह्नु ऋषि का पुनः स्मरण करते हुए वर्णन किया है:

भगीरथ जो गंगा के आगे अपने रथ पर सवार हो, शंख ध्वनि के साथ गंगा की अगुवाई कर रहे थे, उनका अनुसरण करते हुए मैदानों तक पहुँचते हुए, गंगा तीव्र वेग से दक्षिण की ओर बह रही थी। अपने वचन के अनुसार भगवान शंकर ने गंगा के मार्ग में अपना शीश विस्तृत कर दिया। प्रयाग से, वह पूर्व की ओर मुड़ी और काशी पहुँची, जहाँ वह शिव से मिलने के लिए कुछ दूर उत्तर की ओर प्रवाहित हुई। जब गंगा फिर से पूर्व दिशा में चली, तब तक भगीरथ और उनके सारथी और घोड़े काफी थक चुके थे और इसलिए, उन्होंने अपना शंखनाद बंद कर दिया। इस समय महर्षि जाह्नु, जिनका आश्रम निकट ही था, ने पूजा करते समय अपना शंख बजाया और गंगा इसे भगीरथ समझकर ध्वनि की दिशा में आगे बढ़ गई। कुछ ही देर बाद भगीरथ ने भी अपना शंख बजाया और गंगा दो अलग-अलग दिशाओं से आने वाली दोहरी आवाज से भ्रमित हो गई।

जब उन्हें पता चला कि प्रथम ध्वनि जाह्नु मुनि के आश्रम से उत्पन्न हुई थी, तो वे यह सोचकर क्रोधित हो गई कि उन्होंने उनके साथ कोई छल किया है, और भगीरथ की ओर मुड़ते हुए कहा, 'चूँकि यह मुनि मुझे अपनी कुटी में लाना चाहता था, इसलिए मैं निश्चय ही

वहाँ जाकर उसे नष्ट कर दूँगी, मुझे वहाँ ले चलो।' भगीरथ ने उनकी बात मानी, और वह बड़े क्रोध में उनके साथ चली गई।

जाह्नु मुनि को इसका पूर्वाभास हो गया था, इसलिए अपनी रक्षा के लिए ब्रह्म शक्तियों का आह्वान करते हुए, वे अपने दाहिने हाथ को पृथ्वी पर टिकाए हुए बैठ गए। जब गंगा वहाँ पहुँची, तो उन्होंने अपनी उस हथेली में उसका सारा जल एकत्रित कर लिया और उसे शून्य कर दिया। तब तीनों लोकों में निराशा छा गई, और देवता और मनुष्य विलाप करने लगे। अपने निकलने का कोई मार्ग न पाकर, गंगा एक देवी के रूप में जाह्नु मुनि के सामने प्रकट हुईं और कहा, 'हे मुनि, मैं आपकी असाधारण ब्रह्म शक्तियों से अवगत हूँ, और मैं स्वीकार करती हूँ कि क्रोध के आवेग में मैंने आपको कष्ट पहुँचाने का प्रयास किया है। मुझे क्षमा कर, मुक्त करें, क्योंकि मैं मनुष्यों के कल्याण के लिए पृथ्वी पर आई हूँ। आपके उदर में प्रवेश करने के कारण मैं अब से आपकी पुत्री कहलाऊँगी।' जाह्नु मुनि ने उनकी प्रार्थना स्वीकार कर, उन्हें अपनी जाँघ के एक छेद से मुक्त कर दिया। जैसे ही वह बाहर आईं, हर तरफ 'जाह्नवी की जय हो' के जयकारे गूंज उठे।

कुछ दूर आगे बढ़ते हुए, भगीरथ ने फिर देखा कि उनके घोड़े थके हुए थे, और इसलिए, उन्हें थोड़ा आराम देने के लिए वे कुछ समय के लिए रुके; और गंगा भी ठहर गई क्योंकि शंखनाद बंद हो गया था।

जाह्नु मुनि की पद्मावती नाम की एक पुत्री थी, जो अपनी नई बहन गंगा को देखने के लिए उल्लासित थी। भगीरथ के रुकने को, अपने लिए एक अच्छा अवसर मानकर, पद्मावती ने अपना शंख बजाया। गंगा तुरंत उस दिशा में आगे बढ़ गई, जहाँ से शंख ध्वनि उत्पन्न हुई थी, यह सोचकर कि यह भगीरथ ने किया है। जब भगीरथ ने गंगा को गलत दिशा में बहते हुए देखा तो उन्होंने उसे रोकने के लिए एक भयंकर गर्जना की। गंगा हैरान थी, और यह जानने के लिए ऊँची उठी कि वह कौन है जो उसे वापस बुला रहा है। जब उसने देखा कि उसे भगीरथ ने बुलाया है, तो वह उस व्यक्ति की खोज करने के लिए उत्सुक हो

गई जिसने उसे दिग्भ्रमित किया था। यह जानकर कि यह पद्मावती थी, वह क्रोधित हो गई। उसका रौद्र रूप देखकर पद्मावती डर के कारण जल रूप में द्रवित होकर एक बड़ी नदी बन गई, जो पूर्व की ओर बढ़ती हुई समुद्र में विलीन हो गई। गंगा ने अपनी वापसी की दूरी को

कम करने के लिए स्वयं को दक्षिण की ओर मोड़ लिया। यहाँ गंगा घुमावदार मार्ग अपनाती है। इसलिए इसे यहाँ 'उत्तरवाहिनी' कहा जाता है। काशी को मंदिरों की नगरी के रूप में जाना जाता है। कहा जाता है कि काशी सात पुरी में प्रमुख है। शेष पुरी–अयोध्या, मथुरा, हरिद्वार, कांची, उज्जैन और द्वारिका का पूर्व में उल्लेख किया गया है, लेकिन केवल काशी ही वास्तविक मोक्ष प्रदान करती है।

कवि पंडितराज जगन्नाथ ने 17वीं शताब्दी में गंगा से अपने उद्धार के लिए विनती करते हुए 'गंगालहरी', नामक काव्य की रचना की थी, जिसका भावार्थ है:

हे माँ! मैं एक बालक के रूप में तुम्हारी शरण में आता हूँ,
तुम प्रेम से परिपूर्ण हो, मैं अनाथ के रूप में आता हूँ,
मैं पतित मनुष्य तुम्हारी शरण में हूँ, तुम पावन विश्राम दाता हो
हम सबका उद्धार करो
मैं रुग्ण रूप में आता हूँ, तुम सिद्ध चिकित्सक हो,
मेरा हृदय अतृप्त है, तुम मधुर पेय सी बहती हो,
मैं तुम्हारी शरण में हूँ
तुम जो करो, सब स्वीकार है मुझको।

मुगल शासक शाहजहाँ के दरबार की सेवा करते हुए, पंडितराज ने एक मुस्लिम स्त्री से विवाह कर लिया था, जिसके कारण उन्हें ब्राह्मण जाति से निष्कासित कर दिया गया था। इस दौरान उन्होंने वाराणसी की यात्रा की और जब वे पंचगंगा घाट पर अपनी पत्नी के साथ स्नान करने गए, तो नदी भी उनसे दूर हो गई। तब उन्होंने 52 दिनों में 52 श्लोकों की रचना कर गंगा की स्तुति की, मुक्ति की प्रार्थना की और उसे वापस लाने के लिए हृदय से प्रयास किया। प्रत्येक श्लोक के साथ गंगा एक-एक चरण ऊपर आने लगी और अंतिम दिन, वह पंडितराज और उनकी पत्नी को अपने साथ ले गई।

गंगालहरी के सर्ग उनकी काव्यात्मकता का प्रमाण है। इनमें गंगा को अर्पित किए जाने वाली कुछ सबसे अधिक प्रचलित भक्ति स्तुति

भी सम्मिलित हैं। वे गंगा को, एक युवती, जो उर्वरता और उदारता का प्रतीक है, के बजाय मातृ रूप, जो क्षमा और करुणा का प्रतीक है, में वर्णित करते हैं। पंडित जगन्नाथ के विचार में, माता गंगा ने विष्णु के चरण कमलों और शिव की दिव्य जटाओं को, पतितों के उद्धार के लिए त्याग दिया है। वे शरद ऋतु के चंद्रमा के समान श्वेत वर्णी हैं और एक श्वेत मकर पर विराजमान है, श्वेत सर्प और अर्द्धचंद्र उनके मुकुट रूप में उनके शीश पर सुशोभित होते हैं; वे दोनों हाथों में मिट्टी का पात्र और कमल धारण किए हुए है, और अन्य दो हाथ अभय और आशीष देने की मुद्रा में उठे हुए हैं।

प्रसिद्ध कवि बोधिसत्व (मुंबई) ने इस प्रकरण को एक नया आयाम देते हुए लिखा है,

संस्कृत के कवि और फारसी बोलने वाली लड़की का प्रेम!
(यह कविता एक शोक पत्र है)

पंडित राज जगन्नाथ संस्कृत के कवि थे
वे दक्षिण भारत से भेट थे उत्तर को
भक्ति की तरह!
रहते थे काशी में गंगा के भक्त थे।

गंगा दर्शन गंगा पूजन जीवन था उनका
गंगा भक्ति ही उनका आचरण था!

सावन हो या भादौं
गंगा को देखे बिना नहीं रहते थे
जो भी मिले
उससे गंगा की महिमा कहते थे।

देश पर शाहजहाँ या औरंगजेब का शासन था
गंगा तब भी बहती थी
काशी की पसलियों में छिपा दु:ख पोछती हुई!

चित्र: नर्के राम यादव

गंगोत्री मंदिर (उत्तराखंड)

चित्र: नर्के राम यादव

गंगोत्री में भागीरथी (गंगा) का सीधा अवतरण

चित्र: जगदीश यादव

मछला कुंड (नीलधारा), हरिद्वार (उत्तराखंड)

चित्र: जगदीश यादव

गंगा आरती, हरिद्वार (उत्तराखंड)

चित्र: जगदीश यादव

शुक्रताल (शुक्रतीर्थ) में अक्षय वट (वटवृक्ष), मुजफ्फरनगर (उत्तर प्रदेश)

चित्र: जगदीश यादव

विदुर कुटी, बिजनौर (उत्तर प्रदेश)—महाभारत युद्ध के दौरान
महात्मा विदुर हस्तिनापुर से यहाँ आये थे।

चित्र: जगदीश यादव

गढ़मुक्तेश्वर, हापुड़ (उत्तर प्रदेश) में गंगा मंदिर

चित्र: जगदीश यादव

सोरों, कासगंज (उत्तर प्रदेश) में गंगा मंदिर

चित्र: जगदीश यादव

पांचाल देश की राजधानी कम्पिल में द्रौपदी कुण्ड

चित्र: जगदीश यादव

पांचाल घाट, दुर्वाशा ऋषि आश्रम, फर्रूखाबाद (उत्तर प्रदेश)

चित्रः जगदीश यादव

बिठूर, कानपुर (उत्तर प्रदेश) में ब्रह्मा मंदिर,
भारत के दो ब्रह्मा मंदिरों में से एक है।

चित्रः जगदीश यादव

श्रृंगवेरपुर (प्रयागराज–लखनऊ रोड) में–भगवान राम ने
अपने वनवास के दौरान गंगा यहाँ पार की थी।

चित्र: जगदीश यादव

संगम पर हनुमान की मूर्ति, प्रयागराज (उत्तर प्रदेश)

चित्र: जगदीश यादव

प्रयागराज (उत्तर प्रदेश) में कुम्भ

चित्र: जगदीश यादव

विंध्याचल में विंध्यवासिनी देवी मंदिर, मिर्जापुर (उत्तर प्रदेश)

चित्र: जगदीश यादव

वाराणसी (उत्तर प्रदेश) में काशी विश्वनाथ मंदिर

चित्र: जगदीश यादव

वाराणसी (उत्तर प्रदेश) में काशी आरती

चित्र: अपूर्वा शंकर

आरोहण स्थल, सुल्तानगंज (झारखंड)

चित्र: सुधीर हलदर

दक्षिणेश्वर, कलकत्ता (पश्चिम बंगाल)

चित्र: सुधीर हलदर

गंगा की मंजिल, गंगासागर (पश्चिम बंगाल)

विशेष आवरण
SPECIAL COVER
गंगा सागर 743373 GANGA SAGAR

विशेष आवरण - SPECIAL COVER
इलाहाबाद डाक टिकट प्रदर्शनी 2015
Allahabad Philatelic Exhibition 2015
इलाहाबाद - 211001 - ALLAHABAD
09-01-2015
गंगा-यमुना-सरस्वती संगम, इलाहाबाद - 211001
Ganga - Yamuna - Saraswati Sangam, Allahabad - 211001

कुम्भ मेला, प्रयागराज Kumbh Mela, Prayagraj
02.02.2019
प्रथम दिवस आवरण

विशेष आवरण
SPECIAL COVER

कुम्भ KUMBHA

भारत फिलिपीन्स: संयुक्त डाक टिकट
भारत INDIA
5.00
2009
GANGETIC DOLPHIN
(Platanista Gangetica)
20.00
भारत INDIA
2009
बुटोंडिंग
(राईनकोडोन टाइपस)
BUTANDING
(Rhincodon Typus)
India-Philippines: Joint Issue

भारत INDIA
2.00
वाराणसी के घाट GHATS OF VARANASI

भारत INDIA
5.00
वाराणसी शहर VARANASI CITY
2016

भारत INDIA
6.00
गंगा: जीवनदायिनी नदी
GANGA: THE RIVER OF LIFE
300
CALCUTTA
1990

भारत INDIA
5.00
GURUKULA KANGRI VISHWAVIDYALAYA, HARDWAR

एक दिन जब उफनाई थी काशी में गंगा
उन्होंने गंगा की सीढ़ियों पर एक मुसलमान लड़की को देखा
वह गंगा नहाने आई थी।

गंगा नहाते नहाते वह डूबने बहने लगी
उसने बचाव के लिए पुकारा फारसी में!

डूबने वाले की फरियाद की कोई भाषा नहीं होती
यह मर्म एक कवि से अधिक कौन समझ सकता था!

अपनी गंगा की स्तुति छोड़ कर जगन्नाथ कूद गए प्रवाह में उन्होंने
उस लड़की को गंगा में बह जाने से बचाया और किनारे ले आए।

फारसी और संस्कृत का एक मेल आरंभ हुआ गंगा की साक्षी में!

लड़की ने शुक्रिया कहा तो उन्हें ध्यान आया कि उन्होंने
एक यवन लड़की को डूबने से बचाया है!

'बचाओ' की करुण पुकार में जगन्नाथ भूल गए
कि एक मुसलमान लड़की डूब रही थी
जिसे वे बचा चुके हैं!

और लड़की जीवन पा कर
जा चुकी है!
गंगा बहती रहीं!

जगन्नाथ अशुद्ध हो गए थे एक यवनी को छू कर
उन्होंने खुद को शुद्ध करने के लिए प्रायश्चित किया
गंगा नहाए यज्ञ किया
पर शुक्रिया की आवाज भूल न पाए।

अगले दिन वह अनाम यवनी उन्हें फिर मिली
और फिर अदा किया शुक्रिया।

किन्तु आज वह बिना नहाए चली गई
जगन्नाथ उसे बिना नहाए जाते देखते रहे।

ऐसा ही चला कुछ दिन
कभी लहरतारा कभी मणिकर्णिका कभी दशाश्वमेध काशी की
गलियों में काशी के घाटों पर मिलती रही वह यवन लड़की
संस्कृत कवि जगन्नाथ को।

लड़की को पता चला कि उसके कारण अपवित्र हो गए हैं
जगन्नाथ तो उसने माफी माँगी उनसे
और बोली अब आपकी गंगा में न नहाऊंगी
गंगा की सीढ़ियों पर भी न आऊंगी
गंगा मैया भी कहीं अपवित्र न हो जाएं मुझे छूकर।

माफी माँग लूंगी देवी गंगा से अनजाने में उन में नहाने
जो उतर गई थी उस दिन!

उसके बाद वह यवन लड़की नहीं दिखी पंडित जगन्नाथ को
किन्तु जगन्नाथ को कुछ भी नहीं भूल रहा था उस लड़की का
उसका डूबना उसका बचाव के लिए पुकारना उसका गंगा को
त्याग कर चली जाना
फिर गंगा नहाने भी न आना!

जगन्नाथ भूल गए सारे छंद
जगन्नाथ भूल गए सारा व्याकरण
सारे रस
स्मृति में बह रही थी वह यवन लड़की!

एक दिन वे जा पहुंचे उसके घर तक
और उसे अपना मान कर साथ चलने को कहा
लड़की नहीं चाहती थी

जगन्नाथ को नष्ट करना
वह उनके साथ जाने को तैयार न थी
किन्तु हठ से हार गई उनके।

जो प्रेम हठ नहीं करता वो
बच नहीं सकता!

आगे इतना ही हुआ की यवनी से प्रेम जगन्नाथ को
नहीं रहने दिया हिन्दू
वे त्याज्य हो गए
उनकी कविता अब एक दूषित हिन्दू की कविता थी
उनके श्लोक अब अपवित्र हो गए थे
क्योंकि वे एक यवनी से एकमेक हो गए थे।

उनको प्रेम करने से उनके युग के बादशाह ने नहीं
काशी के लोगों ने रोका।

जगन्नाथ उस यवनी से नफरत करते तो
अपने समाज के शिखर होते
वे यवनों के नाश के छंद रचते तो
पावन पूज्य होते प्रखर होते!

वे तो यवनी को गंगा मान बैठे थे
और उनको उनके प्रेम का प्रसाद मिला जीवित मरण
उनको गंगा ने अपने हृदय में दिया शरण।

गंगा की लहरों में लुप्त हों जाने के
पहले अकेले पड़ गए कवि को प्रेम ने मारा
यह कैसा समाज है
जहाँ प्रेम ही हो जाता है हत्यारा!

जगन्नाथ ने लिखी गंगा की कहानी
जो आज गंगा की सबसे बड़ी वंदना है
एक अछूत कवि की अर्चना है

काशी में गंगा हार गई
काशी में संस्कृत हार गई
काशी में कवि हार गया
काशी में प्रेम हार गया!

काशी में गंगाधर मौन रह गए
कवि के प्रेम की रक्षा न कर पाए वे भी
काशी के कोतवाल सारे भैरव मूक हो गए
काशी में गंगा चूक गईं।

कवि के साथ काशी नहीं खड़ी हुई
प्रेमी के साथ काशी खड़ी नहीं हुई
नफरत करने की रीति वाले प्रबल थे काशी में!

प्रेम में डूबे कवि को डूब कर मरना पड़ा
जबकि डूबना चाहिए था काशी को
इस बासी नगर को बह जाना था
यवनी और जगन्नाथ के त्रास में
मिल जाना था धूल में बनकर चिता भस्म
उड़ जाना था आकाश में!

पर निर्लज काशी देखती रही प्रेम के अंत का तमाशा!

जगन्नाथ को शरण मिली कृष्ण के वृंदावन में
वहाँ मरण हुआ उनके शरीर का सूनेपन में
जैसे कृष्ण एकाकी मरे प्रभास में!

जगन्नाथ के बहिष्कार को शुद्धि
और उनके अपमान मरण को मोक्ष कहते काशी के पावन पंडे
जगन्नाथ का प्रेम उनके लिए अपावन था
इसलिए काशी में जगन्नाथ की न कोई पूछ थी
न कहीं आवन जावन था!

काशी में प्रेम करना निषिद्ध था
जबकि शिव गंगा का प्रेम विश्व प्रसिद्ध था
उसी काशी में!

उसी शिव की काशी में
गंगा एक यवनी और अपने एक भक्त कवि को पवित्र न कर पाई!
शिव प्रिया गंगा अपने भक्त जगन्नाथ को काशी में न बसा पाई
काम न आई काशी में शिव की प्रभुताई
फिर काशी में किसकी दी जाए दुहाई!

जिस त्रिशूल पर काशी टिकी है वही
शिव का त्रिशूल
प्रेम करने वालों को छाती में गड़ा है
हत्यारों का पक्ष आज भी बड़ा है!

डूबते को बचाने वाले मारे गए काशी में
प्रेम करने वाले मारे गए काशी में

काशी में गंगा की पश्चिमी धारा को पवित्र माना जाता है। प्रयाग, हरिद्वार और गंगासागर की तरह काशी में बहने वाली गंगा की धारा भी वैभवपूर्ण है। प्रयाग में गंगा पश्चिमी परनाला बन जाती है और यमुना को अपने साथ ले जाती है, लेकिन इस पश्चिमी परनाले में धारा बहुत कम है। दरअसल, काशी से 25 कि.मी. आगे जाने के बाद बलुआ में गंगा पश्चिमी परनाला बन जाती है। यहाँ से यह लगभग 6 कि.मी. पश्चिम की ओर बहती है और चंद्रावती में उत्तर की ओर मुड़ जाती

है। मकर संक्रांति के अवसर पर, बलुआ घाट पर ही पश्चिमवाहिनी मेला लगता है।

काशी लगभग 3,000 वर्षों से हिंदुओं का पवित्र तीर्थस्थल रहा है। स्कंद पुराण के काशी खंड के अनुसार, काशी के 12 नाम हैं–काशी, वाराणसी, अविमुक्त, आनंदकानन, महाश्मशान, रुद्रवा, काशिका, तपस्थली, मुक्ति भूमि (क्षेत्रपुरी) और शिवपुरी (त्रिपुरारी राजनगरी)। काशी और गंगा की महानता के विषय में स्कंद पुराण में कहा गया है, 'जो पृथ्वी पर होते हुए भी, पृथ्वी से संबंधित नहीं है (साधारण पृथ्वी नहीं–तीनों लोकों से अलग), जो नीचे स्थित होते हुए भी स्वर्गीय लोकों में स्थित है, वह संसार से अधिक प्रतिष्ठित और उच्च है, जो ब्रह्मांडीय सीमाओं से बंधा हुआ है, जो सभी के बंधन को काटने वाला है, जो हमेशा त्रिलोक पावनी भगवती भागीरथी के तट पर सुशोभित है और देवताओं से सुशोभित है, वह त्रिपुरारी, सम्पूर्ण सृष्टि के विनाश के लिए भगवान विश्वनाथ का राजसी नगर है।'

यह नगर भगवान शिव के त्रिशूल पर स्थित है और प्रलय में भी नष्ट नहीं हुआ था। इसका नाम 'काशी' मूल रूप से 'काश' से बना है, जिसका अर्थ है प्रकाशित करना या होना। इस प्रकार, यह निर्वाण के मार्ग और मनुष्य के उद्धार के मार्ग को प्रकाशित करता है। यहाँ भगवान शिव की सर्वोच्च शक्ति आलोकित होती है। काशी में मरने से मनुष्य को मोक्ष की प्राप्ति होती है जहाँ शरीर त्याग कर आत्मा जन्म-मरण के चक्र से मुक्त हो जाती है। भगवान शिव नश्वर प्राणियों के लिए तारक मंत्र का उच्चारण करते हैं, जो उन्हें दर्शन प्रदान करता है और उन्हें ब्रह्म रूप को प्राप्त करने में सहायता करता है।

ब्रह्म पुराण और कूर्म पुराणों के अनुसार यह भूमि दो प्राचीन नदियों, वरुण और असी के बीच स्थित है, जो एक समय में यहाँ बहती थीं, इसलिए इसे 'वाराणसी' नाम दिया गया है। दोनों नदियाँ गंगा में मिलती थीं और इसीलिए वाराणसी में 'वरुण संगम घाट' और 'असी संगम घाट' बनाए गए हैं। जबलोपनिषद में, वरुण नदी को गर्तनाशिनी और असी को पापनाशिनी कहा गया है।

भगवान शिव अपनी प्रिय काशी को 'आनंदकानन' कहते हैं। काशी का दूसरा नाम 'शमशान' और 'महाश्मशान' है, क्योंकि भक्त इस परम पावन भूमि पर लेटकर, मृत्यु के बाद सांसारिक बंधनों से मुक्ति प्राप्त करते हैं। कई लोग काशी को एक प्राचीन नगर मानते हैं, जिसे गंगा की धारा द्वारा पवित्र किया गया है, जो शिव की जटाओं में निवास करती है। जब शिव यहाँ निवास करते थे, तो गंगा की धारा उनकी जटाओं से निकलकर काशी की भूमि पर गिरती थी। पहले इसे देवताओं की माधवपुरी भी कहा जाता था, जिसका वर्णन वेदों में भी मिलता है।

पद्म पुराण में स्वयं भगवान शंकर ने कहा है कि 'अविमुक्त एक प्रसिद्ध मायावी भूमि है और यहाँ एक संहारक के रूप में रहकर, मैं सृष्टि का विनाश करता हूँ'।

अविमुक्त उस पवित्र स्थान को संदर्भित करता है, जो विश्वेश्वर के मंदिर में चारों दिशाओं तक फैला हुआ है। काशीखंड में इसका क्षेत्र पंचकोश तक ही सीमित रहा है, लेकिन यहाँ अविमुक्त का मतलब काशी है। उस काशी क्षेत्र से, जिसका पूरा घेरा पश्चिम में गोकर्णेश से लेकर पूर्व में गंगा की मध्य धारा तक और उत्तर में भरभूत से लेकर दक्षिण में ब्रह्मकोश तक फैला हुआ है। भागीरथी के बाएँ किनारे पर काशी तीन मील तक अर्द्धचंद्र के रूप में फैली हुई है और लगातार विस्तार ले रही है।

पुराणों के अनुसार, वाराणसी को उत्तर से दक्षिण में वरुण और असी नदियों, पूर्व में गंगा और पश्चिम में विनायक मंदिर से घिरा हुआ कहा जाता है। गंगा भी धनुषाकार में विस्तार करती है। इसी प्रकार अन्य शास्त्रों में भी इसका वर्णन मिलता है। कुछ शास्त्रों में काशी और वहाँ बहने वाली नदियों के संबंध में रहस्यमय संकेत भी मिलते हैं। काशी खंड के अनुसार असी को इड़ा, वरुण को पिंगला और अविमुक्त को सुषुम्ना कहा गया है और इन तीनों का संयुक्त रूप ही काशी है। हालाँकि, लिंग पुराण में, असी, वरुण और गंगा को क्रमशः पिंगला, इड़ा और सुषुम्ना कहा गया है।

काशी का कण-कण शिव और गंगा में समाया हुआ है। इसलिए यहाँ आकर भक्त पाप से मुक्त हो जाते हैं। काशी में प्रवेश करते ही

भगवान शिव स्वयं ब्रम्ह हत्या से मुक्त हो गए। ब्रह्मा का सिर, उनके द्वारा काटा गया था और उनके हाथों पर चिपककर, यहाँ गिर गया था, उस स्थान को 'कपालतीर्थ' कहा जाता है। काशी की महानता को जानकर, भगवान शिव ने भगवान विष्णु से इसकी याचना की, जिन्हें बिंदुमाधव के नाम से जाना जाने लगा।

मंदिरों की इस नगरी में भगवान शिव का विश्वनाथ नाम का ज्योतिर्लिंग है। काशीखंड में 64 शिवलिंगों का वर्णन है। चीनी यात्री ह्वेनसांग ने यहाँ 100 मंदिरों के दर्शन किए थे, जिसमें एक मंदिर में भगवान महेश्वर की 100 फीट ऊँची ताँबे की मूर्ति भी थी, किन्तु आक्रमणकारियों ने काशी को नष्ट कर दिया। हालाँकि, औरंगजेब के शासनकाल के 100 साल बाद भी तीर्थयात्रियों की सुविधा के अनुसार शिवलिंग को इधर-उधर घुमाया गया, लेकिन यह अमिट रहा। औरंगजेब ने इसका नाम मुहम्मदाबाद रखा, लेकिन काशी की महिमा और वैभव को नष्ट नहीं कर सका। कुछ समय बाद काशी अपने पूर्व रूप में फिर से स्थापित हो गई।

भगवान शिव और गंगा काशी को नष्ट नहीं होने देते। इसलिए काशीवासियों के लिए गंगा में स्नान करने के बाद प्रतिदिन विश्वनाथ के दर्शन करना अनिवार्य है। काशी में गंगा सभी मनुष्यों के बीच जाति और पंथ के भेद को दूर करती है। मणिकर्णिका घाट पर स्थित ब्रह्मवेला में प्रतिदिन प्रातः गंगा स्नान करने से जीवों द्वारा ग्रहण की गई अशुद्धियाँ धुल जाती हैं।

भगवान विष्णु, दंडपाणि, महेश्वर, धुंडीराज, ज्ञानवापी, नंदिकेश्वर, तारकेश्वर, महाकालेश्वर, विश्वनाथ और अन्नपूर्णा के मंदिर के दर्शन करने के बाद, दैनिक यात्रा अक्सर गंगा में स्नान करके पूर्ण होती है।

अंतर्वेदी परिक्रमा

प्रातः स्नान करने के बाद श्रद्धालु पंचविनायक, विश्वनाथ और निर्वाण मंडप में जाते हैं। अनुष्ठान पूरा करने के बाद, वे मणिकर्णिका घाट पर स्नान करते हैं और मौन में मणिकर्णिकेश्वर की पूजा करते हैं। फिर

अन्य तीर्थों और देवताओं के दर्शन करने के बाद, यात्रा मौन पूर्वक विश्वनाथधाम पर समाप्त होती है।

वे लोग जो नियमित रूप से अंतर्वेदी परिक्रमा नहीं कर सकते या जो नियमित रूप से यात्रा करने में सक्षम नहीं हैं, वे हर दिन मणिकर्णिका में गंगा स्नान करते हैं और धुंडीराज गणेश, विश्वनाथ और कालभैरव के दर्शन करते हैं। महत्वपूर्ण पंचकोशी के यात्रा मार्ग की लंबाई लगभग 75 से 80 कि.मी. है। इस मार्ग पर सैकड़ों मंदिर, धर्मशालाएँ आदि हैं।

तीर्थयात्री या निवासी काशी की परिक्रमा एक अर्द्धवृत्त में करते हैं जिसका केंद्र मणिकर्णिका घाट है, और पंचकोश त्रिज्या है। यह यात्रा आमतौर पर किसी भी समय की जा सकती है, लेकिन मार्गशीर्ष और फाल्गुन महीनों के दौरान इसका विशेष महत्व है। यह यात्रा पाँच दिनों में पूरी की जा सकती है। पहले दिन, मणिकर्णिका घाट पर स्नान करने के बाद, भक्त गंगा के किनारे चलते हैं और असी घाट के पास मणिकर्णिका घाट से लगभग दस कि.मी. दूर खांडवा (कंडवा या कदवा) नामक गाँव में पहुँचते हैं। दूसरे दिन, वे धूपचंडी से लगभग 16 कि.मी. चलकर धूपचंडी मंदिर पहुँचते हैं। तीसरे दिन, वे करीब 23 कि.मी. पैदल चलकर रामेश्वर गाँव पहुँचते हैं। चौथे दिन, शिवपुर जाते हैं, जो करीब 13 कि.मी. दूर है।

पाँचवें दिन, वे लगभग दस कि.मी. दूर कपिलधारा पहुँचते हैं और अपने पूर्वजों का श्राद्ध करते हैं। छठे दिन, वरुण संगम से होकर, लगभग दस कि.मी. की यात्रा करने के बाद, वे मणिकर्णिका घाट पर आते हैं, गंगा में स्नान करते हैं और पुजारियों को दान और दक्षिणा देते हैं। इसके बाद, वे विनायक मंदिर जाते हैं और इस तरह उनकी पंचकोशी यात्रा पूरी होती है। यात्रा के दौरान, तीर्थयात्री विभिन्न देवताओं के दर्शन कर, अंत में दंडपाणि और कालभैरव के दर्शन का लाभ ले सकते हैं।

काशी में पाँच प्रमुख घाट हैं, मणिकर्णिका घाट, वरुण संगम घाट, पंचगंगा घाट, दशाश्वमेध घाट, असी-संगम घाट जिन्हें सामूहिक रूप से

पंचतीर्थ कहा जाता है। इनके अलावा गंगा के किनारे लगभग 50-60 घाट हैं। तीर्थयात्री आमतौर पर मणिकर्णिका या दशाश्वमेध घाट पर स्नान करते हैं। इन घाटों का एक अलग ही महत्व है।

पश्चिम से आने वाली वरुण नाम की एक छोटी नदी, वरुणा, संगम घाट पर गंगा में मिल जाती है। वरुण नदी के बाएँ किनारे पर वशिष्ठेश्वर और ऋतेश्वर शिव मंदिर हैं। वरुण और गंगा के संगम के पास, विष्णुपादोडक और श्वेतद्वीप मंदिर हैं।

पंचगुण घाट के संबंध में प्रचलित है कि यमुना, सरस्वती, वरुण और धूमतापा नदियाँ, यहाँ गंगा से मिलती हैं, हालाँकि इनमें से दो अदृश्य हैं। पाँच नदियों के इस संगम को अलग-अलग युगों में अलग-अलग नामों से जाना जाता था, जैसे सतयुग में धर्ममाया, त्रेता युग में धूतपटक, द्वापर युग में बिंदुतीर्थ और कलियुग में पंचानद।

मणिकर्णिका घाट को 'वीरतीर्थ' भी कहा जाता है। इस घाट के ऊपर मणिकर्णिका कुंड है। इसके चारों ओर सीढ़ियाँ हैं और उन सीढ़ियों से नीचे जाकर जल प्राप्त किया जा सकता है। प्रत्येक आठवें दिन, इस कुंड के पानी की जगह स्वच्छ जल की एक धारा अपने आप आती है, इस प्रकार मणिकर्णिका घाट पर स्नान करने से जीवों के पाप नष्ट हो जाते हैं। भगवान शिव ने मणिकर्णिका घाट के शीतल जल में स्नान किया था और वरदान दिया था कि यह तीर्थ अन्य सभी तीर्थों में उच्च कोटि का होगा। इसलिए इसे काशी का सबसे पवित्र तीर्थ और इसके धार्मिक और सांस्कृतिक जीवन का केंद्र माना जाता है। इस घाट के बारे में एक बहुत ही रोचक कहानी है।

एक बार, भगवान विष्णु ने अपने चिंतन और ब्रह्मांडीय शक्ति से यहाँ एक पुष्करिणी (एक कुआँ) बनाई और लगभग 50,000 वर्षों तक घोर तपस्या की। उनकी तपस्या से भगवान शिव प्रसन्न हुए। उन्होंने भगवान विष्णु के सिर का स्पर्श किया, जिनका रत्न जड़ित कर्णभूषण (कान का आभूषण) नीचे के पानी में गिरा। इस कारण से, इस स्थान को 'मणिकर्णिका' नाम मिला, जिसका शाब्दिक अर्थ है एक रत्न जडित कान का आभूषण।

काशी खंड के अनुसार, यहाँ भगवान शिव अपनी मृत्युशय्या पर पड़े भक्तों के कानों में 'तारक मंत्र' फूँकते हैं और उनकी मुक्ति का मार्ग प्रशस्त करते हैं। इसी कारण यहाँ स्थित शिव मंदिर का नाम 'तारकेश्वर' पड़ा है।

दशाश्वमेध घाट काशी का एक प्रमुख घाट है, जहाँ ब्रह्मा ने 10 अश्वमेध यज्ञ किए थे, इसलिए इसे दशाश्वमेध घाट कहा जाता है। पहले इस स्थान को पानी के नीचे रुद्रसर कहा जाता था। रुद्र सरोवर मंदिर यहीं स्थित है। यहाँ स्थित एक अन्य मंदिर में गंगा, यमुना, सरस्वती और अन्य देवताओं की मूर्तियाँ हैं।

एक नदी, असी, असी-संगम घाट पर गंगा में मिलती है। इसे हरिद्वार तीर्थ भी कहा गया है, जहाँ कार्तिक कृष्ण के दिन स्नान करने का विशेष महत्व है।

काशी के दर्शन करने मात्र से ही इस जीवन के पाप नष्ट हो जाते हैं। विभिन्न पवित्र स्थानों में स्नान करने से भी व्यक्ति पूर्व जन्मों के पापों से मुक्ति पा सकता है। काशी खंड का, काशी और गंगा के संबंध में विशेष महत्व है क्योंकि यह काशी में स्थित तीर्थों के इतिहास और महत्व का विस्तार से वर्णन करता है। कुछ विद्वान इसे 'काशी प्रदर्शिका' भी कहते हैं। काशी खण्ड में तीन प्रकार के तीर्थों का वर्णन किया गया है—जंगम, मानस और स्थावर।

ब्राह्मण और गाय चल तीर्थ या जंगम तीर्थ हैं; सत्य, क्षमा, दया, दान, आर्जव, सन्तोष, ब्रह्मचर्य, धैर्य, तपस्या आदि मानसिक तीर्थ या मानस तीर्थ हैं; और गंगा, अक्षय वट, अन्य पवित्र वृक्ष, गिरि, कानन, समुद्र, काशी, पुरी अचल तीर्थ या स्थावर तीर्थ हैं।

इनके अलावा किसी महात्मा ने जहाँ कहीं अवतार लिया है, उसे भी तीर्थ माना जाता है। इस प्रकार भारतवर्ष की पावन भूमि में ऐसे असंख्य स्थान हैं, जो पुण्यस्थान हैं। फलतः तीर्थों को पुण्य कहा जाता है, जहाँ महापुरुषों के सत्संग से ज्ञान, बुद्धि और अच्छे कर्मों की वृद्धि होती है।

वैसे तो काशी भगवान शिव की नगरी है, लेकिन यहाँ सभी संप्रदायों की गंगा बहती है, जो शहर की सीमा पर पहुँचते ही एक हो जाती है। काशी खण्ड में काशी में कुल शिवलिंगों की संख्या 511 बताई गई है, जिनमें से 287 मुख्य शिवलिंग हैं। इसके अलावा, सात नदियाँ, गंगा के तट पर पाँच मुख्य तीर्थ, 14 ताल और झीलें, दो वापियाँ, 29 कुएँ, दो स्तंभ, 32 तपस्थल और स्थलतीर्थ और दो गुफाएँ हैं।

काशी में हर स्थान का अपना महत्व है। आज भी दूर-दराज के क्षेत्रों से लोग अपने जीवन के अंतिम प्रवास में मुक्ति पाने के लिए यहाँ आते हैं, जैसा कि हजारों सालों से परंपरा रही है। 8वीं शताब्दी के एक शिलालेख से पता चलता है कि लोग यहाँ मोक्ष प्राप्ति के लिए ध्यान करते थे। गुप्त काल के दौरान, बनारस की पवित्रता और मोक्ष के निवास के रूप में यह प्रतिष्ठित था और इस काल में यहाँ लोगों की आस्था दृढ़ हो गई थी। अग्नि पुराण के अनुसार, स्नान, जप, हवन, देव पूजा, श्राद्ध, दान और यहाँ वास करना मुक्ति के कार्य हैं।

मत्स्य पुराण में लिखा है, 'हे विशालाक्षी, जहाँ देवता हैं, जहाँ देवी हैं, गंगा नदी है, मिष्ठान्न है और शुभता है, ऐसे वाराणसी में किसकी रुचि नहीं होगी।'

पुराणों में भले ही मुक्ति के बारे में अलग-अलग मत हैं, लेकिन 'कश्यम मरणामुक्ति' यानी 'काशी में मृत्यु से मुक्ति' के बारे में कोई संदेह नहीं है। कुछ लोग काशी को मुक्तिक्षेत्र मानते हैं, लेकिन काशी आत्ममुक्त है, क्योंकि उसमें सात पुरी का निवास है। अन्य तीर्थों पर योग का निरंतर अभ्यास करने से योगी सैकड़ों जन्मों में भी मोक्ष प्राप्त कर सकता है या नहीं, यह नहीं कहा जा सकता, लेकिन काशी में बिना प्रयास के मृत्यु मात्र से ही मोक्ष का लाभ मिलता है।

काशी खण्ड में भी जन्म-मरण से मुक्ति के सम्बन्ध में कहा गया है, 'काशी में समय पर शरीर त्यागने वाले प्राणी, सांसारिक वासनाओं में लिप्त होकर, धर्म का त्याग करके भी पुनः संसार में प्रवेश नहीं करते,

इसलिए सयुज्य मुक्ति ही संभव है। काशी में मरने वालों को अनायास ही मुक्ति मिल जाती है।'

देह त्याग के लिए काशी संसार में सर्वोत्तम स्थान है, और उस उद्देश्य के लिए हजारों लोग यहाँ आते हैं। यहाँ मरना निश्चित रूप से कर्म के चक्र और संसार में अंतहीन पुनर्जन्मों से मुक्त होना है। काशी में मरना इतना फलदायक है कि जिसने भी देह के सभी सुखों का आनंद लिया है, वह बिना तपस्या या यज्ञ के मुक्त हो जाएगा।

अब भी काशी में 'लाभ मुक्ति भवन' नामक एक गेस्ट हाउस है जहाँ मृत्यु की प्रतीक्षा करने वाला व्यक्ति रह सकता है, लेकिन केवल 15 दिनों के लिए। इस अनोखे गेस्ट हाउस के प्रबंधक भैरव नाथ शुक्ला का कहना है कि उन्होंने 44 वर्ष के अपने सेवाकाल में, इस भवन में 12,000 से अधिक मौतें देखी हैं। अपने अनुभव को साझा करते हुए, वे सबसे यादगार पंक्ति का उल्लेख करते हैं–'नश्वर दुनिया से प्रस्थान करने से पहले सभी विवादों से छुटकारा पाएँ।'

हालाँकि, काशी में रहकर जो व्यक्ति पाप करता है वह यातना पाता है। दंडपाणि भैरव ऐसे लोगों को भगवान शिव के आदेश के अनुसार काशी से बाहर निकालते हैं। जो लोग काशी में पाप करते हैं और कहीं और मर जाते हैं, उन्हें भी शिवगण द्वारा प्रताड़ित किया जाता है और वे हजारों वर्षों तक कालभैरव द्वारा दी गई भैरव यातना को भोगते हैं। वे फिर से मानव रूप में जन्म लेते हैं और काशी में मरने के बाद, वे अंतत: तारक मंत्र को श्रवण कर मोक्ष प्राप्त करते हैं।

पौराणिक और ऐतिहासिक ग्रंथ काशी और वाराणसी को अलग मानते हैं। अस्थायी रूप से, धर्मक्षेत्र काशी वाराणसी जिले में स्थित है, जिसकी राजधानी वाराणसी है। आध्यात्मिक रूप से, काशी शिव का स्थायी निवास है, जो भगवान शिव के त्रिशूल पर स्थित है। इस अलौकिक दृष्टि से काशी अविनाशी है।

पहले के समय में इस जिले का नाम काशी था जिसकी राजधानी वाराणसी थी। रामायण और महाभारत में भी काशी को जनपद कहा गया है और उस समय इसे वैदिक सनातन धर्म का तीर्थ स्थल नहीं

माना जाता था। धर्मतीर्थ होने का यह सम्मान इसे कालांतर में प्राप्त हुआ और तभी काशी और वाराणसी एक दूसरे के पर्याय बन गए। आज काशी सनातन धर्म का सबसे मान्यता प्राप्त तीर्थ है और इस विशेषाधिकार के कई कारणों में से एक गंगा है जो सभी को शुद्ध करती है।

पुराणों में काशी को मोक्षपुरी में श्रेष्ठ माना गया है। अग्नि पुराण के अनुसार काशी पूर्व-पश्चिम में ढाई योजन (10 कोस) लंबी और दक्षिण-उत्तर में आधी योजन (दो कोस) चौड़ी है। स्वयं भगवान शिव ने काशी को वरुण से सूखी असी नदी तक फैला हुआ बताया है। काशी उत्तर प्रदेश के पूर्वांचल में उत्तरवाहिनी गंगा के पश्चिमी तट पर स्थित है, जहाँ अध्यात्म, धर्म और मोक्ष कण-कण में निवास करते हैं। यह धार्मिक और वैचारिक दृष्टि से भी भारत का प्रतिनिधि है। यह गौतम बुद्ध, महावीर और पार्श्वनाथ का धर्मक्षेत्र है।

काशी स्टेशन के पास राजघाट पर गंगा नदी पर एक पुल स्थित है, जहाँ से गंगा की दूरी नगण्य है। यहाँ से चौड़ी सड़क और गंगा के बीच के हिस्से को पक्का महल कहा जाता है। शेष भाग को आज भी कच्चा महल कहा जाता है। काशी के अधिकांश मंदिर, मठ और संस्कृत विद्यालय पक्का महल में स्थित हैं। अधिकांश लोग, विशेष रूप से तीर्थयात्री, पंडित-पुजारी, सन्यासी या विधवाएँ इस स्थान पर रहना पसंद करते हैं क्योंकि यहाँ से गंगा और मंदिर पास में हैं। यह क्षेत्र राजघाट से अस्सी क्षेत्र तक लगभग 8 कि.मी. लंबा है, जिसके आगे काशी के ऐतिहासिक वैभव को दर्शाते हुए बड़े-बड़े घाट, मंदिर और महल स्थित हैं।

पुराणों के अनुसार, काशी राज्य की स्थापना ऐल (चंद्रवंश) के क्षेत्रवृद्ध नामक राजा ने की थी। उपनिषदों में काशी के राजा का नाम अजातशत्रु है। हालाँकि, महाभारत के अनुसन पर्व के अनुसार, महाराज सुदेव के पुत्र सम्राट दिवोदास ने गंगा के तट पर काशी की स्थापना की थी। दिवोदास धन्वंतरी के पौत्र थे, जिन्होंने काशी क्षेत्र पर आक्रमण कर, भद्रश्रेण्य के सौ पुत्रों को मारकर काशी पर अपना

आधिपत्य स्थापित कर लिया। तब भगवान शिव ने क्रोधित होकर अपने गण निकुंभ को काशी को नष्ट करने के लिए भेजा और काशी हजारों वर्षों तक खंडहर के रूप में पड़ा रहा। भगवान शिव ने स्वयं काशी का भ्रमण किया और यहाँ वास किया और इसकी पवित्रता को समृद्ध किया।

एक अन्य कथा के अनुसार, भगवान शिव ने यह अनुभव किया कि पार्वती को हिमालय में रहना रुचिकर नहीं लगता। पार्वती की प्रसन्नता के लिए उन्होंने हिमालय छोड़कर कहीं और बसने का मन बना लिया। उन्हें काशी बहुत अच्छी लगी। उन्होंने अपने गण निकुंभ को काशी को साफ करने का आदेश दिया, जिसे दिवोदास ने बसाया था। भगवान शिव अपने गणों के साथ वहीं रहने लगे। उनकी उपस्थिति में देव और नाग भी वहीं बस गए। दुःखी होकर दिवोदास ने तपस्या की और ब्रह्मा से वरदान माँगा कि 'देवता अपने स्वर्गलोक में रहें और पृथ्वी मनुष्यों के लिए रहे।' ब्रह्मा मान गए लेकिन भगवान शिव यहाँ विश्वेश्वर के रूप में बस गए और बाकी देवता श्री विग्रह के रूप में स्थापित हो गए।

मंदराचल पर्वत पर जाने के बाद भी शिव का काशी के प्रति आकर्षण कम नहीं हुआ। उन्होंने दिवोदास को वहाँ से निकालने के लिए 64 योगिनियों को भेजा लेकिन दिवोदास ने उन्हें घाटों पर स्थापित कर दिया। सूर्य ने जब काशी का दर्शन किया तो वह भी 12 रूपों में वहीं बस गया। भगवान शिव से प्रेरित होकर, ब्रह्मा भी उनके पास आए, दिवोदास की मदद से 10 अश्वमेध यज्ञ किए और वहीं बस गए।

काशी के लिए भगवान शिव का मोह प्रबल बना रहा। यह देखकर ब्रह्मा ब्राह्मण के वेश में आए और दिवोदास को ज्ञान प्रदान किया, जिससे दिवोदास का मन संसार से विरक्त हो गया। फिर, वे स्वयं शिव को मंदराचल पर्वत से काशी ले आए और वहाँ उनकी स्थापना की। तब से भगवान शिव काशी के कण-कण में विराजमान है। काशी में ही शिव को ब्रम्ह हत्या के पाप से मुक्ति मिली थी। विद्वान, शिव को वैदिक देवता और सनातन धर्म को वैदिक धर्म का रूपांतरण मानते

हैं। बहुत पहले, काशी गैर-आर्यों का क्षेत्र था और शिव गैर-आर्यों के देवता थे। हालाँकि, भगवान शिव के काशी को अपनाने से पहले, काशी एक वैष्णव क्षेत्र था। हर युग में, इस क्षेत्र से बहने वाली गंगा ने मानव निर्वाण का मार्ग प्रशस्त किया है और भगवान शिव के सर्वोच्च अस्तित्व को प्रकाशित किया है। लेकिन काशी केवल हिंदुओं के लिए ही नहीं बल्कि बौद्धों और जैनियों के लिए भी श्रद्धा का स्थान है।

भगवान बुद्ध ने अपना पहला उपदेश इसी भूमि पर दिया था। यहीं पर जैन धर्म के तीन तीर्थंकरों का जन्म हुआ था। काशी की सभ्यता और संस्कृति का वर्णन विभिन्न शास्त्रों में मिलता है। न केवल भारतीय बल्कि भारत आने वाले विदेशी यात्रियों ने भी काशी के वैभव का आकर्षक विवरण दिया है।

राजा हरिश्चंद्र अपनी सत्यवादिता के लिए प्रसिद्ध थे। उनका सत्य की परीक्षा काशी में ही ली गई थी, जब विश्वामित्र ने दान में उनका पूरा साम्राज्य ले लिया था। तब राजा हरिश्चंद्र काशी आए। यहाँ एक ब्राह्मण के घर में गृहकार्य करने के लिए उन्होंने अपनी पत्नी को बेच दिया और स्वयं को चांडाल को बेचकर ऋषि को दक्षिणा देकर अपने धर्म का पालन किया।

जब चीनी यात्री व्हेनसांग ने इस शहर का भ्रमण किया, तब 7वीं शताब्दी के उत्तरार्द्ध में इस पर हर्षवर्धन का शासन था। उस समय, काशी घनी आबादी वाला नगर था, जिसमें कुछ बौद्ध थे, लेकिन ज्यादातर आम आदमी और अन्य धर्मों के अनुयायी थे। जिले में 30 बौद्ध विहार थे, जहाँ समिति निकाय के 3,000 से अधिक भिक्षु निवास करते थे। प्रजा बहुत धनी, संस्कारी और ज्ञानी थी।

दूसरी शताब्दी ईसा पूर्व से वाराणसी संसार का एक प्रमुख शहर था। यह बात बौद्ध स्रोतों, गलाक जातकों से ज्ञात होती है। बनारस यानी वाराणसी के व्यापारी रेशमी कपड़े, सौंदर्य प्रसाधन, सजावटी वस्तुओं और कलाकृतियों की बिक्री के लिए समुद्री यात्राएँ करते थे। उनके माध्यम से वाराणसी की ख्याति दूर-दूर तक फैली और वाराणसी के साथ-साथ गंगा की महिमा भी दूर-दूर तक व्याप्त हुई।

10वीं शताब्दी तक, मगध गुप्त वंश, पाल वंश, कलचुरी वंश, गुर्जर प्रतिहार और गढ़वाल वंश ने उत्तर भारत के मध्य क्षेत्र में शासन किया था, लेकिन 1033 ई. में, कलचुरी राजा गंगेदेव मध्य देश पर शासन कर रहे थे। उसी समय महमूद गजनवी ने वाराणसी पर आक्रमण किया, लेकिन 11वीं शताब्दी के अंत तक गढ़वालों का उदय हुआ, जो लगभग 100 वर्षों तक चला। जब गढ़वालों ने वाराणसी को अपनी दूसरी राजधानी बनाया, तो यह शहर धार्मिक, सांस्कृतिक और व्यावसायिक संबंधों की दृष्टि से प्रमुख हो गया।

सन 1194 ई. में, मुहम्मद गोरी ने गढ़वाल शासकों को हराया और वाराणसी के मंदिरों को नष्ट कर दिया। इस पराजय के साथ ही पूरे उत्तर भारत में तुर्कों का शासन स्थापित हो गया। इसके बाद वाराण ासी को विदेशियों के लगातार आक्रमणों का सामना करना पड़ा। कई मंदिर ध्वस्त हुए और उनका पुनर्निर्माण किया गया, लेकिन वाराणसी की आध्यात्मिक और सांस्कृतिक विरासत का महत्व कम नहीं हुआ।

औरंगजेब के पतन ने दिल्ली पर मुगलों की पकड़ को कमजोर कर दिया और सन 1737 में, वाराणसी की जमींदारी को एक हिंदू शासक को सौंप दिया गया, जो अवध के नवाब के निर्देशों के अनुसार यहाँ स्थानीय सरकार चलाते रहे।

काशी में साधना करने वाले साधकों की कथाओं में से एक कथा आज भी प्रचलित है। 19वीं शताब्दी में बनारस में सुदर्शन नाम का एक साधक था। वह देवी दुर्गा का अनन्य भक्त था। एक बार, ब्रम्ह मुहूर्त में, गंगा में आधा डूबा हुआ, वह जप करने में लीन था। उस समय एक बलवान व्यक्ति अपनी नाव में सवार हो वहाँ से गुजरा। बलवान ने हल्के स्वर में सुदर्शन से प्रश्न किया: 'गंगा के तल में क्या है?' सुदर्शन ने कहा, 'खरगोशों की एक जोड़ी के अलावा क्या हो सकता है?' और वह उदास होकर देखता रहा।

सुदर्शन के रूखे स्वर से क्षुब्ध होकर बलवान ने अपने सेवकों को तीन बार गंगा में मछली पकड़ने का जाल फेंकने का आदेश दिया, और कहा कि, 'यदि कोई खरगोश जाल में फँस गया है, तो इस व्यक्ति

को रत्न, स्वर्ण और धन भेंट करें, अन्यथा मुझसे बचने के लिए उसे मेरा सामना करना पड़ेगा।' वहाँ उपस्थित लोग डर से काँपने लगे। कुछ लोगों ने सुदर्शन को क्षमा याचना करने की सलाह दी, लेकिन उसने अपना रुख नहीं बदला और युद्ध की सम्भावना को अनदेखा कर दिया। जाल फैलाया गया। पहले दो प्रयास व्यर्थ साबित हुए। लेकिन सुदर्शन को कोई चिंता न थी। बलवान व्यक्ति का गुस्सा कम न हुआ, उसने अपने सेवकों को तीसरी और आखिरी बार जाल फेंकने के लिए कहा। इस बार, जाल में पैर चलाते हुए दो खरगोश थे। बलवान को इस युद्ध में अपनी हार पर विश्वास ही न हुआ। वह सार्वजनिक रूप से अपमानित हुआ और आक्रोश से भर रहा था।

किन्तु उसने अपनी पराजय स्वीकार कर श्रद्धा से सुदर्शन के चरणों में प्रणाम किया और कहा, 'आप एक सिद्ध पुरुष हैं। कृपया मुझे क्षमा करें।' उसने अपने सेवकों से साधक को जो कुछ भी संभव हो, देने के लिए कहा। इस पर सुदर्शन ने कहा, 'माँ मेरी देखभाल करेंगी, मुझे आपकी भिक्षा की आवश्यकता नहीं है!' इसके बाद वह तेजी से आगे बढ़ा और शीघ्र ही काशी की संकरी गलियों की भूलभुलैया में खो गया। अचानक उसके गाल पर एक जोर का चाँटा पड़ा। वह अवाक रह गया। चाँटा मारने वाली एक दयालु स्त्री थी। उसने हँसते हुए कहा, 'तुम भोले हो और ऐसे ही रहोगे; क्या तुम खरगोश के अलावा कुछ और नहीं सोच सकते थे? देखो, मेरे हाथों में चोट के निशान और मेरी फटी हुई साड़ी! तुम्हारे वचन का मान रखने के लिए, मुझे चुनार के जंगल में खरगोशों के एक जोड़े को पकड़ना पड़ा।' सुदर्शन की आँखों से अश्रुधार बहने लगी, वह माँ दुर्गा के चरणों में गिर पड़ा और उनसे क्षमा और कल्याण करने की प्रार्थना करने लगा।

काशी में भी कई तीर्थ हैं जिनमें से एक उल्लेखनीय है। काशी में दुर्गाकुंड में एक विशाल दुर्गा मंदिर है, जो काशी खंड में वर्णित दुर्गा स्तोत्र से जुड़ा है। विश्वेश्वर मंदिर से लगभग 1.5 कि.मी. उत्तर में भैरवनाथ का मंदिर है, जिसे काशी का कोतवाल कहा जाता है।

काशी के आस-पास रामनगर, सारनाथ, चंद्रावती, मार्कंडेय, जामनिया, कौलेश्वरनाथ और विंध्याचल अन्य तीर्थस्थल हैं।

रामनगर गंगा के दाहिने किनारे पर असी-संगम घाट से लगभग 1.5 कि.मी. दूर स्थित है। बनारस से लगभग आठ कि.मी. की दूरी पर सारनाथ नामक बौद्ध तीर्थ है। यहीं पर भगवान बुद्ध ने अपना पहला उपदेश दिया और धर्म का पहिया घुमाना शुरू किया, जिसे जैन ग्रंथों में 'सिंहपुर' या अतिशय क्षेत्र भी कहा जाता है। यहाँ से लगभग 20 कि.मी. दूर जैन तीर्थ चंद्रावती है।

पश्चिम वाहिनी गंगा के पश्चिम की ओर बहने वाली गंगा धाराएँ पुण्यदायी मानी जाती हैं। इसका महत्व हरिद्वार, प्रयाग और गंगासागर के समतुल्य माना जाता है।

काशी छोड़ने से पहले, गंगा गोमती से मिलती है और गाजीपुर में प्रवेश करती है। गाजीपुर को पहले गाधीपुर कहा जाता था। प्राचीन काल में भी वाराणसी इस जिले की सीमा थी। गाजीपुर में कई छोटी-बड़ी नदियाँ गंगा में मिल जाती हैं। घाघरा नदी उत्तर प्रदेश और बिहार की सीमा पर, बलिया जिले में गंगा का स्वागत करती है।

7

मगध में गंगा

बिहार में गंगा, चौसा (बक्सर) से नीचे की ओर कहलगाँव (भागलपुर) तक लगभग 445 कि.मी. की दूरी तय करती है। राज्य में निकास बिंदु पर फरवरी, मार्च और अप्रैल के दौरान गंगा का औसत प्रवाह, प्रवेश बिंदु (400 क्यूसेक) से लगभग 4 गुना (1600 क्यूसेक) मापा गया है। गंगा की मुख्य सहायक नदियाँ गंडक, बूढ़ी गंडक, घाघरा, बागमती, कमला-बालन, कोसो, महानंदा, कर्मनासा, सोन और पुनपुन हैं।

पहले भारतीय साम्राज्य की धुरी गंगा के तट पर पाटलिपुत्र यानी मगध में हुआ करती थी, क्योंकि इन तटीय क्षेत्रों में नगरीय सभ्यता ने विकसित रूप धारण कर लिया था। गंगा मगध, सारण और वैशाली के बीच विभाजन रेखा थी, लेकिन समय के साथ, मुगलों और अंग्रेजों की शक्ति का केंद्र गंगा के बजाय यमुना बन गया। इस प्रयास ने सभ्यता को गंगा और यमुना से जोड़ा, जिसे गंगा-यमुना संस्कृति कहा जाने लगा।

गंगा का प्रवाह कई ऐसी ऐतिहासिक घटनाओं का साक्षी रहा है, जिन्हें गति और दिशा, गंगा ने ही दी थी। चक्रवर्ती सम्राट अशोक की पुत्री संघमित्रा, रानीघाट में गंगा के जल में पवित्र स्नान करने के बाद साध्वी बन गईं। महात्मा बुद्ध ने पाटलीग्राम से वैशाली जाते समय, गायघाट (गौतम घाट) से गंगा पार की थी। गुप्त काल तक, गायघाट को मौसम तीर्थ कहा जाता था और जिस मार्ग से बुद्ध गए थे वह गंगा की लहरें थीं। जैनियों के 24वें तीर्थंकर, भगवान महावीर भी गंगा से सम्बद्ध थे। सिखों के दसवें गुरु गोविंद सिंह का जन्म पाटलिपुत्र में हुआ था। बुद्ध के समय पटना एक छोटा सा पाटली गाँव था। लगभग 480

ईसा पूर्व में, अजातशत्रु ने पाटली में एक किले का निर्माण कराया और गंगा के पार स्थित बज्जे संघ की राजधानी पर कब्जा करने के उद्देश्य से पाटलिपुत्र की स्थापना की। स्वयं बुद्ध द्वारा प्रशंसित इस नगर में 64 द्वार थे। 5वीं शताब्दी में आया चीनी यात्री फाह्यान भी इस नगर के वैभव से चकित था, लेकिन सम्राट हर्षवर्धन के समय में जब देश की सत्ता का केंद्र पाटलिपुत्र से हट गया, तब यह गौरवशाली नगर वीरान हो गया, लेकिन गंगा अविरल प्रवाहित होती रही।

बक्सर के पास चौसा में गंगा बिहार की मिट्टी को स्पर्श करती है। यहाँ से वह उत्तर प्रदेश के बलिया में प्रवेश करती है और फिर पूर्व की ओर मुड़कर फिर से बिहार में प्रवेश करती है, जो छपरा (सारण जिला) के निकट है। भौगोलिक दृष्टि से लगभग पूरा बिहार माँ गंगा की गोद में बसा है।

गंगा की अमर धारा प्राचीन काल से बिहार को उत्तर और दक्षिण बिहार में विभाजित करती है। यहाँ तक आते हुए इसकी जलधारा यमुना, चंबल, बेतवा, केन शिप्रा, बनास, तोस गमपत, रिहंद, कन्हार, उत्तर कोयल, सोन आदि नदियों के जल से परिपूर्ण हो जाती है। साथ ही, सभी प्राकृतिक तत्वों का मिश्रण गंगा को अमूल्य जीवनदायिनी शक्ति से संपन्न बनाता है।

रामायण में, बक्सर को विश्वामित्र का सिद्धाश्रम कहा गया है। उत्तर की ओर बहने वाली गंगा, बक्सर से नौ कि.मी. दूर रोहतास जिले के चौव गाँव में प्रवेश करती है। कर्मनाश, गंडक के साथ गंगा के संगम के पूर्वी भाग में स्थित है, जहाँ से गंगा उत्तर-पूर्व दिशा में समकालिक होकर बक्सर में बहती है। पटना के उत्तर में गंगा एक कोने से दूसरे कोने तक विस्तृत रूप से बहती है। गंडक की एक और धारा सोनपुर-हाजीपुर के पास उससे मिलती है। पुनपुन नदी फतुहा के पास गंगा से जुड़ जाती है, जो दक्षिण से उत्तर की ओर बहती है।

23 अक्टूबर, 1764 के बाद से इन ग्रामीण इलाकों में काफी बदलाव आया है, जब दिल्ली के मुगल सम्राट, अवध के शासक, मीर कासिम और बंगाल के अपदस्थ नवाब के साथ सैनिकों और घुड़सवार

सेना ने, ईस्ट इंडिया कंपनी के सैनिकों से लड़ने के लिए गंगा को दक्षिण तट पर पार किया था। हालाँकि यह गठबंधन सेना शक्तिशाली थी किन्तु फिर भी उनकी पराजय हुई, तब अवध के शासक ने कंपनी के सैनिकों से पीछा छुड़ाने के लिए गंगा पर बने पीपे के पुल को नष्ट कर दिया। दिल्ली के बादशाह ने गठबंधन से स्वयं को अलग कर लिया। अवध के शासक को बाद में कंपनी द्वारा बहाल कर दिया गया और बाद में अपने क्षेत्र में उसे अंग्रेज गैरिसन का संरक्षण प्राप्त हो गया। यह एक महत्वपूर्ण लड़ाई थी, जिसने बंगाल पर ब्रिटिश प्रभुत्व को निर्धारित किया। प्लासी ने बंगाल में ब्रिटिश विस्तार की शुरुआत को चिह्नित किया; और बक्सर ने उनके प्रयासों की सफलता को निर्धारित किया।

गंडक नदी पर एक स्थान पर एक बाँध बनाया गया है, जिसे औपचारिक रूप से भैंसालोटन के नाम से जाना जाता है। गंडक, जिसे नारायणी भी कहा जाता है, नेपाल से आती है और गंडक के पानी के साथ भौगोलिक सीमा इस बाँध से निर्धारित होती है। यह बाँध और इसके चैनल बिहार के उत्तर-पश्चिमी भाग की जीवन रेखा हैं। जहाँ गंडक की तेज धाराएँ हिमालय की तलहटी की तपस्वी शांति को तोड़ती हैं, वहीं यह चैनल पूर्वी उत्तर प्रदेश के कुछ हिस्सों की सिंचाई भी करता है। भैंसालोटन वाल्मीकि आश्रम के लिए भी प्रसिद्ध है, जहाँ रामायण के लेखक महर्षि वाल्मीकि ने कुछ वर्ष व्यतीत किए थे। इस क्षेत्र में वाल्मीकि नगर राष्ट्रीय उद्यान और टाइगर रिजर्व है, जो 544 कि.मी. में फैला है। यह असंख्य वन्य पशुओं और पक्षियों का घर है। महान हिमालय पर्वत ने इस शांत वन्य भूमि के लिए एक पृष्ठभूमि प्रदान की है। इस स्थान का नाम अब वाल्मीकि नगर रखा गया है और यह पश्चिम चंपारण जिले में स्थित है।

बाढ़ पटना जिले का एक शहर है जो गंगा के तट पर स्थित है। भगवान शिव के सबसे पवित्र और ऐतिहासिक मंदिरों में से एक, जिसे उमानाथ के नाम से भी जाना जाता है, यहाँ स्थित है। यह मंदिर तीर्थ यात्रा का एक प्रसिद्ध स्थान है। भक्त शिवलिंग पर सावन के महीने में गंगाजल चढ़ाने के लिए इस स्थान पर आते हैं। बेतिया राज द्वारा

निर्मित भगवान शिव का मंदिर और प्राचीन शिव-पार्वती मंदिर भी यहाँ स्थित हैं।

जब सोन नदी भोजपुर जिले से गुजरती है, तो यह एक दियारा (अर्द्ध डेल्टा) क्षेत्र में पहुँचती है और छपरा (सारण जिले) में डोरीगंज घाट के निकट गंगा की मुख्य धारा में विलीन हो जाती है। दानापुर में, गंगा छपरा से निकलती है, जिसके पश्चिमी भाग में सोन की प्राचीन धारा बहती है; दानापुर के पूर्व में गंगा के दाहिने किनारे पर दीघा है, जहाँ गंगा की एक और धारा मुख्य धारा में मिलती है।

चूँकि गंगा पश्चिम से बहती है और उत्तर से गंडक बहती है, वे एक समकोण पर मिलती हैं जिसे 'कोंधारा' कहा जाता था। यह नाम पाँचवीं शताब्दी में दिया गया था। बोली जाने वाली हिंदी बाद में विकसित हुई और यह शब्द 'कोन' से 'कौन' और 'धारा' से 'हारा' में बदल गया।

कोन्हारा घाट हाजीपुर जिले में गंगा-गंडक नदी के मुख्य घाटों में से एक है। इसका नाम गज (हाथी) और ग्रह (मगरमच्छ) की लड़ाई में लोगों के 'कौन हारा' पूछने के कारण उत्पन्न हुआ है। अपने भक्त गजराज को डूबने से बचाने के लिए भगवान विष्णु को हस्तक्षेप करना पड़ा। गज और ग्रह दोनों ही गंधर्व थे। एक श्राप के कारण वे हाथी और मगरमच्छ बन गए। भगवान विष्णु ने तुरंत मोक्ष देने के लिए ग्रह का वध किया और गजराज को बचाया। यह लड़ाई इस शहर के लिए एक प्रतीक है, और हाजीपुर रेलवे स्टेशन के गुंबद, सोनपुर मेले के प्रवेश बिंदु और अन्य उल्लेखनीय स्थानों पर प्रमुखता से गज और ग्रह हो चित्रित किया गया है। सोनपुर पशु मेला कार्तिक पूर्णिमा, गंगा और गंडक नदी के संगम पर आयोजित किया जाता है। इसे हरिहर क्षेत्र मेला के नाम से भी जाना जाता है।

इस घाट का संबंध दो भाइयों की कहानी से भी है। बड़ा भाई विनम्र और भगवान विष्णु का उपासक था, जबकि छोटा लालची और दुष्ट स्वभाव का था। अपनी जमीन को लेकर उन दोनों में लड़ाई हुई। छोटा भाई बड़े से से अधिक भूमि चाहता था और वह सफल हुआ,

क्योंकि बड़ा अधिक दयालु था। अगले जन्म में, बड़ा भाई हाथी के रूप में जन्मा, जबकि छोटा मगरमच्छ बन गया। हाथी भगवान विष्णु का उपासक बना रहा और प्रातः स्नान करके भगवान विष्णु से प्रार्थना करता था। एक सुबह, जब वह नहाने के लिए नदी में गया, तो मगरमच्छ ने

अपने नुकीले दाँतों से उसका पैर पकड़ लिया, और लंबी लड़ाई शुरू हुई। जब हाथी हारने वाला था, उसने भगवान विष्णु से अपनी रक्षा के लिए प्रार्थना की। भगवान विष्णु ने अपने सुदर्शन चक्र से मगरमच्छ को टुकड़ों में काट दिया। इसे 'कौन हारा' के रूप में जाना जाने लगा।

हाजीपुर से कुछ कि.मी. की दूरी पर, गंडक नदी के विपरीत किनारे पर, सोनपुर के बाहरी इलाके में, हरि-हर नाथ का मंदिर है। मंदिर का निर्माण भगवान राम ने किया था जब वे सीता के स्वयंवर में भाग लेने के लिए जा रहे थे। भगवान विष्णु (हरि) और भगवान शिव (हर) की दोनों मूर्तियों से सुशोभित इस मंदिर में हजारों तीर्थयात्री आते हैं। यह विश्व का एकमात्र मंदिर है जहाँ गर्भगृह में दो देवता एक साथ विराजमान हैं। भगवान ब्रह्मा ने स्वयं, शैव और वैष्णव दोनों को एक साथ लाने के लिए मंदिर की स्थापना की थी। 1757 से पहले, मंदिर कीमती लकड़ी और काले पत्थरों से बनाया गया था। इसका पुनर्निर्माण मीर कासिम ने करवाया था।

14वीं शताब्दी के अंत में तिरहुत सहित पूरे उत्तरी बिहार का नियंत्रण जौनपुर साम्राज्य के हाथों में चला गया, जो तब तक जारी रहा जब तक दिल्ली सल्तनत के सिकंदर लोधी ने हार नहीं मानी और सत्ता को अपने कब्जे में ले लिया। मुगल राजा बाबर ने अपने संस्मरण 'बाबरनामा' में उल्लेख किया है कि गंडक नदी के तट पर एक किला था जो उसे अपने बंगाल अभियान के दौरान मिला था। यह हाजीपुर में स्थित था। एक और छोटा गढ़ी (किला) सोनपुर में है। बंगाल विद्रोह को दबाने के लिए अकबर की सेना ने हाजीपुर किले की दो बार घेराबंदी की थी।

पटना का निर्माण लगभग 2400 साल पहले गंगा के किनारे, सोन नदी के संगम पर, एक राजा द्वारा किया गया था, जो अपनी राजधानी को अपेक्षाकृत अधिक सैन्य रणनीतिक स्थल पर ले जाना चाहता था। भगवान बुद्ध ने स्वयं भविष्यवाणी की थी कि पाटलिपुत्र (जैसा कि उस समय कहा जाता था), व्यापार का एक समृद्ध केंद्र और उत्तर भारत में आर्यों का मुख्य बंदरगाह बन जाएगा। महत्वाकांक्षी राजा अजातशत्रु ने

सिंहासन पर आधिपत्य करने के लिए अपने पिता का वध किया था, और इस शासन के अंत तक, उसका राज्य काशी से बंगाल में आर्य सभ्यताओं की पूर्वी चौकियों तक, गंगा और उसके भीतरी इलाकों में 500 मील तक फैला चुका था। बाद में सिंहासन के लिए प्रतिद्वंद्विता से यह साम्राज्य कमजोर हो गया था और 324 और 313 ईसा पूर्व के बीच, चंद्रगुप्त मौर्य द्वारा पराजित किया गया था। चाणक्य, राजा का मुख्यमंत्री, एक योग्य और कूटनीतिक व्यक्ति था, जिसने राज्य-शिल्प पर 'अर्थशास्त्र' या 'राजनीति के विज्ञान' नामक पुस्तक लिखी थी तथा जिसकी तुलना मैकियावेली से की जाती है। जैन परंपराओं के अनुसार, राजा चंद्रगुप्त मौर्य ने जैन भिक्षु बनने के लिए अपना सिंहासन त्याग दिया और मृत्यु का प्रण कर लिया था। उनका पौत्र, अशोक लगभग 269 ईसा पूर्व में राजगद्दी पर बैठा और उसे 40 वर्षों तक शासन करना था, किन्तु अपने शासन के आठवें वर्ष में वह बौद्ध हो गया। 232 ईसा पूर्व में अशोक की मृत्यु हो गई और मौर्य साम्राज्य का शीघ्र ही विघटन हो गया। यह पाटलिपुत्र के फिर से गुप्त साम्राज्य की राजधानी बनने के 500 वर्ष पहले की घटना है। इस अवधि के दौरान, बौद्ध धर्म के स्थान पर सनातन धर्म फिर से लोकप्रिय धर्म के रूप प्रचलित हो गया।

गंगा आगे बढ़ती है। बेगूसराय जिले में बरौनी के पास सिमरिया, गंगा के किनारे एक गाँव है। यह सिमरिया मेला के लिए प्रसिद्ध है, जो भारतीय पंचांग (आमतौर पर नवंबर के दौरान) के अनुसार हर साल कार्तिक के महीने में आयोजित, धार्मिक महत्व का मेला है। शास्त्रों के अनुसार, जिन अन्य आठ स्थानों पर कुंभ आयोजित किया जाता था, उनके खोए हुए महत्व को फिर से स्थापित करने के प्रयास के रूप में 'अर्द्धकुंभ–एक भक्ति मण्डली' वर्ष 2011 में आयोजित किया गया। न केवल 'अर्द्धकुंभ' बल्कि हाल ही में 'महा-कुंभ' भी नवंबर, 2017 में यहाँ आयोजित किया गया था।

गंगा की तीन सबसे बड़ी सहायक नदियाँ, पटना से 50 कि.मी. के अंदर इसमें शामिल हो जाती हैं, हालाँकि यहाँ नदी इतनी चौड़ी है कि संगमों को देखना असंभव है। सोन दक्षिण से और घाघरा और गंडक

हिमालय से आती है। ये नदियाँ मानसून के दौरान उजड़े हुए बाढ़ के मैदानों को एक तेज धार के साथ डुबो देती हैं जो कि मीलों तक गाद की मोटी पर्त का निर्माण करती है। बढ़ता पानी घरों और सड़कों को नष्ट कर देता है, और उपजाऊ मिट्टी की नई परतों को छोड़ देता है। तीनों नदियाँ, गंगा के कुल प्रवाह का एक तिहाई से अधिक प्रदान करती हैं, फिर भी वे वर्ष के नौ महीने शांत और निर्मल बनी रहती हैं।

कोसी नदी गंगा की सहायक नदी है। यह नेपाल में हनुमान नगर के पास भारतीय क्षेत्र में प्रवेश करती है। नदी की प्रमुख सहायक नदियाँ बागमती, कमला बालन, भूठी बालन, दायीं ओर त्रिजुगा और बायीं ओर फरियानिधर, धेमाधार हैं। कोसी नदी को 'बिहार का शोक' कहा जाता है। यह नदी उत्तरी बिहार को पार करते हुए कटिहार जिले में कुर्सेला के पास गंगा में मिल जाती है। 18वीं शताब्दी में पूर्णिया के पास बहने वाली नदी अब सहरसा के पश्चिम में बहती है।

गंगा की एक सहायक नदी पुनपुन के तट पर, महारानी अहिल्याबाई होल्कर ने शिव मंदिर का निर्माण करवाया था। भृगुमुनि प्राचीन काल में औरंगाबाद जिले के देवहरा में शिव मंदिर के पुजारी थे।

गंगा के दाहिने किनारे पर पूर्व-दक्षिण दिशा की ओर बढ़ते हुए मोकामा झील है, जहाँ दक्षिण बिहार की फल्गु, घघ्घर, ताती, रतया, नाटा, सोम आदि छोटी-छोटी नदियाँ मिलती हैं। बरसात के मौसम में यह झील मोकामा से लेकर मुंगेर जिले तक समुद्र की तरह फैल जाती है। अन्य क्षेत्रों का वर्षा जल, झील के विशाल जल के साथ मिलकर हरोहर नदी का निर्माण करता है और मुंगेर में सूर्यगढ़ा के पास किंडल नदी में मिल कर गंगा में मिल जाता है।

मुंगेर में गंगा की प्राचीन धारा वर्षा के दिनों में ही जीवंत दिखती है। वह कभी-कभी दक्षिण-पूर्व में हाथीदाह के बाद बरहिया तक बहती है और खुटा, गंगासागर, मालपुर और रजोना गाँवों तक चलती है। गंगा की नई धारा भी एक नया मार्ग लेती है और सूर्यगढ़ तक आती है। उसके साथ मुंगेर, हजारीबाग और गया जिलों की पहाड़ियों का भारी जल आता है जो मुंगेर के किले के पास पहुँचता है। रास्ते में, गंगा

डकारनाला को भी आश्रय देती है, जो दूध पनिया नदी से निकलती है, जो धरहरा और सूर्यगढ़ को विभाजित करती है और मुंगेर के पश्चिमी भाग से गंगा में मिलती है। मुंगेर कभी प्राचीन चंपा साम्राज्य की सीमा पर था। बुद्ध काल में चंपा राज्य को आंदा देश भी कहा जाता था। यहाँ से गंगा दक्षिण-पूर्व की ओर बहती है, फिर बाईं ओर से बूढ़ी गंडक स्थानीय नदियों, जमुआरी और बागमती के पानी से, गंगा की धारा को समृद्ध करती है। यहाँ गंगा के दाहिनी ओर मुंगेर का पहाड़ी हिस्सा है, जिसे पीर हिल के नाम से जाना जाता है।

मान नदी का पानी भी गंगा में प्रवाहित होता है। भागलपुर में वह चंपानगर तक दो धाराओं में विभाजित होने से पहले, पश्चिमी तट पर जमुलिया नदी का आलिंगन करती है। चंपानगर भागलपुर का ही पश्चिमी भाग है। ऐसा माना जाता है कि कभी यहाँ बहुआ का संगम हुआ करता था, लेकिन बाद में यहाँ बहुआ और जमुलिया दोनों की धाराएँ मिलने लगीं।

प्राचीन काल में गंगा की उदीयमान धारा भागलपुर के पूर्वी हिस्से में गंगा के दाहिने किनारे पर स्थित साबेर नामक गाँव के पास बहती थी। हालाँकि बाढ़ में गंगा का पानी आज भी मार्गगंगा घाट तक पहुंचता है, लेकिन गंगा का मूल प्राचीन मार्ग से काफी सिकुड़ गया है। इसलिए इसे अब मार गंगा धार यानी 'गंगा की मृत धारा' भी कहा जाता है। साबोइर के पूर्व में चानन और गंगा नदी का संगम था, लेकिन अब यह बहुत दूर से आती है और घोघा नामक स्थान से गंगा से मिलती है। फिर उत्तर-पूर्व में बहती हुई गंगा गंडुआ और भिना नदियों से मिलती है।

कहलगाँव से बटेश्वर स्थान तक गंगा पूरी तरह से उत्तरवाहिनी है। यहाँ कोसी और गंगा नदियाँ मिलती हैं। यहीं पर महर्षि वशिष्ठ ने पूजा की थी। इस स्थान के महत्व को पहचानते हुए 8वीं शताब्दी में पाल वंश के राजा धर्मपाल ने यहाँ विश्व प्रसिद्ध विक्रमशिला महाविहार की स्थापना की थी।

किसी समय, विक्रमशिला विश्वविद्यालय शिक्षा का महत्वपूर्ण केंद्र था। यहाँ देश-विदेश से ज्ञान के साधक शिक्षा के लिए आते थे और

साथ ही उत्तर दिशा में, बटेश्वरनाथ की पहाड़ी के बाईं ओर से 31 कि.मी. पश्चिम में बहने वाली गंगा की अमृत धारा से पुण्य अर्जित करते थे। बुधाचल गाँव में कोसी नदी की एक नई धारा गंगा में मिल जाती है। सौरा नदी की धारा पूर्णिया जिले में मनिहारी के पास कोसी नदी से अलग हो जाती है, लेकिन ये दोनों सखियाँ गंगा में मिलने से पहले एकजुट हो जाती हैं और झारखंड पहुँचने से पहले अपनी धारा को समृद्ध करती हैं।

राँची, पूर्वी और पश्चिमी सिंहभूम जिलों को छोड़कर बिहार की सभी नदियों और झारखंड के अधिकांश जिलों का पानी गंगा में प्रवाहित होता है। गंडकी, वाया, बागमती, कमला, बालन, धेमुरा, जिवाच, बूढ़ी गंडक, तिलयुग, पनार, कोसी, महानंदा, कैकई और घाघरा नदियाँ जिन्हें उत्तर प्रदेश में सरयू कहा जाता है, गंगा में मिल जाती हैं। दक्षिण बिहार में बहने वाली सोन, काओ, कर्मनाशा, मोहरहर, कोसी, पुनपुना, फल्गु, सकरी, पंचाने, हरोहर, मान, बडुआ, किउल चानन, भों कोआ और गेदुआ नदियाँ भी गंगा में मिल जाती हैं और उसे जल-समृद्ध बनाती हैं।

फल्गु की कहानी लोभ की गाथा है। वनवास के दौरान, राम और सीता फल्गु के रेतीले तट पर थोड़ी देर विश्राम करने के लिए रुके। जब पिंडदान का समय आया तो राम आवश्यक सामग्री लेने गए और सीता तट पर प्रतीक्षा कर रही थीं। उस समय श्री राम के पूर्वज माता सीता के सामने प्रकट हुए और अनुरोध किया कि वह अविलम्ब पिंडदान कर दे। भोजन के प्रसाद की प्रतीक्षा करने के बजाय माता सीता ने पूर्वजों को रेत अर्पित कर पिंडदान कर दिया, जिससे उन्हें मोक्ष की प्राप्ति हुई।

अपने पति के क्रोध से आशंकित, उन्होंने यज्ञ, एक गाय, फल्गु, एक ब्राह्मण और एक पेड़ को अपने कृत्य के लिए साक्षी बनने के लिए कहा। किन्तु जब राम वापस लौटे और साक्षियों से पूछताछ की तो वे सभी मुकर गए। उन्हें यह लालच था कि यदि राम ने एक बार फिर पिंडदान किया तो उन्हें प्रसाद मिलेगा। इस तरह पेड़ के अतिरिक्त सभी ने यही दर्शाया की माता सीता झूठ बोल रही हैं। क्रुद्ध होकर माता सीता ने वृक्ष को छोड़ सभी को श्राप दिया। इस प्रकार, फल्गु

को हमेशा के लिए अपने सिर को शर्म से छिपाते हुए, भूमि के भीतर बहने का श्राप मिला।

दक्षिण बिहार अर्थात मगही क्षेत्र और झारखंड की लगभग सभी छोटी और बड़ी नदियाँ गंगा के दाहिने किनारे पर मिलती हैं, फिर बाएँ किनारे पर उत्तर बिहार के मिथिलाँचल की ओर से कुर्साला (कटिहार-पूर्णिया) तक, बागमती, कमला, कोसी आदि मिलती हैं। इसके साथ ही पश्चिम चंपारण की बूढी गंडक भी गंगा में मिल जाती है। वस्तुतः गंगा की बहती धारा बिहार की विभिन्न भाषाओं और बोलियों में जल सूत्र के रूप में एकता स्थापित करने का प्रयास करती रही है। हर भाषा को मानकों की तरह इसने पिरोया है।

2022 के केंद्रीय बजट में भारत में विशेष रूप से गंगा के किनारे जैविक खेती को प्रोत्साहित करने की आवश्यकता पर बल दिया गया है। अपनी यात्रा के दौरान गंगा बिहार सहित कई राज्यों से होकर गुजरती है। इसका कुल जलग्रहण क्षेत्र लगभग 8, 61, 404 वर्ग कि.मी. है। यह वह क्षेत्र है जहाँ सरकार जैविक खेती को प्रोत्साहित करना चाहती है। बिहार सरकार ने इस अवधारणा पर एक प्रमुख शुरुआत की है, जिसने लगभग दो साल पहले गंगा के किनारे के 13 जिलों में अपना जैविक गलियारा शुरू किया था।

झारखंड में गंगा

बिहार की धरती से निकलकर गंगा की लहरें झारखंड में प्रवेश करती हैं। लेकिन झारखंड में नदियों की विचित्र भौगोलिक स्थिति देखने को मिलती है। झारखंड में प्रवेश करते ही दायीं ओर साहिबगंज गंगा का स्वागत करता है, जो विंध्याचल पर्वत श्रृंखला के उत्तर-पूर्वी विस्तार का अंतिम छोर है, जिसकी पहाड़ी भूमि की ढलान दक्षिण की ओर है। इस भौगोलिक विषमता के कारण साहिबगंज की नदियाँ सीधे पास में बहने वाली गंगा से नहीं मिलती, बल्कि पहले दक्षिण की ओर बहती हैं और फिर पूर्व की ओर मुड़ जाती हैं। लेकिन उनका गंगा से मिलन पश्चिम बंगाल की धरती पर होता है। इस मिलन से पहले

गंगा ऋक्ष पर्वत श्रृंखला के तट से दक्षिण की ओर बहती है। इसकी धारा झारखंड की सीमा से होकर बहती रहती है। इस संकरे रास्ते को पुंग बंग और कामरूप के लिए गंगा गेट कहा जाता है। बाएँ हिस्से में पश्चिम बंगाल के मालदा जिले की भौगोलिक सीमा शुरू होती है। गंगा की धारा आगे संथाल परगना के पूर्वी भाग से होकर बहती है। इस ऊबड़-खाबड़ पहाड़ी हिस्से को 'दामिन-ए-कोह' कहा जाता है, जिसके बाद गंगा राजमहल के पूर्वी द्वार तक पहुँचती है और उससे लगभग 10 कि.मी. दूर डोमडाला पहाड़ी झील पर गंगा में उधवा नामक जल स्रोत भी मिलता है। इस गाँव के दक्षिण की ओर गंगा के दाहिनी ओर अनेक गाँव इसके जल से पवित्र होते हैं। झारखंड का बार गाँव, गंगा का अंतिम पड़ाव है, लेकिन यहाँ दमऊ राजमहल के पहाड़ी वन क्षेत्र में 380 मीटर की ऊँचाई से निकली गुमानी नदी आगे बढ़ती है। यह पश्चिम बंगाल में गंगा से मिलती है, लेकिन झारखंड की भूमि छोड़ने के बाद, गंगा आगे की यात्रा करने से पहले दो धाराओं में विभाजित हो जाती है।

बंगभूमि में प्रवेश करने से पहले, गंगा पाटलिपुत्र-पटना के वैभव को देखने के पश्चात् उत्तर की ओर मुंगेर आ जाती है। भागलपुर के पास सुल्तानगंज में, गंगा में नदी के समतल जल से 70 फीट ऊपर एक अनोखा द्वीप दिखाई देता है, जहाँ भगवान शिव को समर्पित अजगैबिपथ मंदिर स्थित है। श्रावण मास के दौरान, सुल्तानगंज से 105 कि.मी. की यात्रा करके तीर्थयात्री देवघर पहुँचते हैं (जो कि देश के बारह ज्योतिर्लिंगों में से एक है), और जहाँ उन्हें अपने जीवन का वांछित फल प्राप्त होता है। यह श्रीशैलम के साथ, भारत के उन कुछ स्थानों में से एक है जहाँ ज्योतिर्लिंग और शक्तिपीठ एक दूसरे के निकट स्थित हैं।

लाखों श्रद्धालु सुल्तानगंज से देवघर गंगाजल लाते हैं। 'हर हर महादेव' का गुंजन और तीर्थयात्रियों के कांधों पर झूलती कावड़, जैसे एक लय में चलते हैं, जो वस्तुतः जीवन की लय है। तीर्थयात्री बिना आराम किये यात्रा करते हैं। भगवा कपड़े धारण कर पुरुष कावड़ में

पवित्र गंगाजल लाते हैं, और इससे शिव लिंग का अभिषेक करते हैं। बूढ़े आदमी, औरतें, बच्चे, यहाँ तक कि विकलांग लोग भी, इस बहुरंगी यात्रा में हिस्सा लेते हैं। कीचड़ भरे तटों पर, व्यस्त सड़कों पर, ट्रैफिक की भूलभुलैया के बीच, संगीत के रिकाड्र्स की पुरानी दुकानों में कांवड़िया गीतों की नवीनतम धुनों और वीडियो की झलक दिखाई देती है, जो विभिन्न कला रूपों जैसे–भोजपुरी स्टेज शो आदि के मिश्रण की तरह दिखाई देते हैं ।

भगवान शिव को जल चढ़ाने की परम्परा के पीछे एक कथा है। समुद्र मंथन के दौरान, हलाहल (विष) सहित कई दिव्य वस्तुएँ प्रकट हुईं थीं। जैसे ही भगवान शिव ने विष का सेवन किया, पार्वती ने विष को निगलने से रोकने के लिए उनकी गर्दन पकड़ ली, जिससे उनका कंठ नीला हो गया, इसलिए उनका नाम नीलकंठ पड़ा। फिर भी, विष के प्रभाव से भगवान शिव के शरीर में ज्वाला सी भड़क उठी, तब विष के प्रभाव को कम करने के लिए भगवान शिव को जल चढ़ाने की प्रथा शुरू हुई। इसलिए, उनसे जुडी सभी वस्तुएँ शांत प्रकृति की हैं, जैसे–अर्द्धचंद्र, गंगा और जलधारी के माध्यम से सदा शिवलिंग पर प्रवाहित होने वाली जल की धारा। ऐसा कहा जाता है कि समुद्र मंथन श्रावण के महीने में हुआ था, इसलिए श्रावण मास में शिवलिंग को जल चढ़ाने को, शिव महान सेवा माना जाता है।

हठ योग के रूप में, कुछ तीर्थयात्री दंड-बैठक द्वारा (पूरे शरीर को साष्टांग प्रणाम की मुद्रा में झुकाकर) तीर्थ का रास्ता तय करते हैं। वे भी एक कावड़ लेकर चलते हैं, लेकिन एक मील चलकर, कावड़ को एक जगह पर छोड़ देते हैं, फिर वापस लौटते हैं और कावड़ तक रेंगते हुए जाते हैं और यही प्रक्रिया दोहराते जाते हैं।

देवघर एक हिंदी शब्द है और 'देवघर' का शाब्दिक अर्थ देवी-देवताओं ('देव') का निवास ('घर') है। देवघर को 'बैद्यनाथ धाम', 'बाबा धाम' या 'बी. देवघर' के नाम से भी जाना जाता है। बैद्यनाथ धाम की उत्पत्ति इसकी प्राचीनता में कहीं खो गई है। इसे संस्कृत ग्रंथों में हरितकिवन या केतकिवन कहा गया है। देवघर नाम

हाल ही के मूल का प्रतीत होता है और संभवतः भगवान बैद्यनाथ के मंदिर के निर्माण से उत्पन्न हुआ है।

बैद्यनाथ या भगवान शिव का मंदिर, प्रांगण के सभी मंदिरों में सबसे महत्वपूर्ण है। मंदिर का मुख पूर्व की ओर है और यह एक सादा पत्थर की संरचना है जिसमें एक पिरामिडनुमा टॉवर है, जो 72 फीट लंबा है। शीर्ष में तीन स्वर्ण कलश हैं जो कि सघन रूप से एक दुसरे से जुड़े हैं, और गिद्धौर के महाराजा द्वारा दान किए गए थे। इन कलश के आकार के पात्रों के अलावा, एक पंचसुला (त्रिशूल आकार में पाँच चाकू) हैं, जो दुर्लभ है। भीतरी शीर्ष में, चंद्रकांता मणि नामक आठ पंखुड़ियों वाला कमल रत्न है।

देवघर भारतीय प्रायद्वीपीय पठार का एक हिस्सा है जो पृथ्वी पर सबसे पुराने भूभाग, गोंडवाना भूमि का एक हिस्सा है। यह अजय नदी के तट पर स्थित है (जो बिहार में जमुई जिले के बटपर गाँव से निकलती है) और इसकी सहायक नदी दधवा जो करनगढ़ गाँव के पास पूर्णिया झील से निकलती है। यह शहर दिघरिया पहाड़, नंदन पहाड़, त्रिकुटी पहाड़ और तपोवन पहाड़ जैसी कई छोटी-छोटी अवशेषी पहाड़ियों से घिरा हुआ है। दिघरिया पहाड़ शहर की पश्चिमी सीमा बनाता है और इन पहाड़ियों पर एक राष्ट्रीय उद्यान का निर्माण किया जा रहा है।

'उत्तरवाहिनी गंगा' शब्द का प्रयोग उन स्थानों के लिए किया जाता है जहाँ गंगा का प्रवाह उत्तर की ओर होता है। पश्चिमी नेपाल में हिमालय पर्वत से लेकर बंगाल की खाड़ी में गिरने तक, गंगा अपने अधिकांश मार्ग में आमतौर पर दक्षिण-पूर्व दिशा में बहती है। हालाँकि, ऐसे कई स्थान हैं जहाँ नदी का प्रवाह उत्तर की ओर जाता है, जिसे हिंदुओं में शुभ माना जाता है।

कुर्सेना के पास गंगा, कोसी से मिलती है और महल की पहाड़ियों से बहने वाली धारा प्राचीन गौर शहर को छूते हुए पूर्व की ओर मुड़ती है। विक्रमशिला (भागलपुरः बटेश्वर) से बहती हुई गंगा की धारा बंगभूमि की सीमा में आती है। दामोदर, स्वर्णरेखा, शंख और झारखंड के छोटा नागपुर क्षेत्र में दक्षिण कोयल नदियों और संथाला परगना क्षेत्र

की मयूराक्षी और अजय नदियों में से केवल दामोदर, मयूराक्षी और अजय नदियाँ गंगा में मिलती हैं, लेकिन वे झारखंड के पश्चिम बंगाल बिहार में मिलती हैं।

मयूराक्षी नदी कुल 250 कि.मी. का सफर तय करती है और पश्चिम बंगाल में जाकर गंगा के बायीं ओर मिलती है यानी यह नदी संथाल परगना में करीब 100 कि.मी. तक बहती है और फिर उससे आगे निकल जाती है। भागीरथी से मिलते हुए यह ब्राह्मणी नदी की धारा में भी मिल जाती है और उत्तर भागीरथी में संगम करती है।

पश्चिम बंगाल में गंगा

पश्चिम बंगाल में गंगा की शक्ति को उसके प्रवाह के साथ महत्वपूर्ण रूप से अनुभव किया जाता है। इस डेल्टा में, इसकी बहती धारा ने महान नगरों का निर्माण और विनाश किया है। यहाँ तलछट के बदलते वितरण ने पूरे क्षेत्र को निर्जन कर दिया है।

गंगा की एक सहायक नदी, हुगली, पश्चिमी डेल्टा के माध्यम से बंगाल की खाड़ी में अपना रास्ता बनाती है। गंगा भारत के मैदानी क्षेत्रों में व्यापक रूप से दक्षिण-पूर्व दिशा में बहती है। छोटा नागपुर पठार की कठोर चट्टानों से टकराने के पश्चात, वह पश्चिम बंगाल की ढीली जलोढ़ मिट्टी में उतरती है और तट की ओर दक्षिण की ओर एक निर्णायक मोड़ लेती है। गंगा (जिसे बांग्लादेश में पद्मा नाम दिया गया है) पहले मुरादाबाद जिले को चरम उत्तरी बिंदु पर स्पर्श करती है और फिर दक्षिण-पूर्व दिशा में बहती है जिससे बांग्लादेश के साथ पूर्वी सीमा बनती है।

लालगोला में स्थित महानंदा के मुहाने के साथ-साथ गंगा की सहायक नदियाँ भागीरथी, जलंगी और भैरब हैं। भागीरथी नदी नूरपुर में गंगा के विभाजित रूप में विद्यमान है, जो फरक्का से लगभग 25 कि.मी. दूर है, और फिर लगभग 2 कि.मी. तक गंगा के समानांतर चलने के बाद दक्षिण की ओर बहती है। जंगीपुर के पास, वह पश्चिम से बंसलोई और पगला नदियों का संयुक्त जल प्राप्त करती है, और

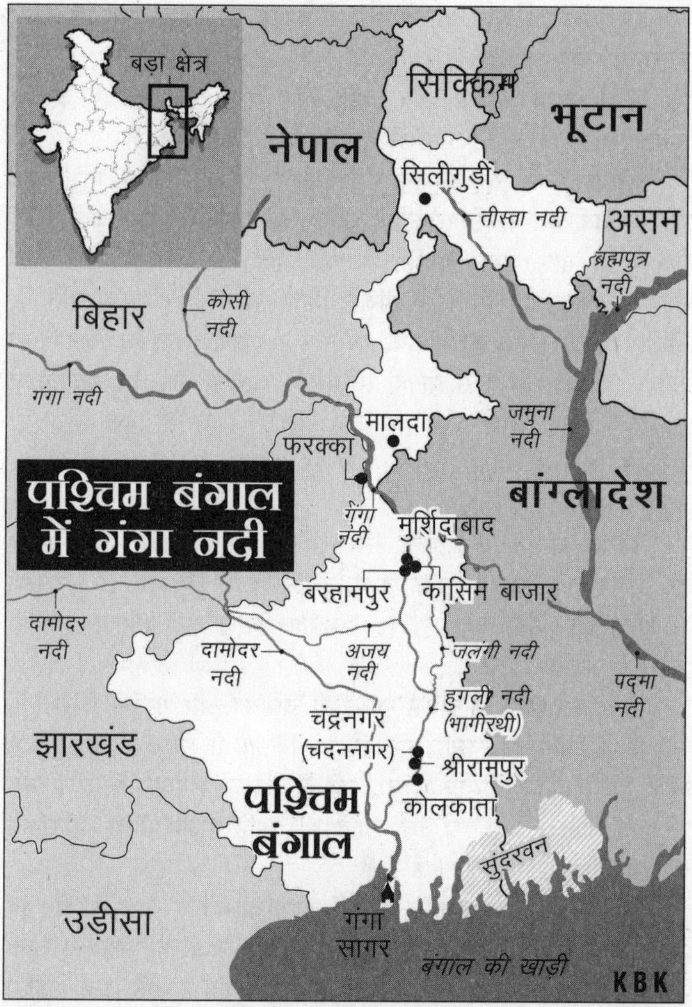

शक्तिपुर के निकट, द्वारका नदी की एक धारा, चोरा डेकरा, पश्चिम से भी उसमें बहती है। यह एक मौसमी नदी है, वर्ष के लगभग चार महीनों के लिए यह एक पूर्ण नदी है, लेकिन शेष आठ महीने, यह रेत के विस्तृत विस्तार में भटकती हुई एक क्षीण धारा के समान होती है।

भागीरथी इस जिले को लगभग दो बराबर भागों में विभाजित करती है; पूर्वी भाग बागरी और पश्चिमी भाग राध। पूर्वी तट पर जंगीपुर, जियागंज, बरहामपुर, बेलडांगा आदि नगर स्थित हैं। नदिया जिले में स्थित प्लासी के उत्तरी भाग में नदी यहाँ से विदा लेती है।

भगवान शिव के सम्मान में आयोजित गजान उत्सव मुर्शिदाबाद में अब तक का सबसे लोकप्रिय और उत्साहपूर्वक मनाया जाने वाला उत्सव है। यह त्योहार बंगाली कैलेंडर माह चैत्र (मध्य अप्रैल) के अंतिम सप्ताह के दौरान आयोजित किया जाता है। चैत्र संक्रांति के अंतिम दिन समारोह को चाडक के नाम से जाना जाता है। नील षष्ठी त्योहार में विशेष रूप से माताएँ सम्मिलित होती हैं, जो चैत्र संक्रांति से एक दिन पहले, अपने बच्चों के लिए नीलांबर शिव की पूजा करती हैं। भगवान शिव के मंदिरों के पास, गजान उत्सव के अवसर पर हजारों लोग एकत्रित होते हैं।

चाडक वस्तुतः एक झूला उत्सव है, जो प्रतीकात्मक रूप से वसंत के आगमन के साथ या संक्रांति के दौरान झूलते हुए सूर्य के अनुसरण में आयोजित किया जाता है। इस समारोह का उद्देश्य भगवान सूर्य की सहायता करना है।

मुरादाबाद जिले में सबसे लोकप्रिय चाडकों और गजानों में से एक रूपपुर में आयोजित किया जाता है, जो कि कंडी शहर के क्षेत्राधिकार में है, जहाँ प्रतिमा वास्तव में बुद्ध की है, लेकिन भगवान शिव के रूप में पूजी जाती है और इस तरह शांति और अहिंसा के प्रतीक के सामने पशुओं की बलि दी जाती है ।

शिवरात्रि उत्सव शक्तिपुर गाँव में आयोजित किया जाता है। भगवान कपिलेश्वर शिव की पूजा बहुत उत्साह और भव्यता के साथ की जाती है। धर्मराज को मुख्य देवता के रूप में पूजा जाता है और उन्हें आदिम जनजातीय कृषक समाज द्वारा वर्षा का नियामक देवता माना जाता है। इस पर्व में किसी भी वृक्ष के नीचे देवता की मूर्ति स्थापित की जाती है, लेकिन वार्षिक उत्सव केवल धर्मराज के मंदिरों से निकटता वाले स्थलों पर ही आयोजित किए जाते हैं। हालाँकि, धर्मराज की कोई विशिष्ट

छवि या चित्र का अस्तित्व नहीं है। देवता के प्रतीक के रूप में पत्थर के एक टुकड़े का प्रयोग किया जाता है। धर्मराज का गजान शिव और चाडक के गजान से मिलता जुलता है। गजान और चाडक त्यौहारों के बाद, धर्मराज के वार्षिक उत्सव आमतौर पर बैसाख (मध्य-अप्रैल से मध्य-मई) से आषाढ़ (मध्य-जून से मध्य-जुलाई) तक तीन बंगाली कैलेंडर महीनों की अवधि में आयोजित किए जाते हैं।

नागों की देवी मानी जानी वाली देवी मनसा, इस जिले में पूजनीय है। झिकारहटी गाँव में मनसा या बिशहरी की पूजा धूमधाम से की जाती है।

ख्वाजा खिज्र का बेरा पर्व भी एक सदियों पुराना समारोह है और अभी भी मुर्शिदाबाद जिले में बंगाली कैलेंडर माह भाद्र (मध्य अगस्त से मध्य सितंबर) के अंतिम गुरुवार को धूमधाम और भव्यता के साथ मनाया जाता है। इस दिन गंगा की लहरों पर रोशनी से सुसज्जित छोटी-छोटी नौकाएँ छोड़ी जाती हैं, यह अत्यंत मनोहारी दृश्य होता है। वर्षा ऋतु के दौरान, कुछ रातों में, जलते हुए दीयों के साथ हजारों छोटी-छोटी नौकाएँ नदी की धारा के साथ तैरते हुए दिखाई देती हैं। इन नौकाओं का निर्माण बहुत ही सरल है। इसमें बाँस के एक टुकड़े के साथ एक-दो मिठाइयाँ और एक दीपक होता है। उत्सव के दिन, यानी भाद्र के अंतिम गुरुवार को, केले के पेड़, बाँस और मिटटी के लेप से नाव बनाई जाती है। एक छोटा सा किला जिसकी दीवारों पर आतिशबाजी होती है, इस नाव पर खड़ा किया जाता है। संकेत मिलने पर, नौकाओं को छोड़ा जाता है जो नदी के दूसरी ओर तैरती हैं, जहाँ से आतिशबाजी शुरू की जाती है। पानी पर आतिशबाजी का प्रतिबिंब एक सुरम्य प्रभाव उत्पन्न करता है।

इसके अतिरिक्त, शक्ति को बेनाल के राध क्षेत्र में एक प्रमुख पंथ के रूप में पूजा जाता है। भले ही स्थानीय रूप से, लेकिन शक्ति की आराधना यहाँ हर जगह दिखाई देती है। किरीटकोना में देवी किरीतेस्वरी शक्ति का एक ऐसा रूप है, जो अत्यंत पूजनीय है। यह गाँव उस स्थान को चिन्हित करता है जहाँ सती के मुकुट (किरीट) को भगवान विष्णु

के सुदर्शन चक्र द्वारा खंडित किया गया था। यह ऐतिहासिक महत्व का है क्योंकि इसका संदर्भ भविष्य पुराण के ब्रह्माण्ड खंड में मिलता है।

मुर्शिदाबाद के नबाग्राम ब्लॉक के पास के गाँव अमरकुंडु में, हर साल श्रावण के अंतिम रविवार को उत्सव होता है। मंदिर में दोनों छवियों को एक साथ गंगादित्य के नाम से जाना जाता है। भागीरथी के 'यू' आकार के घेरे में जो स्थान है पलाशी (अंग्रेजी में प्लासी) कहा जाता है। भागीरथी अब यहाँ से कुछ कि.मी. आगे बढ़ चुकी है। यहाँ पास ही एक शिलालेख है जिस पर लिखा है, 'प्लासी का युद्ध क्षेत्र, 23 जून, 1757'।

भारत में ब्रिटिश शासन का वास्तविक समय तब शुरू हुआ जब नवाब सिराजुदुल्लाह अपने कुछ रिश्तेदारों और दरबारियों के विश्वासघात और षड्यंत्र का शिकार हो गए। तब लॉर्ड रॉबर्ट क्लाइव ने भारत पर ब्रिटिश प्रभुत्व की शुरुआत की, जो 1947 में समाप्त हुआ। जॉन कंपनी का बंगाल में सर्वोच्च शक्ति के रूप में आगमन हुआ, जिसका विस्तार डच, फ्रेंच और पुर्तगाली वर्चस्व वाले क्षेत्रों को छोड़कर शेष सम्पूर्ण भारत में हो गया।

गंगा किनारे स्थित कई आश्रमों में, विभिन्न अवसरों पर यह स्थानीय गीत अक्सर गाया जाता है–

वह स्त्री कौन है;
जिसकी उपस्थिति एक आशीर्वाद है,
जिसका आलिंगन हमें मुक्त करता है,
जिसका स्पर्श हमें अनश्वरता देता है?

मालदा से करीब 10 कि.मी. दूर एक पुराना शहर गौर है जो अब उजड़ चुका है। इतालवी यात्री लुडोविको डि वर्थेमा ने 16वीं शताब्दी की शुरुआत में वेनिस से गौर की यात्रा की थी और शहर के विशाल वाणिज्यिक आकार की सूचना दी थी। यह 15वीं शताब्दी में एक भव्य और समृद्ध बस्ती थी। यह गंगा डेल्टा के शीर्ष पर स्थित था जहाँ गंगा भागीरथी (जिसे नीचे आने पर हुगली नाम दिया गया) और पद्मा

(वर्तमान बांग्लादेश में बहने वाली) में विभाजित हो जाती है। गौर नदी गंगा के कारण उत्पन्न हुई; और जो गंगा ने दिया, वह भी ले गई। नदी के कारण यह शहर अचानक मृत हो गया। 1575 ई. में मानसून के दौरान हमेशा की तरह नदियाँ तीन महीने तक उठती और बहती रहीं, लेकिन जैसे-जैसे बाढ़ का पानी कम होता गया, गंगा की मुख्य धारा दक्षिण की ओर कई कि.मी. दूर चली गयी। इस तरह, गौर, बिना जल के बालू के किनारों से घिरा हुआ, ठहरे हुए नदीतल के साथ, एक गतिहीन शहर बनकर रह गया। गौर और राजमहल के एकाकी शहर अतीत के वैभव के स्मारक हैं।

गौर, भारतीय उपमहाद्वीप के सबसे बड़े मध्ययुगीन शहरों में से एक था, जो 1450 ई. से 1565 ई. तक बंगाल की राजधानी थी। वर्तमान मालदा शहर के दक्षिण में गंगा और महानंदा नदी के बीच, भूमि की पूर्वी पट्टी पर स्थित, इसके अवशेष लगभग 35 कि.मी. लंबाई और आठ कि.मी. चौड़ाई में फैले हुए हैं। यह माना गया है कि पहले लक्ष्मण ावती (इस्लामीकरण के पश्चात् लखनौती) शहर उसी स्थान पर स्थित था। हालाँकि, अलेक्जेंडर कनिंघम ने लक्ष्मणावती को हिंदू स्थान के नामों और पारंपरिक रूप से वल्लसेना से जुड़े एक किले के अवशेषों के आधार पर, गौर के खंडहरों के उत्तर में रखा। यह भी माना गया है कि लक्ष्मण सेन ने गंगा के तट पर अपने अंतिम दिन बिताने के लिए अपनी राजधानी को नादिया में स्थानांतरित कर दिया था, जिसे स्वीकार करना मुश्किल है क्योंकि गंगा लक्ष्मणावती शहर से भी बह रही थी। ऐसा अनुमान लगाया जा सकता है कि गंगा के पश्चिमी बहाव के कारण सेन की राजधानी बह गई होगी, जिससे राजा ने अपनी राजधानी लक्ष्मणावती को छोड़ दिया था। पलाओ-चैनल के लंबे क्षेत्र में रेतीली मिट्टी के अवशेष अभी भी देखे जा सकते हैं। हालाँकि, मुस्लिमकाल से पूर्व की कलाकृतियाँ, दोनों बौद्ध और हिंदू, मध्यकालीन गौर किले के दक्षिण में स्थित उच्च भूमि में ही पाई जाती हैं।

सुल्तान नसीरुद्दीन महमूद (1435-1459) के शासनकाल के दौरान, शहर के दक्षिण में कोतवाली (द्वार) से सड़क पर उनके द्वारा

बनाए गए एक पुल पर लिखा गया गौर का पहला शिलालेख (दिसंबर 1457), पांडुआ से राजधानी के हस्तांतरण की तिथि बताता है। गौर, 1565 तक बंगाल की राजधानी बना रहा जब सुलेमान कर्रानी ने इसे पश्चिम में टांडा में स्थानांतरित कर दिया। मुगल सेनापति मुनीम खान ने 1575 में इसे वापस गौर ले आया, जिसने शायद किले के पूर्वी हिस्से में लुकोचुरी द्वार बनाने में महत्वपूर्ण भूमिका निभाई। मध्यकालीन राजधानी गौर को, प्लेग के प्रकोप के कारण अंततः 1575 में छोड़ दिया गया।

बारादुरारी के बाहर, भुतहा शहर, गौर में, एक विचित्र मंदिर है, एक छोटा, बॉक्सनुमा कमरा, जो लोहे की सलाखों से बंद है। इसमें तांत्रिक देवी छिन्नमस्ता की प्रतिमा है, जो शक्ति की एक अवतार हैं। वह महाविद्या में छठी और स्वयंभू देवी हैं। उनके नाम का अर्थ है 'जिसका सिर कटा हुआ है'। जब उनकी दासियाँ भोजन माँग रही थीं तो देवी ने स्वयं का शीश काट दिया और उसे हाथ में उठाकर उससे होने वाले रक्त प्रवाह से अपनी भूखी दासियों को रक्त पान कराया। उनके समीप नाग देवी मनसा की प्रतिमा है जो एक छोटे बच्चे को अपनी गोद में लिए हुए है। देवी छिन्नमस्ता के ऊपर शिव का मस्तक चमकता है।

मुर्शिदाबाद से लगभग 50 कि.मी. दक्षिण में, नदी के ढलान पर, हुगली दाईं ओर घूमती है और फिर तुरंत बाईं ओर मुड़कर 'S' बनाती है। मालदा जिले के गोहिला गाँव में, गंगा और स्थानीय देवी चंडी के लिए स्नान उत्सव आयोजित किया जाता है। गंगा मंदिर स्थायी है लेकिन देवी चंडी का कोई मंदिर या छवि यहाँ नहीं है। नाग देवी मनसा भी गंगा से सम्बंधित हैं।

हुगली मुर्शिदाबाद से होकर गुजरती है जो यहाँ के इतिहास की साक्षी है। बैरक, नील की फैक्ट्रियों के अवशेष और ब्रिटिश, डच और नवाबों के कब्रिस्तान यहाँ के इतिहास में दर्ज हैं।

मखसूदाबाद स्थायी रूप से मुर्शिदाबाद बन गया, जो कि पूर्व में एक नया शक्ति केंद्र बना, और शीघ्र ही जहाँगीरनगर से ढाका, राजधानी के अंतरण के साथ, स्थानों और सापेक्ष समृद्धि का स्थान भी बन गया। कहा जाता है कि 1759 में शहर का का विस्तार भागीरथी के

साथ लगभग आठ कि.मी. लंबा और नदी के प्रत्येक बंध पर लगभग चार कि.मी. चौड़ा था, जबकि इसके उपनगरों की परिधि लगभग 50 कि.मी. थी।

बंसलोई भागीरथी की एक अन्य सहायक नदी है। यह हुसैनपुर गाँव के पास बीरभूम से इस जिले में प्रवेश करती है और पूर्व की ओर बहती है और उसके बाद में मिलती है।

जंगीपुर के उत्तर में भागीरथी, द्वारका और बबला दो धाराएँ हैं जो मोरग्राम के पास बीरभूम जिले से यहाँ प्रवेश करती हैं और पूर्व की ओर बहती हैं, और फिर दक्षिण-पूर्व दिशा में कंडी उपखंड की पूर्वी सीमा बनाती हैं, और उसके बाद रघुपुर में यहाँ से विदा लेती है। वे क्रमशः मयूराक्षी और कुइया नदियों द्वारा दाहिने किनारे पर मिलती हैं, जो बीरभूम जिले से भी बहती हैं। हालाँकि, आकार में मध्यम, इन नदियों के कई नाम हैं, साथ ही इनकी कई सहायक नदियाँ भी हैं।

ब्रह्मणी, मयूराक्षी और कुइया नदियाँ बीरभूम जिले की पहाड़ियों से निकलती हैं और उसके बाद पश्चिम दिशा में बहती हैं और अंततः द्वारका नदी में मिल जाती हैं। ये नदियाँ कंडी अनुमंडल में स्थित हिजल बील में मिलती हैं। इन नदियों में कंकड़ और पीली मिट्टी के ताल हैं; उनकी गहराई अब काफी हद तक कम हो गई है।

इसके अवतरण पर, हुगली जलंगी और माथाभंगा के जल के साथ फिर से जुड़ जाती है और दामोदर, रूपनारायण, हल्दी और राउलपुर से जुड़ जाती है, छोटा नागपुर पठार से निकलने वाली सभी सहायक नदियाँ इसमें प्रवेश करती हैं। इसके दाईं ओर नदी, रूपनारायण और हुगली का मिलन स्थल ताम्रलिप्ति वर्तमान तामलुक के निकट है।

इस भाग के सबसे पवित्र स्थल इसके संगम और विचलन पर हैं। कटवा में, अजय नदी हुगली में प्रवेश करती है; आगे दक्षिण में, अब सूख चुकी सरस्वती और जमुना, कभी इससे अलग होकर त्रिबेनी पर मिलती थीं। कटवा और त्रिबेनी के बीच नवद्वीप शहर है, जहाँ जलंगी फिर से हुगली में प्रवेश करती है; यह सदियों से संस्कृत शिक्षा का केंद्र था।

चौतन्य महाप्रभु की जन्मस्थली मायापुर, जो नदी के उस पार नवद्वीप की ओर है, अब एक प्रमुख तीर्थ है। पश्चिम बंगाल में गंगा को समर्पित एक श्लोक लोकप्रिय है, जिसका भावार्थ है:

हे नदी! ऋषि जाह्नु की बेटी, तुम पुण्य देने वाली हो,
लेकिन वे तो अपने अच्छे कर्मों से ही मिलते हैं,
वहाँ तुम्हारा चमत्कार कहाँ है?
मैं एक आशाहीन पापी हूँ
यदि तुम मुझे मुक्ति दे सकती हो तो मैं कहूँगा
यही तुम्हारी महानता है, तुम्हारी सच्ची महानता
जिन्हें उनकी ही माँओं ने छोड़ दिया है,
जिन्हें मित्र और रिश्तेदार छूते भी नहीं
जिनके देखते ही कोई राहगीर हाँफता है और प्रभु का नाम लेता है
ऐसे जीते जी मरे हुए लोगों को तुम अपनी शरण में लेती हो
हे भागीरथी! तुम सबसे दयालू माता हो!

गंगा के मुख्य मार्ग का पूर्वाभिमुख प्रवाह यहाँ देखा जा सकता है। यहाँ जाह्नु ऋषि का वृतांत पुनः प्रासंगिक है। गंगा को बंगाल से ले जाते हुए, भागीरथ रास्ते में एक शंख की ध्वनि से भ्रमित हो गए। शीघ्र ही उन्हें अपनी भूल का एहसास हुआ और उन्होंने गंगा को हुगली बेसिन और समुद्र तक ले जाने के लिए अपना मार्ग परिवर्तित किया।

1814 में, कोसिमबाजार में हुगली अचानक शहर से दूर पश्चिम में तीन मील की दूरी पर स्थानांतरित हो गयी और अपने पीछे दलदल और रुका हुआ पानी छोड़ गई जिससे बुखार का प्रकोप हुआ, जिससे स्थानीय आबादी का तीन-चौथाई हिस्सा नष्ट हो गया।

चंदन नगर नामक जगह में, गंगा के शांत किनारे (या हुगली) के ऊपर, कलकत्ता की हलचल के करीब, कुछ कस्बे हैं, जहाँ अंग्रेजों के आने से बहुत पहले यूरोप के कुछ लोग बसने आये थे। शहर से 40 कि.मी. उत्तर में सेरामपुर से शुरू होकर, जहाँ डेनिश ने 1755 ई. में बंदेल के लिए एक व्यापारिक चौकी की स्थापना की थी, जो 17वीं

शताब्दी की शुरुआत में एक पुर्तगाली क्षेत्र था, उनके बीच चंदननगर, एक आकर्षक छोटा शहर है, जहाँ 1951 तक फ्राँसीसियों ने शासन किया था और चिनसुराहजहाँ 200 से अधिक वर्षों से डच नाविकों की व्यापारिक चौकी थी। इन चार शहरों ने अपनी वास्तुकला में यूरोपीय विरासत के चिन्ह सहेज कर रखे हैं। फ्राँसीसी उपनिवेश की स्मृतियाँ आज भी ताजा हैं, लेकिन यहाँ का माहौल पूरी तरह बदला हुआ नजर आता है। नदी अब नावों और मालवाहक जहाजों से भर गई है।

नदी के किनारे गाँवों, कस्बों, मंदिरों और घाटों से भरे हुए थे। मुर्शिदाबाद से सेरामपुर तक, नदी के किनारे अधिकांश क्षेत्र में सुंदर पत्थर के भवन और भव्य उद्यान है। 14वीं शताब्दी के एक भक्त द्वारा स्थापित महेश गाँव में जगन्नाथ मंदिर, एक तीर्थ है, जो उड़ीसा के तट पर स्थित जगन्नाथ की यात्रा से प्रेरित था। 1755 में अपने वर्तमान स्वरुप में पुनर्निर्मित, यह मंदिर भगवान जगन्नाथ और अन्य देवताओं से संबंधित रथ-यात्रा के वार्षिक उत्सव का स्थल है।

मायापुर से लगभग 15 कि.मी. दूर गंगा के बाएँ किनारे पर, फाल्टा शहर के सामने दामोदर नदी है। दूसरे छोर पर गंगा के साथ रूपनारायण का संगम है। बौद्ध तीर्थ शहर तमलुक रूपनारायण के तट पर स्थित है। चीनी यात्री ह्वेनसांग ने इस प्राचीन शहर को एक बंदरगाह के रूप में वर्णित किया है, लेकिन आज समुद्र यहाँ से 60 मील दूर बहता है। कोलकाता के बाराशीग्राम में बद्रिका नाम का एक प्राचीन शिवलिंग है, जिसे प्राचीन काल में अम्बुलिंग कहा जाता था, जिसकी महिमा चौतन्य भागवत में वर्णित है। एक लोकप्रिय धार्मिक कथा के अनुसार, जब भगीरथ गंगा के साथ पृथ्वी पर आए, तो भगवान शिव विरह से अधीर हो गए और वह यहाँ आए और छत्रभाग में जल रूप में गंगा में विलीन हो गए।

कालीघाट का उपनगर, काली पूजा से जुड़ी गंगा के अवतरण की कहानी है। काल, सृष्टि, संहार और शक्ति की चार भुजाओं वाली देवी काली, ब्रह्मांड का परम सत्य है।

दुर्गाप्रसाद मुखोपाध्याय ने अपनी पुस्तक 'गंगाभक्ति तरंगिनी' में छंदों के माध्यम से यहाँ के परिदृश्य का जीवंत वर्णन किया है। उन्होंने गंगा की अमर यात्रा में नए शहरों और बाजारों को जोड़ा है, जिसमें कोलकाता में कालीघाट की तीर्थयात्रा, देवी काली की पूजा पीठ शामिल है। उन्होंने गंगा को दक्ष प्रजापति की पुत्री के रूप में चित्रित किया, जो लंबी तपस्या के बाद स्वर्ग से निर्वासित अप्सरा और नर्तकी मेनका के गर्भ से पृथ्वी पर पैदा हुई थीं। उन्होंने गर्भावस्था का बहुत विस्तार से वर्णन किया है, क्योंकि मेनका के गर्भाशय में, पापियों का उद्धार करने के लिए, माँ गंगा मानव स्त्री का रूप धारण करती है। गंगा के जन्म की आसन्न खबर से पूरी सृष्टि प्रसन्न है, और सृष्टि के लिए जाने जाने वाले सभी पर्वत–मैनाक, कैलास, विंध्य, गोवर्धन, गंधमदान और सुमेरु, पूजा करने के लिए आते हैं। गंगा का आगमन भी शुभ संकेतों और चमत्कारों से चिह्नित होता है। गंगा की कृपा से नेत्रहीन फिर से देखने लगता है और विकलांग उठकर चलते हैं। गंगा का बाल्यकाल भी उनकी महानता का परिचायक है, और उनकी लहरों के अशांत खेल को उनकी शाश्वत सहजता के रूप में वर्णित किया गया है।

अपने गंतव्य गंगासागर के रास्ते में, गंगा कई दर्शनीय स्थलों से होकर बहती है, जो उनके कारण ही महत्वपूर्ण और उल्लेखनीय बन गए हैं। गंगा के तट पर दक्षिणेश्वर में रानी रासमणि का मंदिर है, जिसके घेरे में 12 शिव मंदिर हैं। इस मंदिर में रामकृष्ण परमहंस की पूजा करते थे। हावड़ा के पास गंगा के तट पर बेलूर मठ है, जिसकी स्थापना स्वामी विवेकानंद ने की थी।

इसके आस-पास के क्षेत्र में लाल बाबा का आश्रम है जो 1932 में यहाँ पहुँचे थे और जिन्होंने एक झोपड़ी बनाने के लिए जंगली घास को साफ किया था। वे प्रायः मौन रहकर गंगा को निहारते रहते थे। 1967 में उनकी मृत्यु हो गई। उनकी आदमकद प्रतिमा अभी भी नदी के उस पार एक झोपड़ी में एक भगवा चोले में विराजमान है। तीर्थयात्री दर्शन के लिए उनकी समाधि पर जाते हैं।

कोलकाता के आस-पास गंगा प्रेरित तीर्थस्थल भी हैं, जैसे गंगा के तट पर बड़नगर के पास किरीट प्लेस में बना देवी मंदिर, जिसे 51 शक्तिपीठों में गिना जाता है क्योंकि देवी सती के दाहिने पैर की चार ऊंगलियाँ (अंगूठे को छोड़कर) यहाँ गिरीं थीं। यहाँ शिवलिंग युक्त 11 रुद्रमंदिर हैं, जो शक्तिपीठ का प्रमुख स्थान है। कुछ पवित्र कुंड भी हैं। बालागढ़ से पंचमौल पर चाकदह में पटापड़ा मंदिर एक अन्य महत्वपूर्ण स्थल है। यहाँ गंगा लाते समय महाराज भागीरथ के रथ के पहियों के निशान दिखाई देते हैं। इस स्थान पर वरुणी मेला लगता है।

कोलकाता में चकदह से लगभग 8 कि.मी. दूर त्रिवेणी नामक स्थान है, जो बंगाल के चार प्राचीन शिक्षा केंद्रों में से एक है और इसमें नवद्वीप, शांतिपुर और गुप्तीपारा शामिल हैं। प्रयाग की त्रिवेणी के विपरीत इसे मुक्ता-त्रिवेणी कहा जाता है, क्योंकि प्रयाग में गंगा, यमुना और सरस्वती एक ही धारा के रूप में बहती हैं, लेकिन यहाँ वे अलग-अलग मार्गों पर बहती हैं। भागीरथी कोलकाता होते हुए गंगासागर जाती है, इच्छामती नाम से यमुना पूर्व की ओर उठती है और सरस्वती सप्तग्राम से होते हुए फिर से संकरैल में गंगा में मिल जाती है। इस मुक्ता-त्रिवेणी पर, गंगा दशहरा, वरुणी महोत्सव, मकर संक्रांति और माघ पूर्णिमा जैसे मेलों का आयोजन किया जाता है।

कोलकाता निवासी अक्सर शहर से लगभग 50 कि.मी. दूर तारकेश्वर जाते हैं, और भगवान शिव के अभिषेक के लिए कावड़ में जल ले जाते हैं। यह गाँव गंगा के निकटतम बिंदु से लगभग 40 कि.मी. दूर है। जलाभिषेक के लिए जल काली घाट से लिया जाता है।

रिकॉर्ड के अनुसार, हुगली सबसे चुनौतीपूर्ण और खतरनाक नदियों में से एक है। नदी के मुहाने के पास जहाँ दामोदर और रूपनारायण नदियाँ पश्चिम से इसमें प्रवेश करती हैं, रेत के किनारे और मछलियों के झुंड की एक श्रृंखला है। नदी का तल बदलता रहता है। हुगली के मीठे पानी की आपूर्ति तीन प्रमुख स्रोतों से की जाती है: गंगा, तीन मुख्य वितरिकाओं, भागीरथी, जलंगी और माताभंगा के माध्यम से जिन्हें सामूहिक रूप से नादिया के रूप में जाना जाता है; और छोटा नागपुर

पठार की नदियाँ, मुख्यतः दामोदर और रूपनारायण। 18वीं शताब्दी में, दामोदर नदी ने अपनी दिशा बदल दी। कलकत्ता से लगभग 40 कि.मी. उत्तर में, नया सारा में हुगली में प्रवेश करने के बजाय, दामोदर नदी ने कलकत्ता से लगभग 30 कि.मी. नीचे, रूपनारायण के साथ अपने संगम के पास हुगली तक पहुँचने के लिए दक्षिण की ओर एक रास्ता बना दिया। दक्षिणी कलकत्ता में एक सूखी हुई नदी को स्थानीय रूप से आदि गंगा के रूप में जाना जाता है जो हुगली के मूल समुद्र के रूप में प्रतिष्ठित है। कलकत्ता के दक्षिण में, हुगली समुद्र में अपना अंतिम अवतरण पूरा करती है, जो पहले मोटे तौर पर दक्षिण-पश्चिम दिशा में हुगली पॉइंट तक जाता है, जहाँ रूपनारायण पश्चिम से इसमें प्रवेश करती है। नदी के बाएँ किनारे पर एक मंदिर है जिसका सममित रूप से स्तरित प्रवेश द्वार और चीनी अक्षर इसे हुगली के तट पर अन्य मंदिरों और घाटों से अलग करते हैं। यह 18वीं शताब्दी के उत्तरार्द्ध का है। हुगली पॉइंट पर, गंगा डायमंड हार्बर पर फिर से दक्षिण की ओर मुड़ने से पहले, रूपनारायण के प्रवाह से बल पाकर पूर्व की ओर बढ़ती है। यहाँ से नदी विस्तृत होकर बंगाल की खाड़ी में प्रवेश करती है और सागर द्वीप दिखाई देता है।

भागीरथी-हुगली वह सूत्र था जिसने मुर्शिदाबाद से लेकर बंगाल की खाड़ी तक सभी को एक साथ बाँधा था। यह हमेशा एक चुनौतीपूर्ण नदी रही है, जो गीले और सूखे मौसम के दौरान अलग-अलग स्तरों के साथ, ज्वार और ज्वार के प्रवाह, तथा गाद के संचय से चार या चोर किनारों का निर्माण करती है।

8

अंतिम तीर्थ: गंगा सागर

गंगा नदी का अंतिम पड़ाव गंगासागर यानी सुंदरवन है। यहाँ पहुँचने के बाद गंगा अपनी यात्रा पूर्ण करके समुद्र में विसर्जित हो जाती है। सुंदरवन को पहले गंगासागर कहा जाता था, क्योंकि यहीं पर गंगा समुद्र में मिलती है। इसका महत्व प्रयाग, काशी, हरिद्वार आदि के समान ही माना जाता है।

सुखान, गंगा और ब्रह्मपुत्र नदियों का पठारी भाग है, जिसकी मिट्टी खारी है। बंगाल की खाड़ी के तट पर स्थित होने के कारण इसमें आकर्षक जैव विविधता है। यह प्राकृतिक धरोहर गंगा की ही देन है। यह विश्व का सबसे बड़ा डेल्टा है। गंगा, कोलकाता और हावड़ा होते हुए, सुंदरबन के भारतीय भू-भाग यानी दक्षिण पूर्वी सुंदरबन से सागर में मिलती है।

गंगा और उसकी सहायक नदियाँ लगभग 73,000 वर्ग मीटर के क्षेत्र के साथ इस त्रिकोणीय डेल्टा का निर्माण करती हैं। इसे गंगा सागर संगम भी कहा जाता है, जो गंगा के सौ मुहानों में से एक सागरद्वीप के पास स्थित है।

सुंदरवन को एक विकासशील डेल्टा कहा जाता है, जो पिछले 1,000 वर्षों में बना है जो लगातार महासागर की ओर बढ़ रहा है। इसका ढलान बहुत कम है, इसलिए गंगा की धाराएँ यहाँ बहुत धीमी गति से बहती हैं और उनके द्वारा लाई गई मिट्टी डेल्टा का 350 कि.मी. तक विस्तार करती रहती है। इन दो धाराओं के बीच, विस्तृत सुंदरबन डेल्टा में बहने वाली हुगली और ब्रह्मपुत्र, गंगा की उत्पत्ति की तरह नौ अलग-अलग धाराएँ बहने लगती हैं। ये धाराएँ हैं–मेघना

(गंगा), ब्रह्मपुत्र, हरिनहाट, पुष्कर, मुर्जाता (कागा), बड़पुंग, मालिंजू, राममंगल (यमुना) और हुगली जो एक ही नाम से अलग-अलग जगहों पर समुद्र में गिरती हैं। गंगा द्वारा लाया गया तलछट समुद्र को धूसर कर देता है। इस उपजाऊ मिट्टी ने यहाँ के समृद्ध वनस्पतियों और जीवों को सुरक्षा प्रदान की है। भू-विज्ञान के अनुसार पहले कोलकाता समुद्र तट पर स्थित था। समुद्र का विस्तार राजमहल और सिलहट तक था, लेकिन डेल्टा के निरंतर विस्तार के कारण आज यह तटीय भाग से 24-32 कि.मी. दूर है। डेल्टा का ढाल उत्तर से दक्षिण की ओर है, इसलिए अधिकांश घुमावदार सहायक नदियाँ उत्तर से दक्षिण की ओर बहती हैं और दक्षिणी भाग में कई धनुषाकार झीलें बनाती हैं। इन नदियों को प्रायः ज्वारीय नदियाँ कहा जाता है, जिनमें ज्वार-भाटा आने के कारण ये काफी हद तक भर जाती हैं। खारे पानी के कारण सुदूर दक्षिणी भाग में मैंग्रोव प्रजाति के वृक्षों का वन क्षेत्र है, जो प्रायः दलदली और क्षारीय भूमि में उगते हैं। सुंदरवन के कटका अभयारण्य में सुंदरी, केवड़ा, देवा, अमलोपी, गोरान और तरमाजा के पेड़ बहुतायत में हैं। उल्लेखनीय है कि सुंदरी वृक्षों की प्रचुरता के कारण इस क्षेत्र का नाम सुंदरबन पड़ा।

लगभग 400 वर्ग कि.मी. क्षेत्र का गंगासागर या सागरद्वीप वनाच्छादित है और अधिकतर आबादी रहित है। यहाँ कुछ ही ऋषि निवास करते हैं, लेकिन मकर संक्रांति पर यहाँ पाँच दिवसीय मेला लगता है, जिसमें तीन दिनों तक स्नान उत्सव होता है। मेले से कुछ दिन पहले वन क्षेत्र में लगभग 1.5 कि.मी. क्षेत्र को काटकर मेले का स्थल बना दिया जाता है। उन दिनों में बंगाल की खाड़ी के नीचे का यह रेतीला समुद्र तट भी मेले के रंग में रंग जाता है। सगर के 60,000 पुत्रों को नरक से मुक्ति दिलाने के बदले में वे यहाँ सागर को रत्नादि चढ़ाते हैं। हालाँकि गंगासागर में कोई मंदिर नहीं है, वामनखाल में एक प्राचीन मंदिर है, जो मेला स्थल से कई मील उत्तर में है। इसके पास चंदनपीड़ी जंगल में एक जीर्ण-शीर्ण मंदिर और बरबुदिर समुद्र तट पर विशालाक्षी मंदिर है। तीर्थयात्री आमतौर पर गंगासागर में रेत पर विश्राम करते हैं। संक्रांति

के दिन समुद्र की पूजा की जाती है, प्रसाद बनाया जाता है। दोपहर में भक्त समुद्र में स्नान करते हैं और मुंडन कर्म, श्राद्ध और पिंडदान इत्यादि करते हैं। तीर्थयात्री स्नान कर कपिल मुनि के आसमानी रंग के आश्रम के दर्शन करते हैं। यहीं पर कपिल मुनि अपने अपमान पर क्रोधित हुए और राजा सगर के 60,000 पुत्रों को जलाकर भस्म कर दिया। उनकी मुक्ति के लिए उनके वंशज भागीरथ ने गंगा को धरती पर उतारा था।

गंगासागर में कपिल मुनि का मंदिर हुआ करता था लेकिन वह समुद्र में बह गया। हालाँकि, कपिल मुनि की मूर्ति को कोलकाता में रखा जाता है और मेले से लगभग एक या दो सप्ताह पहले पुजारी को दिया जाता है। फिर, रेत का एक 4 फीट ऊँचा मंच और एक मंदिर बनाया जाता है जहाँ मूर्ति स्थापित कर उसकी पूजा की जाती है।

संक्रांति के अलावा, कुछ तीर्थयात्री कार्तिक पूर्णिमा पर भी गंगासागर जाते हैं। हालाँकि, तब कोई मेला नहीं होता है और भक्तों को अपने भोजन की व्यवस्था स्वयं करनी होती है। यहाँ पीने के पानी के लिए ताजे पानी की एक कच्ची झील भी है, जिसमें स्नान करना वर्जित है।

अपनी यात्रा में गंगा की धारा एक स्त्री की तरह परिवर्तित होती है। गंगासागर में उसके जन्म से लेकर अंत तक गंगा के सभी रूपों को देखा जा सकता है। अपने पिता हिमालय की गोद में वह नटखट कन्या की तरह ताली बजाती नजर आती है और ऋषिकेश और हरिद्वार में उसका बचपन एक निर्मम युवावस्था में बदल जाता है, और जब वह बिहार पहुँचती हैं तब गंभीर मातृत्व की झलक देती है। काँपती बूढ़ी औरत की तरह गंगासागर पहुँचते ही उसकी धारा धीमी पड़ने लगती है। उसके बाद वह समुद्र में अपनी आहुति देकर अपनी यात्रा पूर्ण करती है।

9

गंगा एक, धाराएँ अनेक

भारत की सबसे पवित्र, पुण्य नदी गंगा को शास्त्रों में कई नामों से पुकारा गया है। गंगा शिव जटाओं से एक पतली धारा के रूप में निकली और राजा भागीरथ के रथ का अनुसरण करते हुए गंगासागर पहुँची। इस यात्रा में गंगा कई स्थानों से होकर गुजरी, कई घटनाएँ हुईं और कई तीर्थों का जन्म हुआ। अपनी लंबी यात्रा और अपनी उत्पत्ति के लिए प्रचलित अनेक किंवदंतियों के कारण, गंगा ने अलग-अलग नाम, उपाधि, उपमा और संज्ञाएँ धारण की।

पुराणों में गंगा के 15 प्रचलित नामों का उल्लेख है, लेकिन गंगा से संबंधित घटनाओं के आधार पर इसके सैकड़ों हजारों नाम हैं, जैसे–विष्णुपदी, जाह्नवी, भागीरथी, त्रिपथा, सुरनीमरागा, त्रिखेता, स्वरापगा, सुरपगा, अलकनंदा, मंदाकिनी, सुरंदी, भुगंगा, पातालगंट, भीष्मसु, ब्राह्मणदी, जटाशंकरी, सुरधुनी, त्रिवेणी, अलसतरंगिणी, त्रिदशगधालिका, त्रिदशगदलघिगा आदि।

उद्‌गम स्थल से विसर्जन स्थल तक गंगा कई नदियों और झीलों के जल को आत्मसात करती है। इस प्रकार, कई नदियों के नाम में गंगा शामिल हैं जैसे केदारगंगा, कवना गंगा (भ्युंदर गंगा), पाताल गंगा, गरुड़ गंगा, विरही गंगा, अमृत गंगा, पिंडर (कर्ण गंगा), राम गंगा, जटा गंगा, नील गंगा, कुनाली गंगा, ऋषि गंगा, धौली गंगा (नया गंगा), विष्णु गंगा, काली गंगा (वासुकी गंगा), दूध गंगा, व्यास गंगा, बुद्ध गंगा, भविष्य गंगा, बांका गंगा, श्याम गंगा, कंचन गंगा (यमुना), सोम गंगा, मंडनी गंगा, हेम गंगा, पद्मा गंगा आदि।

'स्वर्ण सोपान रक्तिम गंगा' सिर्फ एक नदी नहीं है, वह स्वर्ग की एक नदी है जो सगर वंश के कई योद्धाओं के अथक प्रयासों से पृथ्वी पर आई और उनके अनुरोध पर पाताल लोक में गई और उन्हें उनके पापों से मुक्त किया। इसी संदर्भ में गंगा को 'स्वर्ग सोपान रक्तिम' कहा जाता है। गंगा के पवित्र नाम के जुड़ने से हमारी सभी धाराएँ गंगा के समान हो गई हैं।

गंगा एक है लेकिन वह अनेक रूपों में प्रकट होती है। उसकी कई धाराएँ हैं, और कई नाम हैं। इस प्रकार वह भिन्न-भिन्न रूप धारण कर हमें अपार आशीष देती है। गंगा को उत्पत्ति, उत्पत्ति-संबंध, रूप, प्रसंग आदि के आधार पर अलग-अलग नामों से पुकारा जाता है। वह कई धाराओं और उप-खंडों आदि के मिलन से बनी है, जो रास्ते में विभिन्न स्थानों पर गंगा में विलीन हो जाती है और उसे संपन्न करती है। अद्‌भुत गुणों के साथ, इन धाराओं के खनिज, धात्विक, औषधीय गुण गंगा के साथ मिश्रित होने पर गंगाजल को चमत्कारी बना देते हैं। मैदानी इलाकों में गंगा के अवतरण को तीर्थयात्रा के अनूठे भूगोल में संयोजित किए गए परिवेश के रूप में देखा गया है। प्रत्येक हिमनद का पिघला हुआ हिस्सा जो नदी कहलाता है, उसे किसी न किसी रूप में गंगा कहा जाता है।

केदारगंगा

भागीरथी की यह सहायक नदी गंगोत्री से लगभग 19 कि.मी. दूर 4050 मीटर की ऊँचाई पर स्थित केदारताल से निकलती है। इसे 'अप्सराओं का ताल' भी कहा जाता है। हिमालय की वनस्पतियों, खनिजों और दुर्लभ जड़ी-बूटियों के कारण ग्लेशियर से आने वाला पानी, दिव्य जल बन जाता है। समुद्र मंथन से निकले विष को पीने के बाद, भगवान शिव द्वारा इस कुंड का जल पीने से उनकी जलन दूर हुई, आज भी भगवान शिव और उनका परिवार यहाँ स्नान करने आते हैं। इस नीले-हरे कुंड का पानी हमारे शरीर को शोभा और चमक देता है।

जाध गंगा

वारीगुंगड और चोरगढ़ की दो धाराएँ भैरों घाटी में भागीरथी में मिलती हैं। इसे जाधगंगा भी कहा जाता है क्योंकि बौद्ध धर्म के जाधलोग कभी यहाँ रहते थे। यह नदी तकनौर मल्ला क्षेत्र के जाद क्षेत्र में स्थित थमला दर्रे के पास सुमेर घाटी में एक विस्तृत ग्लेशियर से निकलती है। मनागढ़ और सुमलगढ़ जाद क्षेत्र गंगा की प्रमुख सहायक नदियाँ हैं।

असी गंगा

उत्तरकाशी के वन-आच्छादित क्षेत्र में डोडीताल से निकलने वाली जलधारा असी गंगा कहलाती है। यह गंगोत्री में भागीरथी से मिलती है। यह समुद्र तल से 3,024 मीटर की ऊँचाई पर स्थित है। गणेश इस ताल पर पहुँचने वाले पहले व्यक्ति थे; इसलिए इसे धुंधीताल या इंदिताल भी कहा जाता है।

रुद्र गंगा

रुद्रगेरा ग्लेशियर मध्य हिमालय में गंगोत्री के दक्षिण में 5,790 मीटर की ऊँचाई पर स्थित है। यहीं से रुद्रगंगा निकलती है, जो गंगोत्री के पास भागीरथी में मिल जाती है।

भीलन गंगा, बाल गंगा और धर्म गंगा

गंगा के पृथ्वी पर अवतरण के बाद कई धाराएँ बनीं, जिनमें बाल गंगा और धर्म गंगा भी थीं। बाल गंगा भृगुपंथ पर्वत (बुधकेदार) में धर्म गंगा के साथ मिलती है और फिर भिलंगना में विलीन हो जाती है जो घनसाली के पास लौरिया में बहती है। नदियों के बीच स्थित बालखिल्या पर्वत धर्मराज युधिष्ठिर और अन्य ऋषियों का तपस्या स्थल था। यहीं पर भगवान शिव ने एक वृद्ध ऋषि के रूप में धूम्रपान किया था। यक्षिणी गंगा, श्रृंग गंगा, मेनका गंगा आदि कई धाराएँ इस क्षेत्र से निकलती हैं। सहस्वताल नामक झील के नीचे कई कुंड हैं, जिनमें यम

ताल, सिद्ध ताल, नरसिंह ताल, मातृका ताल और लिंग ताल प्रमुख हैं, जहाँ से कई धाराएँ निकलती हैं।

यमुना

सूर्यपुत्री यमुना, यमुनोत्री ग्लेशियर से निकलती है, 500 मीटर नीचे उतरती है और अन्य धाराओं और गर्म झरनों से पानी प्राप्त करती है। यमुनोत्री धाम के तप्तकुंड का जल उसमें मिल जाने पर यह पूरी तरह से यमुना हो जाती है। तप्तकुंड को स्थानीय भाषा में 'मुखारबिंद' कहा जाता है। योनिघाट पच्छुवदुन में यमुना का 155 कि.मी. लंबा प्रवाह क्षेत्र है। ऋषिगंगा, हनुमानगंगा, कुथनौरगढ़, नंदगाँवगढ़, किशनगढ़, बरनीगढ़, मद्रीगढ़, बनदगंगा, कमलगढ़, रिखगढ़, खुटनौगढ़, अगलरगढ़, टोंस और गिरि भी उनसे मिलती हैं।

हनुमान गंगा

लंका जलाने के बाद हनुमान जी ने इस नदी के ठंडे पानी में अपनी पूँछ की आग बुझाई थी, इसलिए इसका नाम हनुमान गंगा पड़ा। यह धारा बंदरपूँछ की बर्फीली चोटियों से निकलती है और हनुमान चट्टी के पास यमुना नदी में मिल जाती है, जहाँ संजीवनी जड़ी बूटी लेने आए हनुमान जी ठहरे थे। पुराणों में इस नदी को 'कालिंदी' भी कहा गया है।

सुपिन

सुपिन नदी बंदरपूँछ पर्वत के पश्चिमी ढलान पर विस्तृत स्वर्गारोहिणी ग्लेशियर से निकलती है। बंदरपूँछ से निकलने वाली खिनसर और जामदार नदियाँ और वासक से निकलने वाली हरकी डूंगड नदियाँ ओसला में मिलती हैं और सुपिन नाम भी रखती हैं। इसके अलावा, पंचगई, रेवसाडा धार, डिगोडिगड, तालुकागोड, घटुगड़, हल्यारागढ़ आदि जैसी धाराएँ भी जुड़ती हैं।

रूपिन

यह नदी बंदरपुंछ के माँझीवन के भरासर ताल से निकलकर, नैटवार (पोखू) में डोडरा क्वार और सुपिन से मिलती है। हिमालय में 35 कि.मी. तक बहने के बाद, यह गुरसंगु, हटली, मसरी और नूरानु धाराओं से मिलती है, जो भाग्य पर्वत और हिमरी घाटी से आती हैं। रूपिन और सूपिन के संगम को टॉस के नाम से जाना जाता है। इसका पानी औषधीय गुणों से भरपूर है।

पबरी

यह नदी हिमाचल प्रदेश के चांगसिल पर्वत के चंद्रनहन ताल से दक्षिण-पश्चिम दिशा में बहती है। रोहड़ू से दक्षिण दिशा में बहने के बाद टॉस में तुनी नदी में मिल जाती है। रास्ते में कुछ जलधाराएँ जैसे विस्कलती, रावी और कोटी इसमें शामिल हो जाती हैं।

अलकनंदा

गढ़वाल क्षेत्र की यह सबसे बड़ी नदी अलकापुरी किनारे से निकलती है। बद्रीनाथ के पास स्थित बर्फीले झील सतोपंथ के उत्तरी भाग को पुराणों में 'अलका ग्लेशियर' कहा गया है। अपने दुर्लभ प्राकृतिक वातावरण के कारण इसे धार्मिक ग्रंथों में अलकापुरी या स्वर्ग नगरी भी कहा जाता है। इसके अलावा, भगत खड़क ग्लेशियर है, जहाँ से अलकनंदा सतोपंथ की दो धाराओं के साथ मिलती है। इस अलकनंदा जलधारा को 'विष्णुगंगा' भी कहा गया है। जैन और बौद्ध ग्रंथों में इसे दो नामों से वर्णित किया गया है, अलकमाड़ा और अलकनंदा। विष्णु पुराण के अनुसार, जब अलकनंदा दक्षिण की ओर बहती है, तो नंदा (मंदाकिनी) का संगम होता है, जिसमें सतपथी, पाविधारा और सुपाऊ आगे मिलते हैं, और फिर माणा गाँव में सरस्वती बद्रीनाथ मंदिर के पास अलकनंदा से मिलती है, और फिर देव लेखनी में कंचनगंगा से मिलती है। हनुमान चट्टी में नीलकंठ में फैले हिमनद से निकलने वाली

अक्षरगंगा और पांडुकेश्वर में फूलों की घाटी से आने वाली पुष्पावती (हेमगंगा) अलकनंदा से मिलती है। इन सबका जल लेकर अलकनंदा विष्णुप्रयाग पहुँचती है, जहाँ धौलीगंगा अपने जल से उसकी पूर्ति करती है। विष्णुप्रयाग के बाद, अलकनंदा दक्षिण-पश्चिम में पीपलकोटी तक खड़ी पहाड़ों की घाटी में बहती है। कर्मनासा नदी हेलंग चट्टी में मिलती है, जो कुंवारीखाल धार से आती है। तंगानी और बेलाबुची में मैना, तंगानी गाद और पागलनाला धाराएँ शामिल हैं, जो कलावाक मनापाई बुग्याल से आती हैं। फिर पानी और हेलंगनाला बृधबदारी के पास अलकनंदा में मिल जाते हैं। अलकनंदा के आगे बढ़ते ही पाताल गंगा और गरुड़ गंगा हाथ मिलाते हैं।

अपने मार्ग में, अलकनंदा विष्णुप्रयाग से देवप्रयाग तक विभिन्न नदियों और धाराओं जैसे–विष्णुप्रयाग में धौली गंगा, नंदप्रयाग में नंदकिनी, कर्णप्रयाग में पिंडर गंगा, रुद्रप्रयाग में मंदाकिनी और देवप्रयाग में भागीरथी, के जल को आत्मसात करती है। भागीरथी के जल को अपने आँचल में लेकर अलकनंदा पंच प्रयाग पर अपनी कृपा बरसाती हैं।

पंच प्रयाग

यह लोकाचार में एक अभिव्यक्ति है, जो विशेष रूप से उत्तराखंड में पाँच पवित्र नदी संगमों को व्यक्त करने के लिए प्रयोग किया जाता है। पाँच प्रयाग–प्रयाग जिसका अर्थ संस्कृत में 'नदियों के संगम का स्थान' है–जिसे 'प्रयाग पेंटाड' भी कहा जाता है, विष्णुप्रयाग, नंदप्रयाग, कर्णप्रयाग, रुद्रप्रयाग और देवप्रयाग हैं। यह अलकनंदा नदी पर विष्णुप्रयाग से शुरू होता है, जो गंगा की दो स्रोत धाराओं में से एक है; अन्य धाराएँ धौली गंगा, नंदाकिनी, पिंडर, मंदाकिनी और गंगा की प्रमुख धारा भागीरथी हैं।

अलकनंदा सतोपंथ के तल से उतरती है (एक त्रिकोणीय झील, जो समुद्र तल से 4,402 मीटर की ऊँचाई पर स्थित है और जिसका नाम हिंदू त्रिमूर्ति–ब्रह्मा, विष्णु, शिव के नाम पर रखा गया है)। उत्तराखंड

में नंदा देवी चोटी के पास भागीरथ खड़क ग्लेशियर, पाँच प्रयागों को शामिल करते हुए 229 कि.मी. की लंबाई में झरता है और देवप्रयाग में भागीरथी इसमें शामिल हो जाती है, जो अलकनंदा की तुलना में गंगा की मुख्य धारा बनाने के लिए एक छोटा नदी स्रोत है।

प्रत्येक संगम पर, पंच केदार और सप्त बद्री मंदिरों की तीर्थ यात्रा करने वाले तीर्थयात्रियों की बड़ी आमद के साथ, बड़े धार्मिक शहरों का विकास हुआ है। 'देव भूमि' जिसे आमतौर पर उत्तराखंड के रूप में जाना जाता है, में पवित्र मंदिरों के दर्शन करने से पहले तीर्थयात्री इन स्थानों पर नदी में डुबकी लगाते हैं। विष्णुप्रयाग को छोड़कर सभी संगम स्थलों के नाम पर धार्मिक शहरों का नाम रखे गये हैं, यथा–देवप्रयाग, नंदप्रयाग, कर्णप्रयाग और रुद्रप्रयाग। विष्णुप्रयाग के नाम पर कोई शहर नहीं है, लेकिन यह जोशीमठ कस्बे से एक घुमावदार सड़क के साथ लगभग 12 कि.मी. दूर है, जो आगे बद्रीनाथ मंदिर और उससे आगे जाती है। कुछ तीर्थयात्री बद्रीनाथ में विष्णु की पूजा करने से पहले सभी पाँचों प्रयागों में स्नान करते हैं।

पवित्र नदी संगम में पवित्र डुबकी लगाने के लिए, तीर्थयात्री मकर संक्रांति, उत्तरायण, बसंत पंचमी और राम नवमी त्योहारों के दौरान, पाँच प्रयागों का भ्रमण करते हैं।

विष्णुप्रयाग

अलकनंदा नदी, जो सतोपंथ ग्लेशियर से निकलती है, जोशीमठ (जोशीमठ-बद्रीनाथ मार्ग पर) के पास धौली गंगा नदी से मिलती है। सबसे प्रतिष्ठित हिंदू मंदिरों में से एक बद्रीनाथ मंदिर के सामने अलकनंदा बहती है। धौली गंगा अपने स्रोत से विष्णु प्रयाग तक 25 कि.मी. की दूरी तय करने के बाद नीति दर्रे से निकलती है। अलकनंदा नदी के इस खंड को विष्णु गंगा कहा जाता है। ऋषि नारद ने इस संगम पर भगवान विष्णु की पूजा की थी। संगम के पास एक अष्टकोणीय आकार का मंदिर स्थित है जिसका निर्माण वर्ष 1889 में, इंदौर की महारानी अहिल्याबाई होल्कर ने करवाया था। इसमें भगवान विष्णु की

प्रतिमा प्रतिष्ठित की गयी है। इस मंदिर से एक सीढ़ी संगम पर विष्णु कुंड की ओर जाती है, जो एक शांत अवस्था में दिखाई देता है।

नंदप्रयाग

नंदप्रयाग में नंदाकिनी नदी मुख्य अलकनंदा नदी में मिलती है। एक कथा के अनुसार, एक महान राजा नंद ने अग्नि-यज्ञ किया और भगवान का आशीर्वाद प्राप्त किया। इसलिए संगम का नाम उन्हीं के नाम पर पड़ा है। कथा के दूसरे संस्करण में कहा गया है कि संगम का नाम यादव राजा नंद अर्थात भगवान कृष्ण के पालक-पिता के नाम पर पड़ा है।

भगवान विष्णु ने नंद और उनकी पत्नी यशोदा को एक पुत्र के जन्म का वरदान दिया और वही वरदान वसुदेव की पत्नी देवकी को भी दिया। चूँकि दोनों ही उनके शिष्य थे, अतः दुविधा वाली स्थिति निर्मित हो गई। तब उन्होंने सुनिश्चित किया कि विष्णु के अवतार, कृष्ण, देवकी और वसुदेव से पैदा होंगे, लेकिन उनका पालन-पोषण यशोदा और नंद करेंगे। यहाँ कृष्ण के एक रूप, गोपाल का मंदिर है। कण्व ऋषि ने भी यहाँ तपस्या की थी और राजा दुष्यंत और शकुंतला का विवाह भी इसी स्थान पर हुआ था।

कर्णप्रयाग

कर्णप्रयाग वह स्थान है जहाँ अलकनंदा नदी, नंदा देवी पर्वत श्रृंखला के नीचे पिंडर ग्लेशियर से निकलने वाली नदी से मिलती है। महाभारत में यह वर्णित है कि कर्ण ने यहाँ तपस्या की थी और अपने पिता, सूर्य देव से रक्षात्मक कवच और कुंडल अर्जित किए थे, जिसने उन्हें अविनाशी शक्तियाँ प्रदान की थीं। इस प्रकार संगम का नाम कर्ण के नाम से लिया गया है। महाकवि कालिदास द्वारा लिखित एक संस्कृत गीतात्मक काव्य नाटक, 'मेघदूतम' में इस स्थान का संदर्भ है, जो यह बताता है कि सतोपंथ और भागीरथ ग्लेशियर यहाँ पिंडर नदी बनाने के लिए शामिल हुए थे।

उनके द्वारा रचित एक अन्य उत्कृष्ट कृति 'अभिज्ञान-शाकुंतलम' में भी उल्लेख है कि शकुंतला और राजा दुष्यंत की प्रेम-कथा यहाँ शुरू हुई थी। स्वामी विवेकानंद ने भी यहाँ 18 दिनों तक तपस्या की थी।

जिस शिलाखंड पर कर्ण ने तपस्या की थी वह भी यहीं दिखाई देता है। कर्ण की पुण्य स्मृति में हाल के दिनों में बने एक मंदिर में, देवी उमा (हिमालय की पुत्री) की प्रतिमा भी विराजित है। पत्थर के मंदिर का निर्माण आदि शंकराचार्य ने करवाया था। गर्भगृह में, कर्ण की प्रतिमा के अतिरिक्त, देवी पार्वती, भगवान शिव और उनके पुत्र गणेश की प्रतिमाएँ, उमा देवी के समीप स्थित हैं। मंदिर से सीढ़ियों की एक खड़ी कतार संगम स्थल की ओर ले जाती है और इन सीढ़ियों के नीचे, शिव के छोटे मंदिर और बिनायक शिला (गणेश पत्थर) स्थित है, जो कि संकट से रक्षा करती है। कर्णप्रयाग के उप-संभागीय शहर के कुछ गाँवों में, 12 साल में एक बार, उमा देवी की छवि की शोभा यात्रा निकाली जाती है।

संगम स्थल के बगल में तट पर एक बड़ा चारागाह है जहाँ गायें चरती हुई दिखाई देती हैं। एक स्थानीय किंवदंती के अनुसार, एक स्थानीय जमींदार ने अनजाने में इस चरागाह भूमि में एक गाय को मार डाला था, जिसे सनातन धर्म के अनुसार एक धार्मिक अपराध माना जाता है। गौ-हत्या के पाप का प्रायश्चित करने के लिए, जमींदार के पास पर्याप्त धन नहीं था, इसलिए उसने दक्षिण भारत के एक तीर्थयात्री से उसकी मदद करने का अनुरोध किया। परोपकारी तीर्थयात्री की मदद से, जमींदार ने चरागाह भूमि खरीदी, और इसे विष्णु के एक रूप भगवान बद्रीनाथ को समर्पित कर दिया, इस प्रतिज्ञा के साथ कि इस भूमि का उपयोग केवल गायों द्वारा चरने के उद्देश्य से किया जाएगा।

रुद्रप्रयाग

अलकनंदा नदी रुद्रप्रयाग में मंदाकिनी नदी से मिलती है। संगम का नाम भगवान शिव के नाम पर रखा गया है, जिन्हें रुद्र के नाम से भी जाना

जाता है। यहाँ शिव ने तांडव किया था। तांडव एक प्रचंड नृत्य है जो सृजन, संरक्षण और प्रलय के चक्र का स्रोत है। शिव ने यहाँ अपना प्रिय संगीत वाद्ययंत्र 'रुद्र वीणा' भी बजाया था। वीणा बजाकर उन्होंने भगवान विष्णु को आकर्षित किया और उन्हें जल में परिवर्तित कर दिया।

एक बार नारद मुनि को अपने वीणा वादन कौशल का अभिमान हो गया था। देवताओं ने भगवान कृष्ण से नारद के अभिमान को दूर करने का अनुरोध किया। कृष्ण ने नारद को विश्वास दिलाया कि शिव और उनकी पत्नी पार्वती उनकी संगीत प्रतिभा से प्रभावित हैं। नारद अपनी प्रशंसा से बहुत खुश हुए और तुरंत हिमालय में शिव से मिलने के लिए निकल पड़े। रुद्रप्रयाग के रास्ते में, वे कई सुंदर रागिनीयों से मिले, जो विकृत हो गई थीं और उनकी विकृति का कारण स्पष्ट रूप से नारद द्वारा वीणा बजाना था। यह सुनकर, नारद ने स्वयं की तुच्छता को अनुभव किया और भगवान शिव के सामने आत्मसमर्पण कर दिया और संगीत की शिक्षा हेतु स्वयं को शिव के शिष्य के रूप में समर्पित कर दिया।

एक अन्य किंवदंती के अनुसार, शिव की पत्नी, सती ने शिव के अपमान से रुष्ट होकर आत्मदाह कर लिया था, उसके बाद, उन्होंने हिमालय की पुत्री पार्वती के रूप में पुनर्जन्म लिया। हिमालय की असहमति के बावजूद, पार्वती ने नए जन्म में भी शिव को पति रूप में प्राप्त करने का वरदान पाने के लिए कठोर तपस्या की।

यहाँ रुद्रनाथ (शिव) और देवी चामुंडा को समर्पित मंदिर स्थित हैं। धारा देवी मंदिर भी रुद्रप्रयाग मार्ग पर अलकनंदा नदी के तट पर स्थित है। काली के अवतार के रूप में देवी इस क्षेत्र में बहुत पूजी जाती हैं, और उन्हें समर्पित मंदिर यहाँ स्थित है। वह चार धामों की रक्षक के रूप में पूजनीय हैं। मंदिर के पास एक प्राचीन गुफा भी मौजूद है, जहाँ चमत्कारिक रूप से पत्थर की कलात्मक मूर्ति दिन बढ़ने के साथ एक लड़की, स्त्री और बूढ़ी स्त्री का रूप ले लेती है।

एक बार भीषण बाढ़ में मंदिर बह गया और धारा देवी की मूर्ति धारो गाँव के पास एक चट्टान में फंस गई। ग्रामीणों ने मूर्ति

की जय-जयकार सुनी और एक दिव्य आवाज ने उन्हें मूर्ति को वहाँ स्थापित करने का निर्देश दिया। किंवदंती है कि मूर्ति को किसी भी छत के नीचे नहीं रखा जाना चाहिए, इसलिए धारा देवी मंदिर में, मूर्तियों के ऊपर हमेशा खुला आकाश होता है। एक अन्य किंवदंती है कि उत्तराखंड की पालक देवी धारा देवी है। एक जलविद्युत परियोजना के लिए रास्ता बनाने के लिए, 16 जून 2013, रविवार, को शाम लगभग 7.30 बजे पुजारियों और स्थानीय लोगों द्वारा बादल फटने से कुछ घंटे पहले मूर्ति को उसके मंदिर से हटा दिया गया था। इस तरह एक छोटी-सी पहाड़ी पर विश्राम करने वाली मूर्ति को उसके आधार से अलग कर दिया गया था। जिसके कारण ऐसा विश्वास किया जाता है कि उत्तराखंड को देवी के क्रोध का सामना करना पड़ा। केदारनाथ में हुए जलप्रलय के बाद वह परियोजन खंडहर हो गई थी।

देवप्रयाग

देवप्रयाग, दो पवित्र नदियों, गंगा की प्रमुख धारा भागीरथी और अलकनंदा का संगम है। बद्रीनाथ के रास्ते में यह पहला प्रयाग है। इस संगम के बाद, नदी को गंगा के रूप में जाना जाता है। इस स्थान की पवित्रता इलाहाबाद में प्रसिद्ध त्रिवेणी संगम के समतुल्य मानी जाती है, जहाँ गंगा, यमुना और सरस्वती नदियाँ मिलती हैं।

तेज धारा के साथ प्रचंड वेग वाली भागीरथी का संगम, इससे कहीं अधिक शांत नदी अलकनंदा में होता है। यहाँ शामिल होने वाली दो नदियों के बीच का अंतर विचित्र है। भागीरथी अपने तल में स्थित विशाल शैलखंडों पर गरजते हुए और झाग के साथ प्रचंड वेग से नीचे की ओर बहती है, जबकि अलकनंदा, शांत रूप से, स्थिर सतह के साथ बहती हुई, तब तक शीतल हवा सी बहती रहती है जब तक कि वह अपनी अशांत सखी से नहीं मिल जाती। अपनी सखी से मिलते ही वह बलपूर्वक तेजी से नीचे उतरती और उसके कोलाहल और प्रचंडता में एकाकार हो जाती है।

इस संगम का नाम देव शर्मा नामक एक गरीब ब्राह्मण के नाम पर रखा गया है, जिसने यहाँ 'कठोर तपस्या' की थी और भगवान राम का आशीर्वाद प्राप्त किया था। नदियों के किनारे दो कुंड या तालाब हैं जो यहाँ जुड़ते हैं, ये हैं–भागीरथी पर वशिष्ठ कुंड और अलकनंदा के तट पर ब्रह्म कुंड। इस स्थल को विष्णु की नाभि के रूप में जाना जाता है, ब्रह्मा ने यहाँ ध्यान किया था।

यहाँ तपस्या करने वाले कई महान राजाओं में से एक राम थे–जिन्होंने रावण (एक ब्राह्मण दैत्य राजा) का वध करने पर, प्रायश्चित करने के लिए यहाँ तपस्या की थी। भगवान विष्णु ने यहाँ तीन कदम भूमि के लिए दैत्यराज बलि से प्रार्थना की। भगवान राम, मोक्ष प्राप्त करने से पहले, यहाँ से अंतर्ध्यान हो गए थे। वैष्णव इसे अपने जीवनकाल में तीर्थयात्रा के 108 दिव्य दशमों (विष्णु के पवित्र निवास) में से एक मानते हैं।

संगम पर, भगवान राम का एक प्रसिद्ध मंदिर स्थित है जिसे रघुनाथ मठ कहा जाता है। राम की 15 फीट ऊँची, काले ग्रेनाइट की मूर्ति को केंद्रीय प्रतीक के रूप में पूजा जाता है। इसे करीब 1300 साल पहले मंदिर में स्थापित किया गया था। पास में ही एक शिव मंदिर भी है।

यहाँ प्राचीन पत्थर के शिलालेख भी मिले हैं। पत्थर के शिलालेख पहली शताब्दी ईसवी सन् में मंदिर के अस्तित्व को दर्शाते हैं। मंदिर, जो 72 फीट ऊँचा है, एक चतुर्भुज पिरामिड आकार में है, जिसकी चौड़ाई मंदिर की मीनार के शीर्ष की ओर है। शीर्ष पर एक सफेद गुंबद है। गुंबद के ऊपर की ढलान वाली छत लकड़ी के खंभों पर आधारित है। छत ताँबे की प्लेटों से बनी है जो एक शिखर के साथ मढ़ी हुई गेंदो से सजी है। गरुड़ (भगवान विष्णु का वाहन) की छवि भी यहाँ स्थापित है। राम नवमी, वसंत पंचमी और बैसाखी के उत्सव के दिनों में, जो इस मंदिर में विशेष अवसर हैं, भगवान को पूजा के लिए निर्देशित पत्थर पर रखा जाता है। देवप्रयाग के मंदिर से एक सीढ़ीदार रास्ता, भागीरथी

और अलकनंदा नदियों के संगम की ओर जाता है, जहाँ भागीरथी के स्वच्छ प्रवाह के साथ, अलकनंदा की मथी हुई मैली धारा के मिश्रित होने से, गंगा का विकसित होना स्पष्ट दिखाई देता है। तीर्थयात्री इस स्थल पर साइप्रिनस डेंटिकुलटस मछलियों जिनकी लंबाई 4-5 फीट होती है, को खाना खिलाते हैं।

चमोली और कर्णप्रयाग के बीच, गोरसालगढ़, नागोलगढ़ और गिरसागड दाहिनी ओर अलकनंदा में शामिल होते हैं, जबकि जेठी, रट्टा, कफल, जयकंडी और सिरतोलीगढ़ धाराएँ बाएँ किनारे पर आती हैं। कर्णप्रयाग और रुद्रप्रयाग के बीच खूनी गढ़, लोरा गढ़, साड़ी गढ़, गडगढेरा, धोलतीर गढ़, कौन गढ़, गहोरा गढ़, धुमेली गढ़, लमेदी गढ़ और चंदन गढ़ नाम की धाराएँ अलकनंदा धारा को पोषित करती हैं।

अलकनंदा नदी के तट पर कोटेश्वर मंदिर है, जहाँ स्वयंभू भगवान शिवलिंग की पूजा की जाती है। यह भगवान शिव को समर्पित एक मंदिर है जो रुद्रप्रयाग, उत्तराखंड से लगभग तीन किलोमीटर दूर, अलकनंदा नदी के ऊपरी हिस्से में स्थित है। यह वही स्थान है जहाँ भगवान शिव केदारनाथ जाते हुए ध्यानस्थ होने के लिए रुके थे।

स्थानीय जनश्रुतियों के अनुसार यह मंदिर भस्मासुर के समय से अस्तित्व में है। यह वह राक्षस था जिसका हाथ सिर पर स्पर्श होने से वह व्यक्ति हड्डियों की राख में परिवर्तित हो जाता था। भगवान शिव उसके प्रकोप के बचने के लिए छिप गए थे, जिन्होंने अनेक स्थानों पर छिपने और इस राक्षस से मुकाबला कर उसे पराजित करने के बाद कोटेश्वर महादेव मंदिर में कुछ समय ध्यान और विश्राम किया था।

यहाँ से अलकनंदा के दक्षिण-पश्चिम दिशा में टिहरी जिले में पहुँचने पर भरदारीगढ़, बडियारगढ़, कोलागढ़, डंगगढ़, डुंडभगढ़ और बगवंगढ़ धाराएँ दाईं ओर मिलती हैं। पुराणों में भी यहाँ मानद्री, देववती, मधुमती, मनोनमती और जिवंती नदियों के अस्तित्व का उल्लेख मिलता है। रुद्रप्रयाग और श्रीनगर के बीच की प्रमुख धाराएँ ब्राह्मण, खोकरागढ़, नारकोटा गढ़ेरा, क्षेत्रवानी धारा, कटकवती धारा, कालिकागढ़, खंडा गढ़, कोलासु गढ़ हैं।

पाताल गंगा

ऊपर से देखने पर नीले पानी वाली यह नदी, एक गहरी कण्ठ जैसी घाटी में बहती है; इसलिए इसे 'पातालगंगा' कहा जाता है। सर्प के सामान दिखाई देने वाली यह नदी, तंगानीचट्टी से 2 कि.मी. बाद अलकनंदा में मिल जाती है।

गरुड़ गंगा

गरुड़ और साँप के बीच की परस्पर शत्रुता प्रसिद्ध है। इसलिए घर के अंदर गरुड़ गंगा के कंकड़ रखने से साँप नहीं आते। देवदार के जंगलों से बहती हुई गरुड़ गंगा, पाखी गाँव में अलकनंदा नदी में मिल जाती है, जो गरुड़ मंदिर को स्पर्श करती हुई बहती है।

विरही गंगा

विरही नदी का निर्माण हिमनदों के पास बने सात जलाशयों से हुआ है, जो त्रिशूल शिखर के उत्तरी ढलान पर सिंगी बुग्याल क्षेत्र में स्थित है। विरही के सप्तकुंड मिश्रित धारा में, गुड़ीतर ताल से भी एक जलधारा आती है, जो दशीली परगना के पट्टीमल्ला दशोली में स्थित है। ईरानी से निकलने के बाद इसे वेतीगंगा और गोहना के नाम से जाना जाता है। यह लगभग 29 कि.मी. पश्चिम की ओर बहती है और चमोली से लगभग 9 कि.मी. पहले विरही, अलकनंदा में मिल जाती है।

अमृतगंगा

इस धारा का जन्म अत्रि मुनि की पत्नी सती अनुसूया की शक्ति से हुआ था, जिसके कारण ऋषि ने अपनी तपस्या पूरी करके अपनी प्यास बुझाई थी। केवल इसी गंगा की चट्टानों के सहारे परिक्रमा की जाती है।

बालखिल्या नदी गोपेश्वर से 12 कि.मी. दूर मंडल कस्बे में स्थित शिव मंदिर के पास अमृतगंगा में मिल जाती है। यह सहायक नदी बलखिल्या पर्वत से निकलती है। दोनों नदियों के संगम को ब्योमकेश

संगम कहा जाता है। यहाँ से आगे, बालखिल्या नदी कोठियालासैन में अलकनंदा में मिल जाती है, जो मथाना-चमोली के बीच स्थित है। वास्तव में तुंगनाथ के पूर्व से और रुद्रनाथ के दक्षिण-पश्चिम ढलान से निकलने वाली धाराएँ, बालखिल्या को जल प्रदान करती हैं। इनमें अमृतगंगा, वीरगंगा, औस गढ़, गवरी गढेरा, भौरसी गढेरा, भृगुगंगा, देवरा गढ़, पसोली गढ़ शामिल हैं, जो चांगवड और सगुंडु के संयोजन से सिंचित हैं। व्योमप्रयाग तीर्थ में समुद्री धारा बालखिल्या का एक अंग बन जाती। पश्चिम से बहने के बाद बालाखिल्या पूर्व की ओर बहती है और अलकनंदा में मिल जाती है। ये सहायक उप-धाराएं, प्राचीन काल में दशमांश की पहचान थीं।

नंदाकिनी

नंदा घुंगटी और त्रिशूल पर्वत श्रृंखलाएँ नंदाकिनी, विस्तृत हिमनद धाराओं का मूल स्रोत हैं। अपने स्रोत नंदगिरी, नंद क्षेत्र, नंद पर्वत और माता नंदा के कारण इसे नंदाकिनी कहा जाता है। रूपकुंड से आने वाली रूप गंगा के अलावा हरसिंग गढ़, सप्तकुंड से आने वाली तिमुनि गढ़ जैसी कई धाराएँ नंदाकिनी को समृद्ध बनाती हैं। इसके अलावा इसमें जेठा गढ़, मालागढ़, गौड़िया गढ़, मौरल गढ़, चुफला गढ़, मद्रा गढ़, पुनेरा गढ़, मतवानी गडेरा और कर्णगडेरा जलधाराएँ भी मिलती हैं। इन धाराओं से संपन्न नंदाकिनी नंदप्रयाग में अलकनंदा में मिल जाती है।

पिंडर (कर्ण गंगा)

पिंडरनदी का उद्गम स्थल पिंडरी ग्लेशियर है, जो 3.2 कि.मी. लंबा और 1.5 कि.मी. चौड़ा है। यह नंदा देवी के पूर्वी ढलान से लेकर नंदाकोट चोटी की तलहटी तक फैला हुआ है। पिंडर नदी अलकनंदा की सबसे बड़ी सहायक नदी है, जिसके ऊपरी भाग में भैंस पालने वाली पिंडारी जनजातियाँ विचरण करती थीं। पिंडर नदी दक्षिण की ओर 10 कि.मी. तक बर्फीले रूप में बहती है। द्वाली में कफनी ग्लेशियर से निकलकर, कुफिनी नदी इसमें मिलती है। 15 कि.मी. के बाद सुंदरडुंगा

जलधारा इस संगम से मिलती है। दक्षिण-पश्चिम में और फिर पश्चिम में, यह चमोली जिले में क्वावारी नामक स्थान पर गंगा जल में मिल जाती है, फिर गहरी घाटी को पार कर तालोर (देवल) में मिलती है, जिसे केदारखंड में कर्णगंगा कहा जाता है। मुल्कंथा ग्लेशियर से निकलती है और नीलगंगा का पानी भी अपने साथ लेती है।

कैल में आकर अनेक छोटी-छोटी नदियाँ इसमें मिलती हैं। थराली में प्राणमती (गोपतारा) से अधिकतम पानी लेने के बाद, पैथाबी के नीचे टोली गढ़ का पानी मिलता है। नौरागढ़ और क्युर धाराओं से पानी लेकर, यह सिमली में भरारी का पानी लेती है, जिसे अट्टा गढ़ या 'वैद्य' भी कहा जाता है। पिंडर नदी का निरंतर प्रवाह कुमाऊँ क्षेत्र के दानपुर और नंदल क्षेत्रों को सिंचित करता है और चमोली में बाधन क्षेत्र तक पहुँचता है। देवल, थराली, नारायण बगड़ और सिमली के छोटे से गाँव से होकर यह कर्णप्रयाग में आती है और वहाँ यह कर्णशिला के पास अलकनंदा में विलीन हो जाती है।

मंदाकिनी (काली नदी)

केदारनाथ धाम में, केदार शिखर के दक्षिण-पूर्वी ढलान से निकलकर मंदाकिनी दक्षिण की ओर बहती है। सोनप्रयाग में वासुकी ताल से निकलने वाली सोनी जलधारा को लेकर क्यूंगड़ में क्यूंगड, सांगद, क्षेत्रस्वामी ढाल और रांसी जलप्रपात से पानी लेती है। दाहिने किनारे पर आकर, पावी, गविनी धाराएँ इसे अपने जल से संपन्न करती हैं। इसके अलावा, टुन, राउत और दारमा नाम की स्थानीय नदियों के पानी के साथ-साथ परकंडी से आने वाली धारा का पानी भी इसमें पाया जाता है। तल्लानागपुर क्षेत्र में पहुँचने पर बायें किनारे पर सूर गढ़ तथा दायें किनारे पर लास्तर गढ़ की धारा इसमें सम्मिलित हो जाती है। फिर यह हमरगढ़ से मिल जाती है जिसे स्थानीय भाषा में 'बनाद' कहते हैं। इन धाराओं में काली गंगा और लास्टार नदियाँ प्रमुख हैं। लास्टार, जो त्रियुगीनारायण के उत्तर-पश्चिम से निकलती है, टिहरी जिले में हिमलौ (ह्योलो) नदी भी बहती है। हिमलौ का उद्‌गम पवली पर्वत की वीरपाल

शाखा के उत्तर-पूर्वी ढलान से होता है और तिलवारा में मंदाकिनी का जल स्तर अभूतपूर्व रूप से बढ़ जाता है जब हिमलौ उसके साथ विलीन हो जाती है। 72 कि.मी. का सफर तय कर मंदाकिनी रुद्रप्रयाग पहुँचती है। मंदाकिनी और अन्य नदियों के संगम पर कई तीर्थ हैं, जैसे सोनप्रयाग (सोनधारा और मंदाकिनी), चंद्रप्रयाग या चंद्रपुरी (चंद्रधारा और मंदाकिनी), सूर्यप्रयाग आदि। घाटी में, केदारनाथ, गौरीकुंड, गुप्तकाशी, वासुकीताल, ऊखीमठ, देवरियाताल, रुद्रप्रयाग, कोटेश्वर, चोराबारी ताल (गांची सरोवर), मदमहेश्वर आदि अन्य प्रसिद्ध तीर्थ हैं। रुद्रप्रयाग में मंदाकिनी और अलकनंदा का संगम एक प्रमुख शैवतीर्थ माना जाता है। रुद्रप्रयाग में, 132 चट्टानों को काटकर बनाई गई सीढ़ियाँ संगम तक जाने के लिए सुलभ मार्ग बनाती हैं।

सरस्वती

सरस्वती नदी का उद्गम, देवताल से उत्तर-पश्चिम दिशा में, डूंगरीला यानी माणा दर्रे से 12 कि.मी. पहले होता है। अरवताल और ताराबैंक से जुड़े सात अन्य ग्लेशियरों का पानी, यहाँ उत्तर और दक्षिण से दो धाराओं के रूप में आता है। यह नदी एक निर्जल और बर्फीले रास्ते से बहती हुई माणा गाँव के पीछे पहुँचती है, जहाँ स्वर्गारोहिणी सतोपंथ पर इसका प्रवाह बहुत तेज हो जाता है। केशवप्रयाग में सरस्वती की धारा शांति से अलकनंदा के तेज प्रवाह में मिलती है। ऐसा कहा जाता है कि श्री गणेश ने माणा में ही वेद व्यास के निर्देशन में महाभारत की रचना की थी। स्वर्गारोहिणी के रास्ते में, पांडवों ने उफनती हुई सरस्वती की पूजा की और उन्हें शांत किया और भीम ने विशाल चट्टानों के साथ उनके ऊपर एक पुल का निर्माण किया।

लक्ष्मण गंगा

सिक्खों के दसवें गुरु गोविंद सिंह ने सात पहाड़ियों से घिरी हेमकुंड झील में तपस्या की थी। लक्ष्मण गंगा नदी भी हेमकुंड से निकलती है और धनधारिया में पुष्पावली नदी में विसर्जित हो जाती है, जो

गोविंदघाट पर अलकनंदा में मिलती है। छछरिया से, एक मार्ग भुंदर घाटी (फूलों की घाटी) और दूसरा हेमकुंड (लोकपाल) की ओर जाता है, जहाँ लक्ष्मण का मंदिर है।

पुष्पवती

टिपरा तट से निकलने वाली यह नदी विश्व प्रसिद्ध फूलों की घाटी को अपने स्वच्छ और शीतल जल से सिंचती है और कई फूलों, औषधीय पौधों, जड़ी-बूटियों आदि को लेकर 4 कि.मी. तक बहती है।

आकाशकामिनी गंगा

उत्तराखंड की देवभूमि के गढ़वाल क्षेत्र में शिव के पाँच प्रमुख मंदिरों को पंचकेदार कहा जाता है। इनमें से तुंगनाथ, समुद्र तल से 3,800 मीटर की ऊँचाई पर स्थित है, जहाँ तुंगनाथ की पहाड़ियों को पार करते हुए आकाशकामिनी नदी, मंदाकिनी में मिलती है। शिव के कटे हुए शीश से छुटकारा पाने के लिए विष्णु ने स्वयं शिव को त्रिशूल से उनकी छाती पर प्रहार किया था, जिसके परिणामस्वरूप आकाशगंगा सप्तर्षियों को तीन धाराओं में मंदाकिनी मिली।

भूंदर गंगा (कवना गंगा)

कवना गंगा समुद्र तल से 5120 मीटर की ऊँचाई पर, तुंग चोटियों के बीच, कागभुसुंडी ताल नामक एक सुरम्य झील से निकलती है, जो भायंदर गाँव तक पहुँचती है, जहाँ लक्ष्मण गंगा धारा इसमें मिलती है। राजखार्क ग्लेशियर से निकलने वाली धाराएँ इस कुंड को समृद्ध करती हैं।

सप्त गंगा

वाल्मीकि कृत रामायण में ऋषि विश्वामित्र ने कथा सुनाई कि कैसे गंगा शिव की जटाओं से राम और लक्ष्मण तक पहुंची? अपनी जटाओं में गंगा को प्राप्त करने के बाद, भगवान शिव ने अपनी एक लट खोलकर

गंगा को पृथ्वी पर उतारा। जैसे ही वह धारा बिंदु सरोवर में गिरी, वह सात उपखण्डों में विभाजित हो गई, जो अलग-अलग दिशाओं में बहती थी। इनमें से हल्दिनी (या अहलादिनी), पावनी और नलिनी पूर्व की ओर बहती थीं, वंक्षु (या सुचक्षु), सीता और सिंधु धाराएँ, सातवीं धारा भगीरथी से पश्चिम की ओर बहती थीं। इनका वर्णन ब्रह्म पुराण, वायु पुराण और मत्स्य पुराण में मिलता है। नलिनी पूर्व की ओर बहती है और तोमर, हंसमार्ग, हैहय, कर्णप्रवरण, अश्वमुख, सिकता पर्वत, विद्याधर, नागमंडल से होते हुए समुद्र में गिरती है।

भागवत पुराण के पाँचवें स्कंध के अनुसार, मेरु पर्वत पर गिरने के बाद, आकाशगंगा की सीता धारा को भद्राश्ववर्षा (चीन) की गंगा कहा गया है। ऋग्वेद में सात गंगा नदियों का भी उल्लेख है, जो परुष्नी, असिकनी, मरुधा, वितस्ता, अर्जिकाया और सुबोमा हैं।

जाह्नवी

गंगा का यह नाम ऋषि जाह्नु के कारण पड़ा। पुराणों के अनुसार, जब राजा भगीरथ गंगा को पृथ्वी पर लाकर गंगासागर की ओर ले जा रहे थे, तब नदी के पानी में बहुत अधिक गति और वेग था। रास्ते में ऋषि जाह्नु का आश्रम था। गंगा की गति के कारण ऋषि की साधना भंग हो गई और वे गंगा पीने लगे। फिर भगीरथ और अन्य देवताओं के अनुरोध पर, जाह्नु ने गंगा को अपनी जाँघ से मुक्त किया और इस कारण गंगा को जाह्नवी के नाम से जाना जाने लगा।

जाह्नवी के अलावा, उन्हें ऋषिकुल्य भी कहा जाता है क्योंकि ऋषि जाह्नु ने उन्हें अपने कान से भी मुक्त किया था। उन्होंने गंगा को अपनी पुत्री के रूप में स्वीकार किया, इसलिए गंगा को ऋषिकुल्य कहा गया।

भीष्मजननी

भीष्म की माता होने के कारण गंगा को भीष्मजननी भी कहा जाता है और गंगा के पुत्र होने के कारण भीष्म को गंगेय कहा जाता है। भीष्म

आठवें वसु थे। वसु नाम का अर्थ है 'प्रतिभा' या 'धन दाता'। जब गंगा अपनी लहरों में बहने लगी तो महाराज शांतनु ने न केवल उसे ऐसा करने से रोका बल्कि उससे विवाह भी किया। महाराज शांतनु की रानी बनने के बाद, उन्होंने भीष्म से पहले सात वसुओं को जन्म दिया और उन्हें नवजात के रूप में ही पानी में प्रवाहित करके स्वर्ग भेज दिया, लेकिन आठवें वसु यानी भीष्म स्वर्ग में नहीं जा सके। वह भारतवंश और हस्तिनापुर के रक्षक बने। वसु को पृथ्वी पर जन्म लेने का श्राप मिला था। महाभारत के अनुसार, देवताओं के गण में, आठ वसु (भगवान इंद्र के परिचर देवता) धरा, ध्रुव, सोम, अपा, अनिला, अनल, प्रत्यूषा और प्रभास थे, जबकि श्रीमद्‌भागवत के अनुसार ये आठ वसु–द्रोण, प्राण, ध्रुव, सन्दूक, अग्नि, दोष, वासु और विभवसु, दक्ष प्रजापति की पुत्री और धर्म की पत्नी से पैदा हुए थे। लेकिन चूँकि धू नाम के वसु ने अपनी पत्नी के कहने पर धेनु गाय का अपहरण कर लिया था, इसलिए उन्हें लंबे समय तक मानव योनि में रहने, स्त्री भोग को त्यागने, संतान पैदा न करने का श्राप मिला, किन्तु वे एक महान ज्ञानी और विद्वान और परम वीर योद्धा हुए, और सभी का सम्मान प्राप्त कर परम आदरणीय हुए। रामायण में इसी वसु को अदिति और ऋषि कश्यप का पुत्र बताया गया है।

महाभारत में, राजा महाभिष का वृतांत मिलता है। महाभिष स्वर्ग में, देवताओं की सभा में विराजमान थे, तब हवा के झोखे से गंगा के आँचल के उड़ने पर भी वे उसकी ओर देखते रहे, और प्रत्युत्तर में गंगा भी उनकी ओर देखती रही। महाभिष की निर्लज्जता को देखकर, ब्रह्मा क्रोधित हो गए और उन्होंने महाभिष को पृथ्वी पर निर्वासित कर दिया। उनका पुनर्जन्म राजा प्रतिप के पुत्र, शांतनु के रूप में हुआ। इस समय गंगा ने ऋषि वशिष्ठ द्वारा शापित आठ वसुओं की सहायता करने का निर्णय लिया, जिसके कारण वे स्त्री से पुरुष हो गए थे। आकाशीय प्राणियों के रूप में वे एक सामान्य मानव के गर्भ में पैदा नहीं हो सकते थे, इसलिए स्वयं को पुनः अप्सराओं के रूप में स्थापित करने के करने के लिए, वसुओं ने गंगा की संतानों के रूप में पुनर्जन्म लेने के लिए

प्रार्थना की। उन्होंने अपनी होने वाली माँ (गंगा) से कहा कि वे जन्म लेते ही उन्हें जल में विसर्जित कर मार दें, ताकि उनकी आत्माओं को मुक्ति प्राप्त हो। गंगा इसके लिए राजी हो गई, लेकिन यह भी अनुरोध किया कि उसकी आठ संतानों में से एक को जीवित रहने दिया जाए।

एक दिन, जब महान कुरु वंश के धर्मपरायण राजा प्रतिप गंगा किनारे ध्यान में मग्न थे, तब गंगा ने एक सुंदर युवती का रूप धारण किया, मोहक रूप से जल से उठी, और राजा प्रतिप का ध्यान भंग करने के लिए उनकी दाहिनी जंघा पर बैठ गई। प्रतिप ने उससे पूछा कि वह क्या चाहती है, तब गंगा ने कहा कि वह उन्हें चाहती है। प्रतिप ने संयम का व्रत लिया था, इसलिए वे कामवासना से विचलित नहीं हुए।

उन्होंने बताया कि गंगा उनकी दाहिनी जंघा पर बैठी थीं, जो बच्चों और बहुओं के लिए थी। प्रतिप ने उससे कहा कि जब उसका पुत्र बड़ा हो जाए तो वह (गंगा) उसे पति के रूप में वरण कर ले। गंगा ने इस प्रस्ताव को स्वीकार कर लिया। राजा ने मरने से पहले, अपने बेटे से कहा कि एक दिन एक सुंदर कन्या उसे खोजने आएगी, और वह उस कन्या को अपने जीवन साथी के रूप में स्वीकार ले।

नियत समय पर, शिकार के दौरान गंगा के तट पर घूमते हुए, शांतनु ने उसी श्रेष्ठ स्त्री को देखा जो उसके पिता के सामने आई थी। उसके सुंदर रूप से प्रभावित होकर, शांतनु ने अपने पिता की अंतिम इच्छा के अनुसार, उसके समक्ष विवाह का प्रस्ताव रखा। गंगा ने उससे विवाह कर लिया और जल्द ही उसे संतान प्राप्त हुई। वसुओं को दिए अपने वचन के अनुसार, उसने नवजात शिशु को तुरंत नदी में विसर्जित कर दिया। इस तरह उसने अपनी सात संतानों को जल में विसर्जित कर दिया, किन्तु आठवीं बार शांतनु ने हस्तक्षेप किया, जिसके कारण आठवाँ शिशु बच गया, जो बड़ा होकर महान योद्धा भीष्म बना।

जलमयी गंगा

गंगा को जलमयी भी कहा जाता है, लेकिन यह नाम उन्हें शापित होने के कारण दिया गया था। जब गंगा को उसकी माँ ने घर पर नहीं पाया,

तो उसे क्रोध से पानी में बदलने का शाप दिया, जो उसका अंतिम नाम बन गया। उन्हें जाध गंगा भी कहा जाता है।

स्वर्ग गंगा

भगीरथ की तपस्या के परिणामस्वरूप, जब गंगा स्वर्ग छोड़कर शिव के शीश पर गिरी, तब उसकी एक धारा स्वर्ग में रह गई और उसका नाम स्वर्ग गंगा रखा गया। मंदाकिनी स्वर्ग से आने के कारण इसे पुराणों में 'मंदाकिनी' भी कहा जाता है, जो अलकनंदा के साथ हरिद्वार में चट्टानी मैदान में बहती है। कुछ पुराणों में स्वर्ग गंगा को 'मंदाकिनी' कहा गया है।

बाण गंगा

जब महाभारत युद्ध के मैदान में भीष्म पितामह शर-शैय्या (बाणों की शैय्या) पर लेटे हुए थे, तब उनकी प्यास बुझाने के लिए, अर्जुन ने एक बाण पाताल की ओर साधा, जिससे गंगा की एक धारा उत्पन्न हुई, जिसे 'बाणगंगा' कहा जाता है।

विष्णुपदी

भगवान विष्णु के चरणों से उठने के कारण, गंगा को विष्णुपदी कहा जाता है। राजा बलि से दान प्राप्त करने के बाद, वामन देव ने अपनी माया त्रिविद्रम के माध्यम से एक बौने का रूप धारण किया और दो कदम में दोनों लोकों को माप दिया। तब ब्रह्मा ने उनके चरणों का जल से अभिषेक किया, जिससे वे आकाश को माप रहे थे। उनके कमंडल का जल पहले शिव के शीश पर गिरा, जिससे भगवान वामन रूप में विष्णु के चरण शुद्ध हो गए। इसी कारण गंगा को विष्णुपदी कहा जाता है। यह कहानी होयसल (मैसूर) में एक चट्टान पर उकेरी हुई पाई जाती है।

त्रिपथा

स्वर्ग से अवतरित होने के बाद, गंगा ने आकाश सहित पृथ्वी और पाताल लोक को पवित्र किया। गंगा की पहली धारा आकाश में (आकाश गंगा), दूसरी धारा पृथ्वी पर तथा तीसरी धारा पाताल लोक में बहती है। तीनों लोकों में उसकी गति के कारण, उसे त्रिपथा कहा जाता है। तीन धाराओं में प्रकट होने के कारण उन्हें त्रिओटा भी कहा जाता है। पुराणों में स्वर्ग गंगा को मंदाकिनी, भुगंगा को भागीरथी और पाताल गंगा को भगवती कहा गया है।

नुपुर गंगा

जब ब्रह्मा ने भगवान विष्णु का चरण प्रक्षालन शुरू किया, तो उनके कमंडल से निकलने वाला जल भगवान विष्णु के नुपुर (टखने की घंटी) पर गिरा; फिर उसकी एक बूँद शिव के केश पर गिरे बिना पृथ्वी पर गिर गई और वहीं समा गई। यह बूँद आज भी वृषभ पर्वत (अलगरामलाई) पर एक छोटी-सी धारा के रूप में बहती है।

सिद्ध का अर्थ है योग सिद्धि प्राप्त करने वाला। क्षीरशुभ्र दूध के समान सफेद होता है। भितिहाटी भय को दूर करने वाली है। गंगा के अन्य नामों में टीला-कुटिला का अर्थ है जो सरस्वती के समान है। संसार विषनाशिनी–निरंगजन, जो भौतिक संसार के विष का नाश करती है। सुंदर अंगों वाली, शुभांगी–नाग गंगा, जिसका जल धर्मियों के लिए धर्मी है।

पवित्र गंगा की महानता पूरे भारत को प्रभावित करती है। देश भर में कई ऐसी झीलें और नदियाँ हैं, जो सीधे गंगा से नहीं जुड़ी हैं, हालाँकि उनके नाम इस पावन नदी से जुड़े हैं। यदि गंगा को ब्रह्मा के कमंडल से निकलने वाली तीन धाराओं में से एक माना जाता है, तो पृथ्वी पर स्थित काशी, स्वर्ग में स्थित काशी की छाया है। धौमालगंगा और व्यासगंगा का संगम, हिमाचल प्रदेश के कुल्लू (कांगड़ा) में प्रसिद्ध है। भविष्य गंगा, मुरादाबाद में सम्मत स्थित कबीरसराय के

पास बहती है। बिहार में राजगृह में वैतरणी और बाणगंगा है। शिवपुरी (ग्वालियर) और बिलारी (राजस्थान) में भी बाणगंगा नाम की धाराएँ हैं। बैद्यनाथ धाम में, भक्त शिवगंगा सरोवर से पुण्य अर्जित करते हैं। महाभारत के युद्धक्षेत्र, कुरुक्षेत्र (हरियाणा) में एक बाणगंगा है, जिसे अर्जुन ने पितामह की तृप्ति के लिए, तीर चलाकर पाताल से प्रकट किया था।

मैसूर में शिवगंगा, श्रीशैलम के मल्लिकार्जुन तीर्थ में पातालगंगा और तमिलनाडु में वेंकटचलम पर्वत कुछ अन्य उदाहरण हैं। गंगा की न केवल देश में बल्कि विदेशों में भी अनुपम ख्याति है, इसलिए मॉरीशस में स्थित एक झील का नाम शिवगंगा सरोवर है।

भागीरथी, कालिंदी (यमुना), सरस्वती, कावेरी, नर्मदा, वेनी और बूढी गंगा नदियों को सप्त गंगा कहा जाता है। जोगेश्वर धाम की पर्वत श्रंखलाओं को शिव के केश माना जाता है, जहाँ से जटागंगा प्रवाहित होती है, जो सरयू नदी में मिलती है। इसी प्रकार नंदा कोट पर्वत के दक्षिण-पूर्व में रामगंगा नदी, पूर्वी उत्तराखंड के पिथौरागढ़ जिले के नामिक ग्लेशियर से निकलती है और दक्षिण-पूर्व की ओर बहती है। नदी कई छोटी और बड़ी नदियों द्वारा पोषित होती है और अंत में पिथौरागढ़ के घाट के पास रामेश्वर में सरजू नदी में मिल जाती है। सरजू बदले में काली (शारदा) के साथ मिल जाती है, इसकी उत्पत्ति गौमुख की प्रतिकृति है।

प्रयाग और काशी की महानता भी अतुलनीय है, इनके नाम जपने से ही प्राणी पाप से मुक्त होकर मोक्ष का पात्र हो जाता है। लखनऊ के पास नैमिषारण्य में, काशी ही नहीं प्रयाग और गंगोत्री भी नजर आते हैं। राजस्थान में भी हरियाणा में नारनौल के पास रामनाथ काशी है। गुप्तकाशी, उत्तरकाशी और उत्तर भारत की मुख्य काशी की तरह, काशी नाम दक्षिण में भी तीर्थ स्थलों से जुड़ा है। शिवकाशी मदुरै के पास है। दक्षिणकाशी (तेनकाशी) कूथलम जलप्रपात के पास स्थित है। तमिलनाडु में कांचीवरम (काशीवरम) शहर को सचमुच शिवकांची (शिवकाशी) और विष्णुकांची (विष्णुकाशी) के रूप में माना जाता है।

इन सभी को मिलाकर दक्षिण की पंचकाशी कहा जाता है। उत्तर प्रदेश में नौमिष्काशी भी इस परंपरा के वाहक रहे हैं।

प्रयाग, गंगा-यमुना और सरस्वती का संगम स्थल (त्रिवेणी), इस पवित्र संगम के कारण तीर्थ स्थान है। हालाँकि, प्रयाग का शाब्दिक अर्थ वह स्थान है जहाँ गंगा एक नदी से मिलती है। 14 अन्य प्रयाग हैं जहाँ गंगा गंगास्वरूपा बनने के लिए किसी न किसी नदी से मिलती है।

10
उपसंहार

दार्शनिक वल्लभ (1478-1530) का कथन है कि गंगा केवल भौतिक जल की एक धारा या पापों का नाश करने वाली आध्यात्मिक क्षमता के साथ भौतिक जल की एक धारा नहीं है, वह पाप-विनाशक धारा के रूप में है, जो दिव्य गंगा माँ की अभिव्यक्ति है।

भगवान इंद्र, जिन्होंने स्वर्ग और पृथ्वी को अलग किया था और उनके बीच आकाश की स्थापना की थी, महान नाग व्रत के साथ युद्ध किया था, जिसने स्वर्ग चारों ओर कुंडली पाश में घेरकर आकाशीय जल को पूरी तरह रोक दिया था। इंद्र ने नाग व्रत को हराकर इन दिव्य जलों को पृथ्वी के पोषण के लिए मुक्त किया।

पाताल लोक सहित तीनों लोकों में बहने वाली नदी को त्रिलोक पथ गामिनी भी कहा जाता है। यह, मृतकों के लिए, स्वर्ग-सोपना-सारणी, स्वर्ग की ओर बढ़ने वाली सीढ़ी है। भगवान शिव को गंगाधारा के रूप में भी जाना जाता है, जो गंगा के वाहक हैं।

हरिद्वार गंगा के लिए पृथ्वी का प्रवेश द्वार है। यहीं पर वह मानव पीड़ा को दूर करने और पृथ्वी को पवित्र करने के लिए भगवान शिव की जटाओं से अवतरित हुईं थी, इस कारण इसे गंगा-द्वारा कहा जाता है। शैव लोग हरिद्वार को शिव या हर का निवास मानते हैं जबकि वैष्णव इसे हरिद्वार अर्थात् विष्णु (या हरि) का घर कहते हैं।

ब्रह्म कुंड, वह स्थान जिसे ब्रह्मा ने माँ गंगा के पृथ्वी पर अवतरण हेतु सृजित किया था, जो पवित्रता के अमृत से भरा हुआ है, वह अमृत जो दैवीय कलश से छलका था, जिसे देवताओं ने राक्षसों से छीन लिया था। इसलिए, वह हर की पौड़ी, हरि के चरण, शिव द्वार और विष्णु चरण जैसे नाम इसके साथ जुड़ गए।

गंगा के भीतर ईश्वर की अच्छाई निहित है। वह एक अनंत उर्जा है जिसकी युगों से महिमा गायी जाती रही है। उसकी विनाशकारी शक्तियाँ शिव की जटाओं में शुद्ध और शांत हो गई हैं। जब वह मैदानों में बहती है, वह एक माँ के रूप में होती है। वह एक सम्पूर्ण माँ है जो गले लगाती है, पोषण करती है, और बिना क्रोध के हमारी भूलों को क्षमा कर देती है।

गंगा का जल जीवन का पेय है। जैसे देवता जीवन भर सोम पीते हैं, वैसे ही मनुष्य गंगा जल पीते हैं। यह माँ के दूध के समान पौष्टिक होता है। एक माँ की तरह, गंगा अपने बच्चों को निःस्वार्थ भाव से स्नेह देती है। यहाँ तक कि जिन्हें मोक्ष के लिए पूरी तरह से अयोग्य माना जाता है, उन्हें भी गंगा गल लगाती है और उन्हें शरण देती है। गंगा एकमात्र ईश्वरीय शक्ति है जो तीनों महान देवताओं–ब्रह्मा, विष्णु और शिव (महेश) के संयोग से अवतरित हुई है। उसके जल में निहित अमृत, उसे मनुष्यों के उद्धार के लिए अद्वितीय गुणों से परिपूर्ण करता है।

मैंने माँ गंगा के गुणों का वर्णन किया है। मैं उसे स्मरण करता हूँ, उसका चिंतन करता हूँ। वह मुझे माँ की तरह पालती है, और जब मैं गंगा के दिव्य अवतार को देखता हूँ, तो मैं उनके आशीर्वाद को सम्पूर्ण मानवता के साथ साझा करने की संभावना पर विचार करता हूँ। महाभारत में वर्णित है कि देवताओं और असुरों के बीच एक युद्ध हुआ था, जिसमें देवता विजयी हो रहे थे। असुर समुद्र में छिप गए और देवता उन्हें ढूंढ नहीं पाए। उन्होंने ऋषि अगस्त्य से सहायता करने का अनुरोध किया और ऋषि ने अपनी दिव्य शक्तियों का उपयोग करके समुद्र को पी लिया। देवताओं ने शेष राक्षसों को हरा दिया और ऋषि अगस्त्य को समुद्र का जल पुनः मुक्त करने के लिए कहा। ऋषि ने ऐसा करने में असमर्थता व्यक्त करते हुए कहा कि उन्होंने पानी को पचा लिया है और पुनर्स्थापित नहीं कर सकते। सम्पूर्ण संसार चिंतित था, लेकिन भगवान विष्णु ने आश्वासन दिया कि समुद्र जल्द ही भर जाएगा।

भागीरथ के प्रयासों के कारण गंगा पृथ्वी पर अवतरित हुई है, इसलिए नदी को भागीरथी के नाम से भी जाना जाता है और 'भागीरथ प्रयास' शब्द का प्रयोग साहसिक प्रयासों या कठिन उपलब्धियों का वर्णन करने के लिए किया जाता है।

हिमालय में महादेव की विकराल जटाओं से गंगा निकलती है, जहाँ बर्फ से ढकी हर चोटी महादेव ही है। वह एक आकाशीय नदी है जो इस ग्रह पर उतरी है। प्रत्येक संस्कृति, प्रत्येक सभ्यता और प्रत्येक व्यक्ति को एक ऐसे आदर्श की आवश्यकता होती है, जो उन्हें अपने जीवन में एक अलग स्तर की पवित्रता लाने के लिए प्रेरित करता है। मानव कल्याण के लिए, माँ गंगा इस भूमिका को निभा रही हैं। महादेव की तरह, वह भी दिव्य पवित्रता की एक मूरत है। वह अनादि काल से शुद्धि और क्षमा के साथ-साथ परोपकार की देवी हैं। उन्हें देवी गंगा के रूप में पूजा जाता है।

कुछ लोग आशंकित हैं कि कलियुग (युग चक्र के चार चरणों में से अंतिम चरण: अंधकार का युग, वर्तमान युग) के अंत में नदी अंततः सूख जाएगी, जैसे कि सरस्वती नदी सुख गई और इस युग का अंत हो जाएगा। इस चक्रीय क्रम में अगला युग सत्य का होगा जिसे सतयुग कहा जाता है।

अग्नि पुराण यह उपदेश देता है कि–

1. गंगा की पूजा करनी चाहिए। वह आनंद और मुक्ति देती है। वह जिन देशों से होकर बहती हैं, वे पवित्र और उत्तम हैं;
2. वह अपनी शरण में आए हुए प्राणियों उद्धार करती है। विधिवत अनुष्ठान करने से, वह पितरों की दो पंक्तियों का उद्धार करती है;
3. गंगा का पानी पीने से हजारों चंद्रायण (चंद्रमा के घटने और बढ़ने की अवधि द्वारा विनियमित, एक तप) को करने का पुण्य मिलता है। इस संस्कार में, भोजन की दैनिक मात्रा जो पूर्णिमा पर पंद्रह कौर होती हैं, कृष्ण पक्ष (पूर्णिमा के बाद)

के दौरान हर दिन एक कौर से कम होती जाती है और अमावस्या पर शून्य हो जाती है। शुक्ल पक्ष (अमावस्या के बाद) के दौरान भोजन की मात्रा इसी तरह बढ़ती जाती है;

4. जो एक महीने तक गंगा की पूजा करता है उसे सभी यज्ञों का फल मिलता है;
5. गंगा सभी पापों का नाश करती है और स्वर्ग प्रदान करती है। मरने के बाद मनुष्य की अस्थियों को गंगा में विसर्जित किया जाता है, जब तक उसकी अस्थियाँ गंगा के जल में रहती हैं, तब तक वह स्वर्ग में रहता है;
6. गंगा की तलहटी से खोदी गई मिट्टी को ले जाने से सूर्य के समान बड़े पाप भी नष्ट हो जाते हैं;
7. जो गंगा के दर्शन करते हैं, उसका पावन स्पर्श पाते हैं और गंगा नाम का जाप करते हैं, उन सैकड़ों, हजारों मनुष्यों को गंगा निर्मल कर देती है।

गंगा दशहरा के पवित्र दिन, माँ गंगा की उत्पत्ति का उत्सव, सनातन धर्म के सबसे शुभ त्यौहारों में से एक है। गंगा दशमी अर्थात ज्येष्ठ माह की शुक्ल पक्ष की दशमी, जब देवी पृथ्वी पर उतरीं थीं और भागीरथ के पूर्वजों को श्राप से मुक्त किया था, के शुभ अवसर पर मैं नमन करता हूँ। मैं वह दिन भी स्मरण करता हूँ, जब वैशाख मास की शुक्ल पक्ष की सप्तमी को, जाह्नु ऋषि द्वारा मुक्त किये जाने के बाद, माँ गंगा का पुनर्जन्म हुआ था। जय गंगा मैया! हर हर गंगे! नमामि गंगे!

आभार

भूतपूर्व वरिष्ठ प्रशानिक अधिकारी श्री देवदत्त एवं वरिष्ठ सामाजिक कार्यकर्ता श्री पद्म सिंह जी का मैं विशेष रूप से आभारी हूँ जिन्होंने मुझे निरंतर इस दिशा में प्रेरित किया। श्री देवदत्त ने इस पुस्तक के अंग्रेजी संस्करण (River of Moksha: Pilgrimages along the Ganga) को उत्कृष्ट बनाने के लिए जो परिश्रम किया है, वह अतुल्यनीय है। सोरों निवासी डॉ. राधाकृष्ण दीक्षित, वरिष्ठ प्रवक्ता, हिन्दी विभाग के.ए. (पी.जी.) कॉलेज, कासगंज – 207123, ने आदितीर्थ सूकर क्षेत्र पुस्तक की रचना कर गंगा माँ के विषय में चिंतन को एक बेहतर दिशा दी है, उनका भी बहुत आभार।

मध्य प्रदेश उच्च न्यायालय की अधिवक्ता सुश्री सारिका गुप्ता का सम्पादन सराहनीय है, जिन्होंने इसे भाषायी रूप से समृद्ध किया। श्रेष्ठ पत्रकार/लेखक अनिल माहेश्वरी, विद्वान और अध्ययनशील शान कश्यप, वरिष्ठ पत्रकार एवं संस्कृत विद्वान मुकुंद हरि शुक्ला तथा आगरा के लेखक राजगोपाल सिंह वर्मा का भी आभार जिनसे पांडुलिपि स्तर पर बहुमूल्य सुझाव मिले। बंदना पॉल के विभिन्न रेखाचित्रों और प्रसेनजीत (केबीके) के ग्राफिक्स के लिए धन्यवाद।

मंदिर

देवताओं और असुरों के बीच प्रसिद्ध समुद्र मंथन के दौरान अमृत उत्पन्न हुआ था। भगवान विष्णु ने देवताओं को आश्वासन दिया कि वे ऐसा कुछ उद्यम करेंगे कि अमृत देवताओं को ही मिले। समुद्र से कई महान वस्तुओं की उत्पत्ति हुई और उन्हें असुरों और देवताओं के बीच विभाजित किया गया।

समुद्र मंथन के दौरान हलाहल नामक विष उत्पन्न हुआ, जो सभी दिशाओं में फैल गया। यह इतना विषैला था कि देवता और राक्षस सभी आशंकित हो गए कि यह सम्पूर्ण जीवजगत का विनाश कर देगा। भगवान विष्णु के कहे अनुसार, देवताओं ने सहायता और सुरक्षा

के लिए भगवान शिव से प्रार्थना की क्योंकि केवल वे ही इसे बिना प्रभावित हुए निगल सकते थे। देवताओं के अनुरोध पर और जीवों के प्रति दया भाव के कारण, भगवान शिव विष पीने के लिए तैयार हो गए और अपनी हथेलियों में विष एकत्र कर, उसे पीने लगे। किन्तु, देवी पार्वती ने उनके कंठ को दबा दिया ताकि विष उनके पेट तक न पहुँचे। इस प्रकार, यह उनके गले में अटका रहा और भगवान शिव अप्रभावित रहे। विष इतना शक्तिशाली था कि भगवान शिव की गर्दन नीली हो गई। इसलिए, भगवान शिव को नीलकंठ भी कहा जाता है।

भगवान शिव ने इस स्थान पर गंगा में स्नान किया और तब से इस घाट को नीलधारा के नाम से जाना जाने लगा। यह देश का पहला पीठ है जहाँ माँ काली को माई और कामराज जी गुरु को माई बाबा के रूप में पूजा जाता है।

कामराज गुरुजी महाराज, जिन्हें भक्त 'अमरा गुरु' भी कहते हैं, चंडी घाट पर माँ भगवती काली के दर्शन कर भावुक हो जाते थे। उन्होंने माँ की सेवा में तपस्या करने के लिए यहाँ रहने का निर्णय किया। उनके समर्पण से प्रसन्न होकर, माँ प्रकट हुईं और उन्हें एक मंदिर बनाने का आदेश दिया। गुरुजी महाराज ने माँ की मूर्ति की स्थापना की।

तब से, इस मंदिर को पहला सिद्धपीठ माना जाता है। गुरुजी महाराज ने विक्रम संवत 1753 (ग्रेगोरियन कैलेंडर 1697) में, ज्येष्ठ मास शुक्ल पक्ष सप्तमी पर, परम सिद्ध श्री 1008 कालिकानंद ब्रह्मचारी जी महाराज को माँ का मंदिर और सेवा सौंप दी।

कामराज गुरुजी महाराज ने तारा पीठ (पश्चिम बंगाल) के संस्थापक बामाखेपा जी महाराज, गुरु तोतापुरी जी महाराज (स्वामी रामकृष्ण परमहंस के शिक्षक) और भक्त आल्हा (मैहर, सतना, मध्य प्रदेश) और श्री आल्हा की पत्नी रानी मछला को दीक्षा दी। रानी मछला को मंदिर की देखभाल का काम सौंपा गया था।

वंशावली: कालिकानन्द जी महाराज – देवकीनन्दन जी महाराज – कपाली ताराचंद जी महाराज – कृष्णानन्द जी महाराज – नित्यानंद

जी महाराज – मस्तानन्द जी महाराज – केशवानंद जी महाराज और अवधूत सुरेशानन्द जी महाराज, जिन्होंने इस मन्दिर को प्रतिष्ठित किया। उनके पश्चात गोपालानंद जी महाराज हुए, जिन्होंने अपने शिष्य कैलाशानंद जी महाराज का अभिषेक किया।

अनादि सिद्धपीठ, श्री दक्षिण काली मंदिर (हरिद्वार) में अनादि काल से गरीबों की सेवा की जाती रही है, गायों की देखभाल की जाती है, वेदों का ज्ञान यहाँ बिना किसी भेद के दिया जाता है। महामंडलेश्वर कैलाशानंद जी महाराज पिछले तीन दशकों से विशेष रूप से श्रावण मास के दौरान, माँ की कठोर सेवा कर रहे हैं। चूँकि माँ गंगा उत्तर से दक्षिण की ओर निर्बाध रूप से बहती है, इसलिए इस मंदिर की माई को दक्षिण काली भी कहा जाता है। देश में कुछ ही शक्तिपीठ हैं जहाँ माँ गंगा उत्तर से दक्षिण की ओर बहती है।

जीवन परिचय

महामंडलेश्वर कैलाशानंद गिरि ने बहुत कम आयु में ही विभिन्न धर्मशास्त्रों का अध्ययन कर ज्ञान अर्जित कर लिया था। विगत 32 वर्षों से वह श्रावण मास में भगवान शिव की कठिन साधना कर मौन व्रत धारण करते हैं और कुछ समय गंगा की रेत पर विश्राम करते हैं। स्वामी जी ने 21 बार मानसरोवर की यात्रा करने का संकल्प लिया है तथा प्रतिवर्ष वहाँ की यात्रा करते हैं। स्वामी जी ने पूरे देश में 51 शक्तिपीठ बनाने का संकल्प लिया है तथा कुछ स्थानों पर निर्माण कार्य प्रारंभ भी हो चुका है। स्वामी जी ने 24 वर्षों तक दैनिक हवन कर अपनी जठराग्नि को शुद्ध किया है। अल्पायु में ही त्रयम्बकेश्वर के पास चालीस गाँव में, स्वामी जी ने 24-24 लाख के दो गायत्री पुरश्चरण किए हैं। बहुत कम आयु में ही स्वामी जी को परम तपस्वी बापू गोपालानन्द ब्रह्मचारी जी (दादा भीष्म) का शिष्य बनने का गौरव प्रात हुआ। वर्ष 2013 में, प्रयाग महाकुम्भ में, गुरुदेव की आज्ञा से स्वामी जी ने हजारों महापुरुषों के बीच अखाड़े

के गरिमामय पद 'महामंडलेश्वर' को धारण किया। स्वामी जी गंगा, गाय, राष्ट्र, पर्यावरण, मानवता, संस्कृति और संस्कारों के संवर्धन तथा निर्धनों की सेवा, शिक्षा आदि हेतु सदैव कार्यरत रहते हैं। स्वामी जी सरल स्वभाव एवं मृदुभाषिता, उनके विराट व्यक्तित्व को और अधिक भव्यता प्रदान करते हैं।